MOTIVATION UND EMOTION

24.12.77

Helmut

Gerhart

GRUNDFRAGEN DER PSYCHOLOGIE
HERAUSGEGEBEN VON WOLFGANG KEIL
UND MANFRED SADER

Charles N. Cofer

Motivation und Emotion

Juventa Verlag

Titel der Originalausgabe: »Motivation and Emotion«.
Authorized translation from the English-language edition published by Scott, Foresman and Company, Glenview, Illinois, United States of America.
Aus dem Amerikanischen übersetzt von Christof Eschenröder.

ISBN-3-7799-0303-2

Umschlaggestaltung: Dieter Vollendorf
Printed in Germany
Druck: Karl M. Lipp, München

Inhalt

Vorwort der Herausgeber und des Übersetzers 7
Vorwort des Autors 9

1. Kapitel: Einleitung 11

Historischer Hintergrund 13

2. Kapitel: Motivationskonzepte und ihr theoretischer Stellenwert 30

Gegenreaktionen auf Instinktmodelle 30
Triebtheorien 33
Die Problematik der Triebtheorie 47
Alternativen zum Triebkonzept 54
Der theoretische Stellenwert von Motivationskonzepten .. 56

3. Kapitel: Biologische Aspekte der Motivation 59

Die Wiedereinführung des Instinktbegriffs durch die Ethologie 60
Biologisch begründete Motivationszustände 67

4. Kapitel: Die Emotionen 86

Frühe Theorien 88
Physiologische Reaktionsmuster und neurale Mechanismen 91
Die Aktivierungs- oder Erregungstheorie 94
Situative Determinanten von Emotionen 100
Die Dimensionen der Gefühle 104

5. Kapitel: Äußere Reizung 109

Aktivität und Spiel 109
Untersuchungen zur äußeren Reizung 112
Theoretische Interpretationen 124

6. Kapitel: Anreiz und Verstärkung 128
Anreize und Anreiztheorien 129
Verstärker und Verstärkungstheorie 142

7. Kapitel: Einige Motivationssysteme beim Menschen ... 155

Erworbene Triebe ... 156
Motivationssysteme ... 160
Allgemeine Überlegungen ... 187

8. Kapitel: Konflikt und Gleichgewichts- oder Konsistenztheorien ... 189

Konflikt ... 189
Gleichgewichts- oder Konsistenztheorien ... 193

9. Kapitel: Schlußfolgerungen ... 207

Literaturverzeichnis ... 213

Weiterführende Literatur ... 225

Namenregister ... 227

Sachregister ... 230

Vorwort der Herausgeber und des Übersetzers

Charles N. Cofer behandelt mit dieser Einführung in das Gebiet der Motivations- und Emotionsforschung einen wichtigen Bereich der allgemeinen Psychologie. Der Autor zeigt in diesem Band, daß ältere Motivationskonzepte, die auf einem unklaren Instinktbegriff oder Triebkonzept beruhen, unzulänglich sind und die Komplexität des menschlichen Verhaltens nicht angemessen erklären können. Vor allem die Hypothese, das menschliche Verhalten sei durch Triebe, die sich aufstauen und nach Entladung drängen, erklärbar, war lange Zeit in vielen Denkmodellen ganz unterschiedlicher Provenienz verbreitet. Dieses »Dampfkesselmodell« der Triebe spielte in psychoanalytischen, behavioristischen und ethologischen Theorien eine große Rolle. Irreführenderweise wurde der von Sigmund Freud häufig benutzte Begriff *Trieb* von englischsprachigen Autoren (und auch in der amerikanischen Originalausgabe dieses Buches) oft als *instinct* übersetzt. Die psychoanalytische Motivationstheorie gehört aber eindeutig zu den Triebtheorien und nicht zu den Instinkttheorien im Sinne von William James oder McDougall.

Die Triebtheorien wurden durch viele Forschungsergebnisse in Frage gestellt, die zeigten, daß das Verhalten von Tieren und Menschen sehr stark durch äußere Bedingungen beeinflußt wird. Lebewesen streben sehr häufig gerade nicht solche Zustände an, die durch Passivität und geringe Erregung gekennzeichnet sind, sondern sie führen Zustände der Aktivität und der Erregung herbei und erleben diese Zustände als angenehm. Cofer hat in diesem Band diese empirischen Befunde in systematischer und detaillierter Weise zusammengetragen; eine Rezeption dieser oft sehr laborexperimentell ausgefeilten Untersuchungen und Untersuchungsbefunde ist aber unerläßlich, wenn man zu einer angemessenen Einschätzung von Motivations–Theorien kommen will.

Der Leser, der mehr an dem gegenwärtigen Stand der humanpsychologischen Motivations- und Emotionstheorie interessiert ist, sei auf die Darstellung der Motivationssysteme im 7. Kapitel des Buches verwiesen: von der Analyse der wichtigen sozialen Motive wie Leistungsmotivation, Gesellung, Aggression usw. ausgehend, wird die Bedeutung der biologischen Grundlagen und der Umgebungsbedingungen des Verhaltens, wie sie in den Eingangskapiteln dargestellt sind, deutlicher werden.

Die neueren Ansätze in der Motivations- und Emotionspsychologie konzentrieren sich stärker auf die Bedeutung von äußeren Anregungen, Anreizen und Verstärkungen als die älteren Trieb- und Instinktansätze. Sie berücksichtigen auch die Rolle kognitiver Faktoren für die Steuerung des Verhaltens. Andererseits bemüht man sich, die anatomisch-physiologischen Grundlagen der Motivation und der Gefühle zu erforschen. Bei der Untersuchung des tierischen Verhaltens ist auch der zuvor häufig mißbrauchte Begriff des Instinkts in einer klarer definierten Form wieder zu Ehren gekommen.

Insgesamt scheint es beim gegenwärtigen Stand der Forschung sinnvoll zu sein, nicht zuviel von alles umfassenden und alles erklärenden Motivationstheorien zu erwarten. Angebrachter erscheint es, sich mit gegenstandszentrierten Theorien zu begnügen, die versuchen, in einem begrenzten Verhaltensbereich präzise zu analysieren, wie das Verhalten durch das Zusammenwirken von biologischen Faktoren, Umweltbedingungen und kognitiven Komponenten bestimmt ist. Mit diesem Buch von Cofer erhält der Leser eine orientierende Einführung in die Wirkung und Wechselwirkung dieser unterschiedlichen Faktoren und er erhält zugleich einen Eindruck von den Forschungsprozessen, die zur Überwindung von simplen Triebtheorien beigetragen haben und die Entwicklung von Motivationstheorien anbahnen, die von größerer theoretischer Kohärenz und praktischer Relevanz sind als manche derzeit (vor allem auch in öffentlicher Diskussion z.B. über aggressives Verhalten) verbreiteten Ansichten.

Münster, im Juli 1975

Christof Eschenröder
Wolfgang Keil
Manfred Sader

Vorwort des Autors

Dieses Buch ist eine Einführung in die Motivations- und Emotionsforschung. Ich habe versucht, die wesentlichsten Tatsachen und Theorien, die unter dieses Thema fallen, in einer verständlichen und zusammenhängenden Weise darzustellen. Der vorliegende Band ist einerseits weniger umfangreich als das Werk »Motivation: Theory and Research«, das Appley und ich geschrieben haben, andererseits beschränkt er sich aber auch nicht nur auf eine Zusammenfassung dieses Werkes. Ich habe nämlich an manchen Stellen eine Anpassung an den neueren Stand der Forschung vorgenommen, und vor allem im Bereich der Motivation haben sich meine Auffassungen teilweise verändert. Die Bedeutsamkeit von angeborenen Verhaltensmechanismen für das Verhalten ist mir jetzt klarer geworden. Parallel dazu schätze ich die Rolle von Lerntheorien etwas geringer als vor zehn Jahren ein: der vorliegende Band widmet Hull, Spence, Guthrie, Tolman, Skinner und anderen Lerntheoretikern nur wenige Seiten. Die dort vertretenen triebtheoretischen Konzeptionen erscheinen heute so überholt, daß es sich nicht lohnt, in einem Einführungsband wie diesem näher darauf einzugehen. Aus dem gleichen Grund spielt die Psychoanalyse — im Vergleich zu dem Werk von Appley und mir — eine nur untergeordnete Rolle.

Das Manuskript zu dem vorliegenden Band wurde von den Professoren Lyle Bourne und Leonard Berkowitz, den Herausgebern der Scott, Foresman Basic Psychological Concepts Series, gelesen, und das Buch hat durch diese Lektüre sehr gewonnen. Ich spreche den Herausgebern meinen Dank aus. Dr. Berkowitz, der die Betreuung dieses Bandes übernommen hatte, hat mit seinen treffenden Bemerkungen den Entwurf dieses Buches entscheidend mitverbessert. Wir stimmen in bestimmten Punkten nicht vollständig in unseren Ansichten überein; die Verantwortung für Abweichungen vom geraden Weg des Denkens liegt voll und ganz bei mir.

Besonders möchte ich Frau Esther Jordan danken, die das Buch von einer handgeschriebenen Manuskriptvorlage abgeschrieben hat, deren Hieroglyphen nicht jedermann enträtseln kann. Das endgültige Manuskript wurde dann fachmännisch von Frau Beverly Stickler geschrieben.

University Park, Pennsylvania — Charles N. Cofer

1. Kapitel
Einleitung

Motivation und *Emotion* sind Begriffe, die bei Studenten häufig ein besonderes Interesse finden. Es ist nicht völlig klar, warum gerade diese und nicht Begriffe wie *sensorische Prozesse, Wahrnehmung* oder *Lernen* so großen Anklang finden. Ein Grund mag darin liegen, daß Motivation im alltäglichen Sprachgebrauch die Ursachen oder das »Warum« einer Handlung kennzeichnet. Und Emotionen haben wir natürlich alle schon erlebt, und wir waren manchmal beunruhigt oder verwirrt über ihre Intensität oder Unkontrollierbarkeit. Wahrscheinlich ist aber auch der Bekanntheitsgrad psychoanalytischer und psychiatrischer Ansichten, die oft in Zeitungen, Magazinen und populärwissenschaftlichen Büchern dargestellt werden, ein Faktor für das Interesse, das die Begriffe *Motivation* und *Emotion* hervorrufen. Psychoanalyse und Psychiatrie verwenden diese Begriffe nämlich sehr häufig und weisen dabei auf die wichtige Beziehung von Motivation und Emotion zu abnormen Verhaltensweisen bei Psychosen und Neurosen hin. Vielleicht spielt aber auch eine Rolle, daß wir bei verschiedenen Anlässen und von Zeit zu Zeit über Ursachen für das unterschiedliche Verhalten einer Person nachdenken, über Ursachen, die nicht mit dem Intellekt oder der angemessenen Wahrnehmung der Umwelt zusammenhängen. Motivation und Emotion sind möglicherweise dem, was wir »menschliche Natur« nennen, näher als Begriffe wie *Empfindung, Wahrnehmung* oder *Kognition*.

Ohne die Gründe dafür weiter abzuklären, kann gesagt werden, daß die Begriffe Motivation und Emotion in diesem Jahrhundert sehr verbreitet sind. Das war nicht immer so. So erscheint der Begriff *Motivation* (motivation) nicht in J. M. Baldwins dreibändigem *Dictionary of Philosophy and Psychology* (1911). Der Begriff *Emotion* (emotion) hat dagegen eine längere Geschichte und wurde nach dem *Oxford English Dictionary* bereits im 18. Jahrhundert in der englischen Sprache verwendet, um einen beunruhigten oder erregten Geisteszustand von Individuen zu bezeichnen. Das Wort *Motiv* (motive) taucht allerdings auch bereits in Baldwins Lexikon auf, dieser Begriff bezeichnet aber eher eine Art des bewußten Erlebens und weniger die Ursachen oder das »Warum« des Verhaltens.

Innerhalb der Psychologie und auch in verschiedenen anderen Verhaltenswissenschaften könnte man das 20. Jahrhundert oder zumindest dessen erste Hälfte die *»motivationalen Jahrzehnte«* nennen. Es wird sinnvoll sein, die Gründe für dieses große Interesse an der Motivation aufzuzeigen. Sie können einmal Aufschluß über die sich ändernden Vorstellungen des Menschen geben, zum anderen über die Möglichkeiten, sein Verhalten zu erklären, und zum dritten über den historischen Bedeutungswandel des Begriffs Motivation (von dem Begriff *Emotion* sprechen wir später). In diesem Zusammenhang sollte vielleicht darauf hingewiesen werden, daß Begriffe, die in einer wissenschaftlichen Disziplin wie der Psychologie benutzt werden, oft dem alltäglichen Sprachgebrauch entnommen wurden. Bei solchen Ausleihprozessen erhalten sie jedoch oft andere und manchmal präzisere Bedeutungen oder Nebenbedeutungen als in der Alltagssprache. Für diese Veränderungen und Einengungen der allgemeinen Bedeutung ist gerade der Motivationsbegriff ein gutes Beispiel.

Wie oben schon festgestellt wurde, wird der Begriff Motivation alltagssprachlich oft in bezug auf die Ursachen oder das »Warum« des Verhaltens benutzt. Diese Bedeutung entstammt wahrscheinlich weitgehend psychoanalytischen Vorstellungen, die jegliches Verhalten durch unbewußte Energien und Kräfte determiniert sehen. Diese angenommenen unbewußten Energien und Kräfte steuern dabei das Verhalten, um bestimmte Ziele zu erreichen. Wir werden später noch ausführlicher über die Konzepte von Energien und Kräften sprechen. Bereits hier aber müssen wir gleich deutlich darauf hinweisen, daß eine Energie allenfalls einen »Motor« darstellt, der einem Verhalten zugrunde liegt. Dies kann am Beispiel der Wasserkraft erläutert werden. Wasser, das über einen Wasserfall hinabstürzt, ist eine Energiequelle. Diese Energie muß erst nutzbar gemacht werden, um sie für irgendeinen Zweck einsetzen zu können. So wurde z. B. ein Wasserrad konstruiert, das durch die Kraft des darauffallenden Wassers angetrieben wird und eine Mühle oder einen Generator drehen kann, der Elektrizität erzeugt. Es müssen also Mechanismen eingerichtet werden, die die Kraft dirigieren, leiten oder umwandeln, so daß sie nutzbar gemacht werden kann. Für sich betrachtet kann fallendes Wasser schön sein, und es kann die Steine zerfressen, auf die es fällt, ohne einem anderen Zweck zu dienen.

Wenn wir davon ausgehen, daß Verhalten determiniert ist,

müssen wir die Vorstellung überwinden, daß Energien die Grundlage bilden. Die leitenden, führenden oder störenden Mechanismen haben ähnliche Bedeutung wie die Energie, indem sie bestimmen, was wann und wo geschieht. Die Psychoanalyse analysierte diese Mechanismen nicht im Detail, obwohl sie in der Theorie impliziert sind (Ich-Prozesse). Dagegen befaßt sich die Psychologie mit all den Mechanismen, die das Verhalten steuern, wie z.B. Fähigkeiten und Gewohnheiten, und nicht nur mit ihrem Energiequellen. Die Psychologie neigt also dazu, den Begriff *Motivation* auf die Faktoren zu begrenzen, die an Energieprozessen beteiligt sind, und weitere Faktoren bei der Erklärung des Verhaltens mit zu berücksichtigen. Generell ist auch noch nicht geklärt, ob es überhaupt sinnvoll ist, zur Erklärung motivationalen Geschehens eine unspezifische Energiequelle vorauszusetzen oder ob das gesamte Motivationskonzept selbst nützlich ist. Robert Bolles (1967) hat darauf hingewiesen, daß Motivation keine unmittelbar beobachtbare Tatsache und kein direkter Aspekt der Erfahrung ist. Vielmehr handelt es sich um einen Begriff für Bedingungen und Prozesse, den wir konstruieren, um eine Ordnung oder Verständlichkeit von verschiedenen Erfahrungs- oder Verhaltensphänomenen zu erreichen. Derartige Konstruktionen, die mehr begrifflicher als realer oder existentieller Natur sind, sind in dem Maße einem Wandel unterworfen, wie es Verhaltensdaten zu erfordern scheinen. Es läßt sich daher zeigen, daß das Motivationsmodell seit seiner Einführung zu Beginn dieses Jahrhunderts zahlreiche Formen und unterschiedliche Funktionen erhalten hat. Einige Fachleute sind sogar der Meinung, daß Motivation kein nützlicher Begriff ist und daß die damit verbundenen modellhaften Vorstellungen nicht sinnvoll bzw. unnötig sind. Solch ein Standpunkt läßt die Vermutung zu, daß alternative, möglicherweise bessere Wege gefunden werden können oder gefunden worden sind, um die Phänomene, für die im letzten halben Jahrhundert das Motivationsmodell als Erklärung oder als Organisationsprinzip gedient hat, zu begründen und in ein zusammenhängendes System zu bringen.

Historischer Hintergrund

Es gibt zwei mehr oder weniger unvereinbare Auffassungen von der menschlichen Natur. Die eine behauptet, daß der

Mensch seinem Wesen nach rational ist. Er wird als ein Wesen angesehen, das sich entscheiden kann, das einen Willen besitzt und das die Ursachen seines Verhaltens kennt bzw. sich der Gründe seines Verhaltens bewußt ist und daher auch dafür verantwortlich ist. Die andere Auffassung behauptet manchmal, daß der Mensch von Natur aus irrational ist und daß seine Wünsche und Verhaltensimpulse durch die Kraft gesellschaftlicher Sanktionen in Schach gehalten werden müssen. Dies läßt sich auch so ausdrücken, daß der Mensch von den Kräften seines Wesens und den Forderungen seiner Umwelt geschoben und gezogen wird, und daß er sich der Ursachen seines Handelns kaum bewußt ist. Die persönliche Verantwortlichkeit des Menschen wird bei dieser Betrachtungsweise nicht hervorgehoben.

Der Rationalismus verkörpert die jahrhundertelang in den philosophischen und religiösen Systemen vorherrschende Sichtweise, die das westliche Denken von den Tagen der alten Griechen (z.B. Platon) bis in die jüngste Vergangenheit beherrschte. Die alternative Haltung gewann im 17. Jahrhundert langsam Rückhalt, obwohl sie schon lange vorher bereits bei den Griechen aufgetaucht war. Aber erst im späten 19. Jahrhundert und zu Anfang des 20. Jahrhunderts gewann dieser Standpunkt bestimmenden Einfluß. Das Motivationsmodell wurde hauptsächlich mit Vorstellungen verbunden, die die menschliche Natur als irrational darstellten; vielleicht konnte diese Konzeption daher erst als bedeutsam anerkannt werden, nachdem die Vorherrschaft rationalistischer Vorstellungen verfallen war.

Rationalistische Konzeptionen

Motivationale Faktoren haben wenig oder überhaupt keinen Platz in einer rationalistischen Darstellung des Verhaltens. Die Vernunft des Menschen ist hier nämlich der beherrschende Faktor bei der Determination seines Handelns. Der Wille des Menschen kann frei die Handlungsweisen wählen, die ihm sein Verstand vorschreibt. Ist seine Wahl unklug, unethisch oder unmoralisch, ist der Mensch allein für sie verantwortlich, da sein Verstand und sein Wille sie frei gewählt haben. Diese Auffassung von der menschlichen Natur liegt solchen Ereignissen wie den Hexenverfolgungen des 17. Jahrhunderts zugrunde. Zilboorg erläutert dies so:

> Was immer der Mensch tut, selbst wenn er einer Krankheit erliegt, die seine Wahrnehmungen, sein Vorstellungsvermögen und seine intellektuellen Funktionen entstellt, er tut es aus seinem eigenen freien Willen; er beugt sich freiwillig den Wünschen des Bösen. Der Teufel ködert den Menschen nicht und stellt ihm keine Fallen; der Mensch wählt es, dem Teufel zu erliegen, und er muß für seine freie Wahl verantwortlich gemacht werden. Er muß bestraft werden; er muß aus der Gemeinschaft entfernt werden. Mehr noch, seine Seele, die vom verdorbenen, kriminellen Willen im Körper in solch sündhafter Gefangenschaft gehalten wird, muß wieder befreit werden; sie muß ausgeliefert werden. Der Körper muß verbrannt werden (Zilboorg & Henry 1941, S. 156).

Der Verstand gibt also an, was der Wille wählen soll. Obwohl es in philosophischen und religiösen Systemen die Freiheit der Wahl gab, bestanden gute und schlechte Wahlmöglichkeiten. Die Wahl des Guten konnte durch genaue Kenntnisse bestimmt werden. Wenn jemand das Gute kennt, wird er es wählen; er kann es durch Erziehung, Kontemplation, Offenbarung oder Autorität kennenlernen. Tiere waren natürlich nicht mit der Anlage der Vernunft ausgestattet, doch sie hatten »natürliche Eingebungen« oder Instinkte, die der Schöpfer ihnen eingab, »um die Kreatur zur Erreichung der für sie nützlichen Ziele, bei eigener Erhaltung oder der Erhaltung der Art und bei Vermeidung des Entgegengesetzten zu führen« (Wilm 1925, S. 40). Diese Aussage, die die Stoiker in der griechischen Periode formulierten, war ein Vorläufer des Instinktmodells, das in etwas veränderter Form in späteren Jahrhunderten benutzt wurde.

Die Entwicklung von Motivationskonzepten

Im 17. Jahrhundert begannen Bewegungen an Einfluß zu gewinnen, die vom Rationalismus wegführten, was von den mehr mechanistischen Vorstellungen der frühen griechischen Atomisten wie Demokrit und Hedonisten wie Epikur nicht gesagt werden kann. Es dauerte jedoch ein paar Jahrhunderte, bis Motivationskonzepte ihre volle Blüte in den »motivationalen Jahrzehnten« dieses Jahrhunderts erreichten. (Wir werden später sehen, daß diese Blüte in den letzten Jahren zu welken begann). Es sind mehrere wichtige Trends in der Philosophie, der Biologie, der Psychiatrie und der Psychologie zu verzeichnen. Und es gab auch ein Wiederaufleben des Rationalismus, allerdings in etwas veränderter Form. In den folgenden Abschnitten sollen diese Entwicklungen dargestellt werden.

Philosophie: Möglicherweise bedeutete für René Descartes (1595—1650) die Annahme, daß Tiere Automaten sind, deren Handlungen auf Kräfte zurückzuführen sind, die entweder außen oder innen ihre Muskeln bewegten, gar keine so starke Abweichung von früheren Vorstellungen. Es war allerdings ein bedeutender Schritt, als Descartes behauptete, daß ein ähnlicher Mechanismus auch im Menschen wirksam sei. Descartes nahm jedoch an, daß diese mechanistische Vorstellung für den Menschen nicht ausreichend sei, da der Mensch auch eine Seele besitze. Diese Seele arbeite mit dem Körper in der Zirbeldrüse im Gehirn zusammen und beeinflusse den Verlauf der »Lebensgeister«, die sich durch die Nerven-»Röhren« bewegten. Diese Geister seien direkt für die Bewegungen der Muskeln verantwortlich. Die Seele, die vernünftig und rational funktioniere, erhebe damit den Menschen über eine physikalische mechanistische Konzeption. Descartes behielt also die Eigenart des Körpers und des Geistes bei und erlaubte ihnen, in der Zirbeldrüse zusammenzuarbeiten.

Einen gründlicheren Bruch mit vergangenen Traditionen stellten die Arbeiten verschiedener englischer Philosophen dar; zu den bedeutendsten unter ihnen gehörte Thomas Hobbes (1588—1679); seine Ideen wurden von John Locke und David Hume bis zu James Mill und seinem Sohn John Stuart Mill (1806—1873) weitergeführt.

Zwei Ideen waren mehr oder weniger kennzeichnend für die Aussagen dieser Philosophen, nämlich der Assoziationismus und der Hedonismus. Beide lassen sich bis auf die Griechen zurückführen, aber ihre Verwendung durch die britischen Philosophen hat bis heute einen großen Einfluß.

Der Assoziationismus wies die Vorstellung des Nativismus zurück, daß viele Eigenschaften des Menschen einschließlich angeborener Ideen Teil seiner natürlichen Ausstattung sind. Die britischen Philosophen lehnten den Nativismus ab und behaupteten, daß die Ideen des Geistes aus der Erfahrung entspringen. Locke benutzte eine bildliche Darstellung, indem er den Geist bei der Geburt mit einer leeren Tafel vergleicht (Tabula rasa), um zu zeigen, daß die Inhalte des Geistes durch Erfahrung erworben werden. Einige nativistische Konzepte begleiten gewöhnlich den Rationalismus, so daß die Betonung der Funktion der Erfahrung in diesem Sinne einen Bruch mit dem Rationalismus darstellt. Die britischen Philosophen glauben weiterhin, daß die Inhalte des Geistes und der Verlauf der

Gedanken durch die Gesetze der Assoziation geformt werden. Zwei oder mehrere einfache Ideen könnten demnach, wenn sie räumlich oder zeitlich gemeinsam auftreten, miteinander assoziiert werden und als Ergebnis eine komplexe Idee bilden. Die Abfolge von Gedanken und Ideen könnte der Tatsache zugeschrieben werden, daß wir Ereignisse mit einem ähnlichen Verlauf erlebt haben, die den Gedanken und Ideen zugrundeliegen. Es gab eine Anzahl von Assoziationsgesetzen, bei denen die Vorstellungen der britischen Philosophen darüber auseinandergingen, wie diese Gesetze aussehen und welches als das grundlegendste anzusehen sei. Sie stimmten auch nicht immer darin überein, wie einfache Vorstellungen sich zu komplexen Vorstellungen zusammenfügen lassen. So waren einige der Meinung, daß die einfachen Ideen lediglich aneinander gefügt würden, andere aber, daß die einfachen Ideen wie Elemente zu chemischen Zusammensetzungen verbunden würden, deren Eigenschaften dann denen der ursprünglichen Elemente nicht entsprachen. Trotz dieser unterschiedlichen Vorstellungen war der gemeinsame Nenner der, daß Ideen aus Erfahrungen entstehen und durch Assoziationen verbunden werden. Man nahm an, daß die Assoziationsgesetze mehr oder weniger automatisch arbeiten, ob man es wollte oder nicht. Hier ist also ein Bruch mit dem reinen Rationalismus zu sehen.
Auch der Hedonismus stellt eine Abweichung vom Rationalismus dar. So glaubte Hobbes, daß die wirklichen Gründe unseres Verhaltens darin liegen, daß wir Lust anstreben und Schmerz vermeiden wollen. In dieser Annahme benutzt Hobbes den Hedonismus als ein Motivationsprinzip ohne moralische, ethische oder rationale Kategorien. Im Gegensatz zu den Rationalisten vertrat er eine eher pessimistische Auffassung von der menschlichen Natur, da er glaubte, daß der Mensch von Natur aus auf Konkurrenz ausgerichtet ist, weil der Wunsch jedes Menschen, Lust zu erlangen und Schmerz zu vermeiden, mit den Wünschen anderer Menschen in Konflikt geraten muß. Der Hedonismus beinhaltet somit eine deutliche Verletzung rationalistischer Auffassungen und repräsentiert ein zentrales Konzept in den Überlegungen der britischen assoziationistischen oder empiristischen Philosophen, obwohl ihre Ansichten nicht immer Hobbes' Denkweise entsprechen.

Das Wiederaufleben des Rationalismus: Die Lehren von Hobbes, Locke und Hume wurden nicht allgemein anerkannt, sondern wurden von einigen Philosophen bekämpft. So gestand Immanuel Kant zwar, daß er von Hume aus seinem dogmatischen Schlummer aufgeweckt worden sei, aber im Gegensatz zu Hume trat er für eine Fähigkeits-Psychologie ein, in der das Fühlen und Wollen vom Wissen getrennt waren.

In Schottland wurde die entsprechende Reaktion von Thomas Reid initiiert, und seine Position hatte im Blick auf die Geschichte der Psychologie sogar eine stärkere Wirkung als die Lehre Kants. Reid vertrat ebenfalls eine Fähigkeits-Psychologie. Er postulierte eine Anzahl von verschiedenen Fähigkeiten und motivähnlichen Eigenschaften wie Wille, Mut und Ehrenhaftigkeit, die dem menschlichen Geist innewohnen. Dadurch bewahrte er die Vorstellung, daß der Mensch einen rationalen und moralischen Charakter besitze. Für uns ist hier die Tatsache wichtig, daß Reid in seiner Konzeption den Instinkt miteinbezog, indem er mit diesem Begriff eine Kraft bezeichnete, die eine Handlung in Gang setzt. Bolles (1967) betrachtet die Einführung dieses Instinktkonzepts durch die Fähigkeitspsychologen (das sich in einigen Aspekten von früheren Anwendungen dieses Begriffes unterscheidet) als ein Zugeständnis, das angesichts hedonistischer Vorstellungen notwendig wurde. Dabei sollte der Instinkt nur bei einigen Verhaltensweisen beteiligt sein, während das hedonistische Prinzip bei allen Verhaltensweisen wirksam sein sollte. Dieses Zugeständnis läßt natürlich Platz für Rationalität und begrenzte Willensfreiheit.

Rationalistische Vorstellungen findet man denn auch weiterhin in manchen Aussagen über Motivation, obwohl diese nicht mehr in einer Fähigkeits-Psychologie verankert sind. Es wird nunmehr betont, daß der Mensch sich seiner Ziele und des Zwecks seiner Handlungen bewußt ist, und daß diese Ziele oder Zwecke die Grundlage für Motivationen liefern. Man könne, so wird gesagt, zumeist das »Warum« oder die Motivation einer Handlung bestimmen, indem man den Handelnden nach seinen Gründen fragt (Peters 1958). Peters vertritt die Ansicht, daß dieses Motivationsverständnis ungefähr seit 1950 immer mehr an Beliebtheit gewonnen hat, wobei die Psychologie dahin tendierte, stärker kognitive Prozesse als behavioristische und mechanistische Interpretationen der Grundlagen des Verhaltens zu betonen. So wird z.B. kognitiven Faktoren die Fähigkeit zugeschrieben, körperliche Triebe zu modifizieren. Dieser Trend zeigte sich besonders in der Sozialpsychologie zusammen mit der Tendenz, Bedürfnisse oder Triebe nach Erforschung der Umwelt und nach Konsistenz der persönlichen Kognitionen zu postulieren. Nach Peters wirken die Bedürfnisse nicht wie völlig rationale Prozesse, besitzen aber auch nicht den ungestümen und beunruhigenden Charakter, der z.B. von der Psychoanalyse den Grundtrieben oft zugeschrieben wird. Der Einfluß der starken Betonung kognitiver Prozesse in der zeitgenössischen Psychologie ist möglicherweise für den Eindruck verantwortlich, daß die Blüte motivationaler Konzeptionen heute nicht mehr so üppig zu sein scheint wie in der ersten Hälfte dieses Jahrhunderts.

Biologie

Es lassen sich drei wesentliche Haupttendenzen in der Biologie des 19. Jahrhunderts aufzeigen: Die eine war das Aufkommen der mechanistischen Biologie, die zweite die Evolutionstheorie und die dritte deutete sich schon in der Arbeit des französischen Physiologen Claude Bernard mit der Hervorhebung der homöostatischen Verhaltenssteuerung an, wie sie im nächsten Kapitel dargestellt wird.
Die mechanistische Biologie entstand in der Mitte des 19. Jahrhunderts im Gegensatz zur Teleologie und zum Vitalismus in der Biologie. Die Teleologie nimmt eine Determination von Ereignissen durch ihre letzten Ziele oder Zwecke an. Der Vitalismus beinhaltet, daß die Eigenschaften lebender Wesen nicht auf physikalisch-chemische Begriffe reduziert werden können, daß diese Eigenschaften vielmehr die Existenz einer Kraft oder eines Wesens vermuten lassen, die das Materielle oder Physikalische übersteigt. Diese beiden Vorstellungen sind mit dem Rationalismus vergleichbar, aber keine von ihnen scheint mit der Entwicklung einer wissenschaftlichen Biologie vereinbar zu sein. Im Jahre 1845 vereinbarten vier junge Physiologen, die später alle ausgezeichnete Beiträge auf ihrem Gebiet leisteten, den Vitalismus zu bekämpfen. Zu ihnen gehörte Ernst Brücke, mit dem Freud später zusammenarbeitete. Er vertrat die Ansicht, daß die Prinzipien der Physik und der Chemie ausreichend sind, um das dynamische System des Organismus zu erklären. Dieser Ansatz war dem Standpunkt des Rationalismus entgegengesetzt und hatte großen Einfluß auf die Haltung vieler Physiologen und Biologen.
Die Evolutionstheorie, die 1859 in Buchform von Charles Darwin angekündigt wurde, war dramatischer und in gewissem

Sinne natürlich auch bedeutsamer. Es ist keine Übertreibung, wenn man sagt, daß diese Theorie die Biologie revolutionierte und viele Dinge möglich machte, die vorher weitgehend undenkbar waren, obwohl auch Darwins Arbeit natürlich ihre Vorgänger hatte. In der Psychologie scheint der funktionale Ansatz eine direkte Folge der Evolutionstheorie zu sein; und zu einem großen Teil kann man die amerikanische Psychologie bis heute noch als funktional charakterisieren.

Darwin entwickelte seine Theorie in den Jahren nach seiner Reise, die ihn in viele Teile der Welt, insbesondere in die Tropen, geführt hatte. In den fünf Jahren, in denen er sich außerhalb Englands befand, hatte er die Möglichkeit, viele Tierarten zu beobachten. Er entdeckte dabei, daß die Angehörigen einer Art, die von einer Gruppe von Artgenossen für eine gewisse Zeit isoliert waren, Veränderungen aufwiesen. Besonders eindrucksvoll waren dabei die Veränderungen, die er bei bekannten Arten auf den Galapagos-Inseln und im Pazifik registrierte. Aus diesen Beobachtungen entwickelte Darwin den Begriff der Variation unter den Angehörigen einer Art. Weiterhin sah er, daß einige Variationen in einer gegebenen Umwelt besser als andere in der Lage sind, zu überleben. Dementsprechend konnte er annehmen, daß über die Generationen hinweg die erfolgreichen Variationen überleben und sich vermehren können, während die schlecht angepaßten langsam aussterben. Dieses Prinzip wird in der Redewendung vom »Überleben des Stärksten« kurz zusammengefaßt. Darwins grundlegendste und wichtigste Vorstellung war es, daß Arten einschließlich des Menschen sich durch solche Prozesse aus anderen Arten entwickeln können. Es bestand daher keine Notwendigkeit, spezielle Schöpfungsakte für verschiedene Tierarten und für den Menschen zu postulieren.

Das Wesentlichste an Darwins Theorien liegt darin, daß die Merkmale eines Tieres einen Wert in seinem Existenzkampf besitzen können. Wenn ein solches Merkmal für das Leben in einer bestimmten Umwelt vorteilhaft ist, dann wird sein Wert positiv oder förderlich für das Überleben sein. Andererseits kann das gleiche Merkmal in einer anderen Umgebung schädlich für das Überleben sein und daher einen negativen Wert besitzen. Andere Merkmale können natürlich in einer bestimmten Situation in diesem Sinn bedeutungslos sein. Die Betonung des Überlebens oder Anpassungswertes der Merkmale einer Art war ein entscheidender Gedanke; er rückte die Untersuchung von Tieren und ihrem Verhalten in einen neuen Blickwinkel.

In der Psychologie führte diese Perspektive zu einem funktionalen Ansatz und zum Entstehen der Tier- oder vergleichenden Psychologie und der Entwicklungs- oder genetischen Psychologie. Wir werden diese Tendenzen ein wenig später diskutieren, hier aber soll noch einmal darauf hingewiesen werden, daß sie durch zwei wesentliche Erkenntnisgewinne der Darwinschen Theorie ermöglicht wurden: Erstens können Tiere und Menschen als kontinuierlich aufeinander aufbauende und nicht als völlig voneinander getrennte Arten dargestellt werden, und zweitens können die Merkmale aller Tiere und ihres Verhaltens funktionalen Wert bei der Anpassung oder beim Überleben in einer bestimmten Umwelt besitzen. Die Motivation wurde hier ein wesentlicher Bestandteil in der Analyse der Bedingungen von Anpassungsleistungen.

Psychiatrie

Die Existenz psychischer Krankheiten rief schon immer verlegene Verwirrung in der rationalistischen Philosophie hervor, es sei denn, daß man sie als dämonische Besessenheit erklärte, wie es das Zitat von Zilboorg zeigte. Als sich dann im Laufe der Zeit eine humane Behandlung vom psychisch Kranken entwickelte und man die Vorstellung einer Besessenheit vom Teufel aufgegeben hatte, wurde eine deutliche Lücke in den theoretischen Darstellungen psychischer Störungen sichtbar. Im späten 19. Jahrhundert wurden erste Klassifikationssysteme für psychische Krankheiten aufgestellt, und die Arbeit mit bestimmten Arten von Geistesstörungen hatte mit Hilfe der Hypnose Fortschritte gemacht. Ende des 19. Jahrhunderts entwickelte dann Sigmund Freud seine Neurosen- und Psychosenlehre, die insofern motivational ausgerichtet war, als sie die irrationalen Kräfte in der Natur des Menschen hervorhob.

Ausgehend von der Arbeit mit seinen Patienten formulierte Freud eine Anzahl von Annahmen darüber, wie das menschliche Verhalten determiniert wird und wie es sich entwickelt. Er sah das Verhalten als das Resultat von grundlegenden Energien an, einer Lebenskraft oder des Eros und einer Todes- oder Destruktionskraft, die er manchmal als Thanatos bezeichnete. Der Eros lag nach Freud den lebenserhaltenden und lebensfortführenden Aktivitäten des Menschen zugrunde und wurde hauptsächlich in der Form von sexuellen Motiven und ihren Abwandlungen dargestellt, während der Todestrieb den aggressiven und destruktiven Aktivitäten des Menschen zugrunde lag. Über den Eros wurde viel mehr als über den Todestrieb geschrieben.

Freud fand schon sehr früh bei der Behandlung seiner Patienten, daß ihre Symptome Ursachen hatten, die ihnen nicht bewußt waren und die sie sogar leugneten oder manchmal mit Schrecken zurückwiesen. So war beispielsweise eines der vielen Symptome im Falle der Anna O., die Josef Breuer, ein früher Mitarbeiter Freuds, behandelte, eine Verkrampfung des rechten Armes, eine Art Lähmung. Es war der Patientin nicht möglich, dieses Symptom oder die Umstände, unter denen es zum ersten Male aufgetreten war, zu erklären. Das Symptom ging zurück, als diese Umstände aufgedeckt wurden. Zu diesen Umständen gehörte das Erleben ihres einschlafenden Armes, während sie sich in einem sehr ängstlichen Zustand befand, als sie allein für ihren Vater während einer schweren Krankheit sorgte. Diese Art von Befunden führte zu Freuds Annahme unbewußter Faktoren bei der Steuerung unseres Verhaltens, unserer Erinnerungen und ähnlichem. Freud verglich die Psyche mit einem Eisberg, von dem sich der größte Teil unter Wasser befindet und unsichtbar ist, d.h., der größere Teil der Psyche ist unbewußt.

Freud nahm an, daß das Unbewußte aus zwei Teilen besteht, von denen der eine noch nie bewußt war und der andere zwar früher bewußt war, aber dann verdrängt, d.h. ins Unbewußte getrieben wurde. Den Grund für diese Verdrängung eigener Erfahrungen sah Freud in der Angst vor dem Verlust der Selbstachtung, die das fortgesetzte Bewußtsein dieser Erfahrungen nach sich ziehen würde. Die Verdrängung dient also ebenso wie andere Mechanismen, die Freud postulierte, dazu, das Bewußtsein vor der Angst zu schützen, die es sonst erfahren müßte.

Freud stellte sich die Lebens- und Todeskräfte als Triebe vor. Dabei sind sich englischsprachige Autoren nicht völlig einig darüber, ob das deutsche Wort *Trieb* mit *drive* oder *instinct* übersetzt werden soll. Man stellte sich in bezug auf die sexuellen Bedürfnisse vor, die Libido (oder Energie) drücke sich in den frühen Lebensjahren während verschiedener Phasen in bezug auf Ort und Ausprägung unterschiedlich aus. Zuerst gebe es die orale Phase, in der die Lust, die durch die Entladung der Libido entsteht, hauptsächlich durch Mund und Lippen durch Saugen oder ähnliche Aktivitäten erreicht wird. Dieser Phase folge die anale, in der der Ausdruck der Libido einen Höhepunkt in den Aktivitäten erreicht, die sich auf die Stuhlentleerung und das Urinieren beziehen. Dann folge die phallische Phase, in der die Genitalien die Zonen der höchsten Lust werden. Von diesem Zeitpunkt an werde sexuelles Agieren weitgehend unterdrückt, was die Latenzphase ermögliche, die ungefähr bis zur Pubertät andauere.

Es ist hier nicht Raum genug, die vielen detaillierten Beobachtungen und Argumente auszuführen, die Freud und seine Anhänger als Grundlage und Rechtfertigung für diese Darstellung der Entwicklung benutzten. Natürlich gab es auch alternative Ansichten und Interpretationen. Der wichtigste Aspekt der Freudschen Theorie liegt für unseren Zweck wahrscheinlich in dem dynamischen Charakter seiner Vorstellungen von der Persönlichkeit.

Diese Sichtweite basiert auf den motivationalen Kräften der Triebe. Freud war sich natürlich völlig der Tatsache bewußt, daß das unkontrollierte Ausleben der Libido in Übereinstimmung mit dem Lustprinzip weder in der Familie noch in der Gesellschaft erlaubt ist. Er nahm daher an, daß ein direktes und ungezügeltes Ausleben der Triebe oft zu Strafe und Ablehnung führt. Freud war jedoch der Ansicht, daß die Energie der Triebe ein Ausleben oder eine Entladung erfordert: Er entwickelte ein Modell, nach dem die Energie der Triebe wie der Wasserspiegel in einem Tank fortwährend steigt, bis sie einen Abfluß findet. Er vermutete daher weiter, daß der psychische Apparat hauptsächlich ausgebildet wird, um Triebentladungen zu ermöglichen, während zugleich die tatsächliche Natur der entladenen Energien vor der Welt und vor dem Selbst verborgen bleiben.

Als eine Instanz dieses psychischen Apparats postulierte Freud das Ich. Das Ich entsteht aus dem Es, das die unbewußten Triebquellen enthält. Es hat die Funktion, Triebentladungen in verkleideter Form zu gestatten. Das Ich arbeitet in Übereinstimmung mit dem Realitätsprinzip, d.h., es muß die möglichen Konsequenzen der direkten Triebentladung vorhersehen, um dann durch Beschränkung und Steuerung Bestrafung, Angst oder Verlust der Selbstachtung als Folge ungezügelter Triebentladung zu vermeiden. Die Persönlichkeit enthält als weitere Instanz das Über-Ich, das als ideales Selbst die Ver-

bote und Sanktionen der Eltern und der Gesellschaft umfaßt. Dieses Über-Ich stellt in internalisierter Form äußere Autoritäten und Verbote dar. Das Ich hat nun die Aufgabe, zwischen den Forderungen des Es und des Über-Ich zu vermitteln, indem es im Interesse des Es ein gewisses Maß an Triebentladung erlaubt, sie aber im Hinblick auf das Über-Ich tarnt.
Aufgabe des Ich ist es also, die Möglichkeiten der Triebentladung zu gestalten, wobei verschiedene Mechanismen wie Verdrängung, Reaktionsbildung und Sublimierung als Mittel der Konfliktlösung zur Verfügung stehen. So könnte das Ich, wenn z. B. anale Wünsche wie das Beschmieren und Beschmutzen dominant sind, die Entladung dieser Triebe in das Entgegengesetzte verwandeln, in äußerste Sauberkeit und den Wunsch nach Ordnung. Diese Umwandlung ist ein Beispiel für eine Reaktionsbildung, da das Ich die direkte Triebentladung nicht zulassen darf.
Unsere Darstellung kann nur einen kurzen Einblick in Freuds theoretischen Ansatz bieten. Es sollte aber klargeworden sein, daß diese Theorie dynamische und motivationale Annahmen macht und somit eine rationale Konzeption der menschlichen Natur ablehnt. Aufgrund der Triebansprüche, der Angst und der Furcht vor dem Verlust der Selbstachtung wird in Freuds Theorie das Ich zu einer Art Schlachtfeld, auf dem ein Kompromiß der sich bekriegenden Mächte herausgearbeitet wird. Dieser Kompromiß kann allerdings nicht rational erreicht werden, da sich das ganze Drama und die Konfliktlösung außerhalb des Bewußtseins abspielen. Deshalb können einem übermäßig sauberen und ordentlichen Menschen die Gründe seines Verhaltens nicht als das Ergebnis einer Reaktionsbildung bewußt werden. Während einer psychoanalytischen Behandlung würde er sich vielmehr gegen die Anerkennung der wirksamen Kräfte wehren, da eine Bewußtwerdung große Angst und einen schweren Verlust an Selbstachtung zur Folge haben könnte.
Seit Freuds Zeiten gab es viele Modifikationen seines Ansatzes; bestimmte Aspekte seiner Theorie, insbesondere die Triebgrundlage stießen auf Kritik und Ablehnung. Es hieß, daß Freuds Theorie eng an die europäische Kultur gebunden sei, der er angehörte, und stark von ihr beeinflußt sei. Dennoch gilt die Psychoanalyse weiterhin als eine wichtige Darstellung der Persönlichkeit, und trotz zahlreicher Modifikationen des Ansatzes ist die Annahme dynamischer Kräfte und unbewußter Faktoren weiterhin von großer Bedeutung.

Die Psychoanalyse stand also deutlich im Gegensatz zu rationalistischen Konzepten vom Menschen und zog die Aufmerksamkeit vom Intellekt weg hin zu irrationalen Kräften, d. h. zu einer motivationalen Darstellung des Verhaltens. Das Verhalten hat in dieser Konzeption die Aufgabe, die Entladung motivationaler Energien zu erlauben. Es wird hier als Instrument der organischen Bedürfnisse angesehen; in ähnlicher Weise betrachteten die Evolutionstheoretiker das Verhalten von Tieren beim Existenzkampf und bei der Anpassung an ihre Umwelt. Die Betonung motivationalen Geschehens in der ersten Hälfte des 20. Jahrhunderts ist in einem nicht geringen Ausmaß dem weitreichenden Einfluß Freudscher Überlegungen zuzuschreiben.

Psychologie

In der zweiten Hälfte des 19. Jahrhunderts entstand der Forschungsbereich der Psychologie als eine von Philosophie und Physiologie getrennte Disziplin. Man bemühte sich anfangs um eine klare Definition des Gegenstands der Psychologie. Sie beanspruchte die Erforschung der bewußten Erfahrungen als ihren Bereich.

Das Ziel dieser Forschungen war, die Erfahrung in ihre einzelnen Elemente zu zerlegen. Man wollte die Elemente der Erfahrung ermitteln, um dann die Gesetze ihrer Kombination aufklären zu können. Diese Gesetze waren die Assoziationsgesetze. Die Bedeutung der britischen assoziationistischen und empiristischen Philosophie für diese Forschungsrichtung sollte bald deutlich werden. Diese Psychologie, die mit den Namen Wilhelm Wundt in Deutschland und E. B. Titchener in den USA eng verbunden ist, entwickelte die Methode der Introspektion. Ein Beobachter hatte hierbei die Aufgabe, auf vorgegebene Wahrnehmungsreize hin seine Erfahrung in Begriffen von Erlebniselementen und ihren Merkmalen zu beschreiben, die als grundlegend für den Aufbau der Erfahrung betrachtet wurden. So erhielt Titchener durch seine Analyse, zumindest in einem Stadium seiner Arbeit drei Hauptelemente: Sinneseindrücke, Vorstellungen und Gefühle. Das Erleben konnte durch weitere Merkmale charakterisiert werden, z. B. Qualität, Intensität, Dauer, Umfang und Klarheit, mit denen die Sinneseindrücke beschrieben werden können. Motivationsbegriffe und -konzepte fanden in diesen Beschreibungen keinen Platz und wurden vom Standpunkt der introspektiven Psychologie aus distanziert betrachtet. Man könnte sagen, daß es das Ziel dieser Forschungsgruppe war, zu untersuchen, was das Bewußtsein ist. Die an den Experimenten beteiligten Versuchspersonen waren Erwachsene, die sorgfältig in der Methode der Introspektion geschult worden waren.

Das Laboratorium Wundts, das im allgemeinen als das erste richtige psychologische Laboratorium der Welt bezeichnet wird, wurde 1879 gegründet. Wundt wurde im wesentlichen von philosophischen und physiologischen Ansätzen beeinflußt. Die Evolutionsbiologie dagegen schien keinen bedeutenden Einfluß auf die Arbeit dieses Laboratoriums und ähnlicher Institutionen zu haben.

Andererseits aber hatte das Evolutionskonzept doch einen bedeutenden Einfluß auf die Psychologie. Diese Wirkung kann vielleicht am besten an der Untersuchung der Intelligenz von Tieren erkannt werden, die kurz nach dem Bekanntwerden der Evolutionstheorie durchgeführt wurde. So zeigen besonders die 1890 von William James veröffentlichten *Principles of Psychology* deutliche Wirkungen der Evolutionstheorie. James war ein Vorläufer einer neuen psychologischen Schule, die in der Zeit von 1890 bis 1910 entstand und eine funktionale Psychologie betrieb. Kennzeichnend für diese Schule war bei der Erforschung des Bewußtseins die Fragestellung, welche Funktion es für den Organismus besitzt und wie es dem Individuum bei der Anpassung an die Umwelt hilft. Neben dem Bewußtsein war notwendigerweise das Verhalten ein ebenso zentraler Untersuchungsgegenstand. Man kann daher sagen, daß die Funktionalisten alle Möglichkeiten der Anpassung, die dem Organismus zur Verfügung stehen, und nicht nur das Bewußtsein erforschten. Da die Introspektion für diese Forschergruppe nicht die einzige angemessene Beobachtungsmethode darstellte, konnten auch Kinder, psychisch Kranke und Tiere als ungeschulte Beobachter untersucht werden.

In den USA verbreitete sich dieser funktionalistische Ansatz rasch und er erreichte eine dominierende Stellung, die er bis heute mehr oder weniger halten konnte. Aufgrund des zentralen Begriffs der Anpassung wurden Motivationskonzepte für diesen Forschungsansatz wesentlich. Wir werden im nächsten Kapitel die Entwicklung motivationaler Konzepte in der funktionalistischen Tradition verfolgen. Zuvor soll aber noch das

Instinktmodell dargestellt werden, wie es vor allem in den Arbeiten von William McDougall konzipiert wurde.
James wies einmal darauf hin, daß der Mensch mehr Instinkte als jedes andere Tier besitze. Die Funktionalisten zählten Instinkte zu den wichtigsten Antrieben des Verhaltens. Doch niemand betont die allmächtige Rolle der Instinkte so wie McDougall, vielleicht mit Ausnahme von Freud*. Die Behauptung, daß durch das Eintreten McDougalls für die Funktion der Instinkte Motivationskonzepte einen zentralen Stellenwert in der allgemeinen Psychologie des frühen 20. Jahrhunderts erhielten, ist nicht übertrieben. Ebenso wurden diese Konzepte durch Freuds Plädoyer für seine Theorie zum Mittelpunkt der klinischen Psychiatrie und Psychopathologie.
Nach McDougall werden die Handlungen und Gedanken des Menschen durch Instinkte hervorgerufen. Ohne diese Instinkte gäbe es kein Verhalten, kein psychisches Leben; ohne diese »Haupttriebkräfte« wäre der Mensch ein träger Klumpen, ein verworrener Mechanismus ohne zielgerichtete Kraft.
McDougall postulierte eine Anzahl von Instinkten, von denen die meisten mit einem entsprechenden Gefühl gekoppelt waren. In seinem Buch *Social Psychology,* das er 1908 erstmals publizierte, nannte McDougall die folgenden Instinkte und Gefühle: Flucht und das Gefühl der Furcht; Zurückweisung und Ekel; Neugier und Verwunderung; Kampflust und Zorn; Selbsterniedrigung und negatives Selbstwertgefühl oder Abhängigkeitsgefühl; Selbstbehauptung und positives Selbstwertgefühl oder Stolz; Fortpflanzung und Zärtlichkeit; Geselligkeit; Erwerb; Konstruktion. Diese Liste der Instinkte wurde in späteren Arbeiten verändert und schließlich wurden sie Neigungen (propensities) genannt. Die Betonung der Motivation blieb jedoch erhalten.
McDougall stellte sich die Instinkte als irrationale und unwiderstehliche Antriebe des Verhaltens vor. Er verstand »Instinkt« als ererbte oder angeborene psychophysische Disposition, die bestimmt, wie ihr Besitzer Gegenstände einer gewissen Klasse wahrnimmt und ihnen Aufmerksamkeit schenkt, wie er eine emotionale Erregung bestimmter Qualität bei der Wahrnehmung eines solchen Gegenstandes erlebt, und wie er nun genau in bezug darauf handelt oder zumindest einen Impuls zu

*Wie bereits erwähnt wurde, wurde das deutsche Wort *Trieb* häufig als *instinct* ins Englische übersetzt. Anm. d. Übers.

solch einer Handlung verspürt« (McDougall 1908, S. 30). Instinkte sind keine Reflexe oder Reflexkombinationen; Instinkte richten den Organismus auf Ziele aus, sein Streben wird auf diese Zwecke gerichtet. Das Verhalten dient dem Ziel oder Zweck des Instinktes und ist somit ein Instrument für die Instinkte des Organismus.

McDougall erkannte, daß in vielen Analysen des menschlichen Verhaltens, besonders in Analysen, die auf rationalistischen Vorstellungen basieren, das Problem in der Frage liegt, warum der Mensch überhaupt irrational handelt. McDougall formulierte diese Frage aber anders: »Warum handelt der Mensch überhaupt jemals rational?« Diese Frage enthält die Überlegung, daß der Mensch zunächst einzig und allein von seinen Instinkten beherrscht wird und unvernünftig sein muß bzw. überhaupt keine Selbstkontrolle ausüben kann. McDougall versuchte daher zu ergründen, warum der Mensch seine Instinkte kontrolliert. Er nimmt an, daß sich die Persönlichkeit im Interesse einer solchen Kontrolle entwickelt. Die durch die Gesellschaft geforderte Instinktsteuerung wird nach McDougall durch den Mechanismus der Gefühlshaltung (sentiment) erreicht. Eine solche Gefühlshaltung ist ein Gebilde, in der verschiedene Instinkte und ihre Gefühle in Verbindung mit der Vorstellung eines Objekts oder einer Klasse von Objekten zusammengekettet sind. So ist die Gefühlshaltung der Selbstachtung, die eine Anzahl von Instinkten und Gefühlen unter der Idee des Selbst und seinem Status vereint, ein wichtiges Mittel, um die ungesteuerte Wirkung der Instinkte zu verhindern. Wenn eine Person z.B. Kampfeslust verspürt, so könnte ihr Handeln durch die Furcht unterdrückt werden, eine negative Beurteilung durch andere zu erfahren; die Gefühlshaltung der Selbstachtung würde durch solche Beurteilungen beeinträchtigt werden und als Konsequenz den Ausdruck des Zorns verbieten oder verhindern.

McDougalls Einfluß lag nicht so sehr in seiner speziellen Instinkttheorie und ihrer Konstruktion, sondern eher in der Bedeutung, die er motivationalen Kräften im menschlichen Verhalten zumaß. Er war ein ausdauernder und überzeugender Vertreter einer motivationalen Sichtweise des Verhaltens. Es ist daher wahrscheinlich, daß die Entstehung von motivationalen Begriffen wie Trieb sehr wesentlich seiner wissenschaftlichen Arbeit zu verdanken ist. Seine Vorstellungen stimmten mit den sich entwickelnden funktionalistischen Konzepten der organismischen Anpassung überein, so daß sie in weniger extremer Form in das funktionalistische Schema integriert werden konnten. Im nächsten Kapitel wird gezeigt werden, wie Motivationskonzepte entstanden sind und wie sie sich verändert haben.

2. Kapitel
Motivationskonzepte und ihr theoretischer Stellenwert

Die Betonung der Instinkte (instincts) durch McDougall und andere Forscher erzeugte eine Gegenreaktion, die als Alternative ein Konzept des Triebes (drive) vertrat, das in den Jahren von 1920 bis 1950 eine große Beachtung fand. Da die triebtheoretischen Vorstellungen aber auch viele Fragen offen ließen und wichtige Probleme nicht lösen halfen, wandte sich das wissenschaftliche Interesse in den fünfziger Jahren dem Konstrukt Anreiz (incentive) zu. Ebenso bewirkten zu dieser Zeit die Arbeiten einiger Zoologen und Ethologen, die tierisches Verhalten untersuchten, eine Wiederbelebung der Instinkttheorie (siehe 3. Kapitel). Eine weitere wissenschaftliche Richtung versuchte, den Anreiz als motivationales Konzept durch die Verstärkung (reinforcement) zu ersetzen. Die damit verbundenen Überlegungen werden in diesem Kapitel weiter ausgeführt.
Darüber hinaus hat besonders ein Problem das Interesse psychologischer Forscher seit ungefähr 1940 auf sich gezogen. Es läßt sich in der Frage formulieren: Welche Funktion kommt Motivationskonzepten bei der Beschreibung und Analyse des Verhaltens zu? Diese Frage hat viele Antworten erhalten und soll in diesem Kapitel behandelt und diskutiert werden. Es wird dabei um die Klärung des theoretischen Stellenwertes von Motivationstheorien gehen.

Gegenreaktionen auf Instinktmodelle

Nachdem seit Darwin Instinkte als Determinanten für menschliches Verhalten akzeptiert worden waren, verlängerte sich die Liste der von zahlreichen Autoren vorgeschlagenen wesentlichen Instinkte zunehmend. McDougalls Zusammenstellung haben wir bereits im vorigen Kapitel aufgeführt. William James glaubte, daß es folgende menschliche Instinkte gibt: Bewegung, Lautbildung, Nachahmung, Rivalität, Streitsucht, Anteilnahme, Verletzen, Furcht, Gewinnsucht, Erfinden, Spiel, Neugier, Geselligkeit, Verschwiegenheit, Sauberkeit, Bescheidenheit, Liebe, Eifersucht und Elternliebe.

Der Soziologe L.L. Bernard fand im Jahr 1924 bei einer Durchsicht der Literatur, daß in den von ihm untersuchten Zeitschriften und Büchern mehrere tausend Verhaltensweisen als instinktiv klassifiziert worden waren. Bernard gibt zwei Beispiele, die den von ihm erhobenen Befund kurz charakterisieren: ». . . mit einem kurzen Blick schätzen wir instinktiv das Alter eines Vorübergehenden ein« und ». . . die instinktive Moral, die von Personengruppen entwickelt wird . . .« (Bernard 1924, S. 133 — 134). Die Tendenz, Verhaltensweisen als instinktiv zu bezeichnen, war so groß, daß Ayres (1921) zu einer Arbeit mit dem Untertitel veranlaßt wurde »Der Instinkt des Glaubens an Instinkte« (The instinct of belief-in-instincts).

Die Problematik dieser Instinktvorstellungen muß darin gesehen werden, daß Verhaltensweisen aufgrund lediglich zufälliger oder trotz fehlender Befunde als instinktiv klassifiziert wurden. Nach dieser Klassifizierung als instinktiv wurden dann keine weiteren Überlegungen mehr zur Natur der instinktiv genannten Verhaltensweisen angestellt. Etwas instinktiv zu nennen, bedeutete schon, es zu »erklären«. Weitere Untersuchungen wurden damit überflüssig. Diese einfache und undifferenzierte Verwendung des Begriffs zur Erklärung menschlichen Verhaltens machte ihn daher bald für die wissenschaftliche Diskussion unbrauchbar. (Der Instinktbegriff taucht dann allerdings bei den Ethologen wieder auf, die ihn jedoch auf einer ganz anderen empirischen Grundlage verwenden.)

Die Kritik der Instinkttheorie ergab sich auf mehreren Ebenen. Auf der einen wurde die Gültigkeit zufälliger Beobachtungen für die Kennzeichnung einer Handlung als instinktiv in Frage gestellt. So hatte James zur Bestätigung seiner Instinkttheorie lediglich Beispiele aus dem Verhalten seiner eigenen Kinder herangezogen. Er zog Analogieschlüsse zum tierischen Verhalten und wies damit auf den Vorteil gewisser Instinkte für die Entwicklung hin. Auch die anderen Autoren, die die Annahme instinktiver Grundlagen des menschlichen Verhaltens vertraten, haben kaum experimentelle Arbeiten oder kontrollierte Beobachtungen durchgeführt. Einen weiteren Kritikpunkt stellte der Mangel an übereinstimmenden Kriterien dar, die man bei der Klassifikation einer Handlung als instinktiv oder nicht-instinktiv zugrunde legen konnte. Wenn Kriterien benutzt wurden, so war der Nachweis, daß eine Verhaltensweise einem der Kriterien entsprach, oft fragwürdig. So argumentierte McDougall, daß im Menschen ein aggressiver Instinkt

(Kampflust) existieren müsse, da Kampf und Krieg in der Welt so verbreitet seien. Es ist aber durchaus fraglich, ob Kampflust überall verbreitet ist. Es gibt friedliche Gesellschaften und friedliche Menschen. Haben es diese Menschen gelernt, ihre Aggressionen zu kontrollieren oder zu unterdrücken, oder haben es aggressive Menschen gelernt, kämpferisch zu sein? Die Beobachtungen von Kulturanthropologen bestätigen meist nicht jene Universalität, die die Instinkttheoretiker für instinktive Verhaltensweisen fordern. So stammen zu viele Befunde, die die Instinktforscher zur Stützung ihrer Annahmen zitierten, aus der westlichen Kultur.

John B. Watson und andere Behavioristen lieferten einen der Hauptangriffe auf die Instinktlehre. Watsons Argumentation beruht dabei auf empirischen Grundlagen. Er beobachtete zusammen mit Morgan Kleinkinder, die auf verschiedene Art stimuliert wurden (Watson & Morgan 1917). Die empirischen Befunde führten zu der Annahme, daß es nur drei angeborene emotionale Reaktionen gibt: Furcht, Wut und Liebe. Diese Reaktionen können nur von einigen Reizsituationen angeborenermaßen hervorgerufen werden. So wurde Furcht von lauten Geräuschen und von der Gefahr, fallengelassen zu werden, hervorgerufen; Wut konnte durch die Einschränkung der Bewegungsfreiheit erzeugt werden. Watson (1924) ging sogar soweit, als überzeugter Umwelttheoretiker generell die Existenz menschlicher Instinkte zu leugnen. Obwohl die Zulänglichkeit der von ihm und Morgan erhobenen Beobachtungen in späteren Arbeiten in Frage gestellt wurde, stellte ihre Studie zu jener Zeit sicherlich eine der bedeutendsten Antworten auf die Instinktposition dar.

Damit ist nun wohl genug gezeigt worden, warum die Bedeutung des Instinktmodells in den zwanziger Jahren stark abnahm. Das Modell verschwand jedoch nicht vollständig aus der wissenschaftlichen Diskussion, da es motivationale Vorstellungen implizierte, die, wie bereits erläutert wurde, für das funktionalistische und psychoanalytische Denken von großer Bedeutung zu sein scheinen. So bezeichnen Instinkte ein Drängen oder Kräfte im Verhalten, die diesem eine Richtung auf ein Ziel geben. Obwohl also die Annahme von Instinkten in den zwanziger Jahren abnahm, war man interessiert, motivationale Aspekte der Instinktvorstellung zu übernehmen. Dies geschah durch das Triebmodell. Wie Peters (1953, S. 665—666) andeutete, »machten spätere Autoren starken Gebrauch von dem Triebkonzept, das sich als die objektiv prüfbare Komponente von McDougalls eher metaphysischem Instinktmodell erwies . . .«

Triebtheorien

Der Begriff *Trieb* (drive) wurde 1918 durch R.S. Woodworth in das theoretische Vokabular der Psychologie eingeführt (Campbell & Misanin 1969, S. 58). Woodworth schrieb 1918 über instinktives Verhalten und sprach in diesem Zusammenhang von vorbereitenden und konsumatorischen Reaktionen. Er folgte damit dem englischen Physiologen Sir Charles Sherrington, mit dem er zusammen studiert hatte. Eine konsumatorische Reaktion wie Essen oder Trinken beendet einen Verhaltensabschnitt, der auch die vorbereitenden Reaktionen enthält. Die vorbereitenden Reaktionen bestehen aus einer Reihe von Handlungen, die zu einer konsumatorischen Reaktion führen und immer dann aufzutreten scheinen, wenn die Bereitschaft für eine konsumatorische Reaktion vorliegt, wie es z.B. bei einem hungrigen Tier der Fall ist, das bereit ist zu fressen. Woodworth interessierten zwei Dinge, nämlich die Mechanismen des Handelns und die Kraft, die dem Mechanismus die Energie zum Handeln liefert.
Das menschliche Verhaltensrepertoire umfaßt viele mögliche Handlungen oder Verhaltensweisen. Sie treten jedoch nicht ununterbrochen oder gleichzeitig auf. Vielmehr tauchen sie sporadisch oder episodisch auf. Die ihnen zugrundeliegenden Mechanismen werden aber wahrscheinlich immer im Nervensystem vorhanden sein. Zur Aktivierung der Mechanismen, die einer bestimmten Handlung zugrunde liegen, sind besondere Bedingungen notwendig. Woodworth benutzte den Begriff *Trieb* als eine Bedingung, die zur Umsetzung der Mechanismen in Handlungen notwendig ist. Woodworth gab sich nicht mit einer einfachen Liste von Instinkten zufrieden. Er nahm an, daß Mechanismen ihre eigenen Energien entwickeln könnten, wenn sie erst einmal ausgebildet und erprobt wären.
Das Triebkonzept wurde bald in bezug auf die physiologischen Bedingungen gebraucht, die dem Auftreten von vorbereitenden und konsumatorischen Reaktionen zugrunde zu liegen scheinen. Das Verlangen, so behauptete Dunlap (1922), wohnt den Geweben inne. Dashiell (1928) behauptete sogar, daß Ge-

webebedürfnisse die Ursprünge der Triebe seien. Gewebebedürfnisse würden durch deprivierende Bedingungen wie Fasten oder durch exzessive Zustände bewirkt. Sie dienten dazu, Handlungen anzutreiben oder zu intensivieren, die angeboren oder erlernt worden waren, um vorhandene Störungen auszugleichen. Der Triebzustand wurde manchmal mit Gewebebedürfnissen gleichgesetzt, manchmal nahm man an, er werde durch Gewebebedürfnisse hervorgerufen.

Das Triebmodell läßt sich in zwei Formen differenzieren. Die eine Position versteht den Trieb als inneren Reiz, der mit Zuständen von Gewebebedürfnissen zusammenhängt, die Handlungen hervorrufen. Die andere legt kein Gewicht auf innere Reize; sie stellt sich einen Trieb in erster Linie als einen zentralen Zustand vor, der die Strukturen, die dem Verhalten zugrundeliegen, mit situativer Reaktionsbereitschaft ausstattet oder dafür empfänglich macht. Es wird dabei manchmal angenommen, daß innere Reize diesen zentralen Zustand begleiten können.

Der Trieb als innerer Reiz

Bei diesem Konzept geht es hauptsächlich darum, innere Reize oder Ursprünge innerer Reize zu finden, die jeden der üblicherweise postulierten Triebe wie Hunger, Durst und Sexualität begleiten. Im Falle des Hungers lokalisierte man diese Reize im Magen, im Falle des Durstes im Mund und der Kehle, im Falle der Sexualität in den Geschlechtsorganen. Diese Darstellung der Triebgrundlagen wird oft als lokale Motivationstheorie (local theory of motivation) bezeichnet. Vom Standpunkt dieser Theorie aus versucht man, einen Platz oder einen Ort zu bestimmen, wo die Reizkonsequenzen eines Triebes faßbar werden.

Beim Hunger wurden oft die Kontraktionen des leeren Magens als eine wichtige Grundlage des Triebes angesehen. So schrieb vor 200 Jahren Albrecht von Haller, daß Hunger vom »Aneinanderscheuern und Rubbeln der empfindlichen und zottigen Falten der Magenschleimhaut . . .« hervorgerufen wird und daß »die nackten Zotten der Nerven an der einen Seite in fast unerträglichem Maße an den Zotten der anderen Seite reiben« (zitiert nach Boring 1942, S. 553f.). Cannon & Washburn (1912) lieferten Beweismaterial für die Annahme, daß die Kontraktionen des Magens dem Hunger zugrundeliegen. Carlson (1916) versuchte diese Annahme ebenfalls in langen Untersuchungsreihen zu verifizieren. Cannon ließ Washburn einen Ballon schlucken. Dieser Ballon war mit einem Meßgerät verbunden, das die Kontraktionen des Magens auf einem sich bewegenden Papier aufzeichnen konnte (vgl. Abb. 1). Wash-

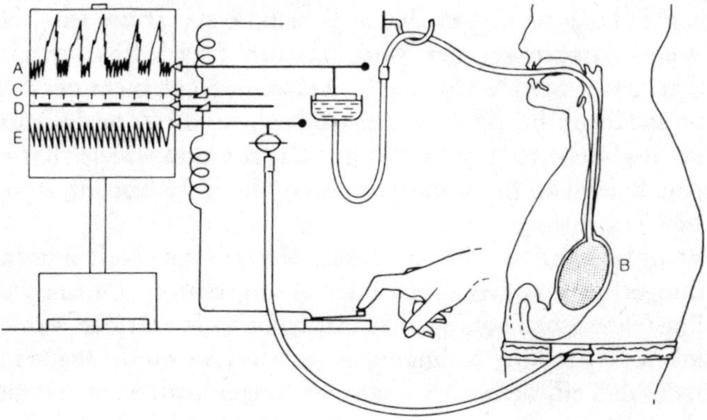

Abb. 1: Diagramm der Untersuchungsanordnungen von Cannon und Washburn. B bezieht sich auf den Ballon im Magen, die Aufzeichnungen auf dem Kymographen sind (A) Änderungen des Luftdrucks, die Zusammenziehungen des Magens widerspiegeln, (C) Zeit in Minuten, (D) das Auftauchen von Hungerkrämpfen, wie sie die Versuchsperson mitteilte, und (E) eine Aufzeichnung der Atmung. Cannon, W.B.: Hunger and Thirst, in C. Murchison (Ed.): Foundations of experimental psychology, 1929, S. 437, Abb. 1. Mit Erlaubnis der Clark University Press.

burn, der die Aufzeichnungen nicht verfolgen konnte, drückte jedesmal einen Knopf, wenn er einen Hungerkrampf verspürte. Diese Knopfdrücke wurden auch registriert. Die Ergebnisse ließen erkennen, daß der Kontraktion des Magens gewöhnlich ein Hungerkrampf folgte. Diese Übereinstimmung schien die Interpretation zu stützen, daß Hunger auf die Kontraktionen des Magens zurückzuführen ist. Cannon erkannte, daß Hunger nicht immer ausgeprägt oder überhaupt vorhanden ist, wenn Menschen essen. Er stellte aber fest, daß es zusätzlich zum Hunger den Appetit gibt, der in solchen Fällen wirksam wird. Cannon konnte über den Appetit relativ wenig aussagen, er bestand aber auf seiner lokalen Theorie des Hungers und anderer Triebe.

So hielt Cannon auch die sich bei Durst einstellende Trockenheit in der Kehle und im Mund für die verantwortlichen loka-

len Reizbedingungen. Wenn die Speicheldrüsen darin »versagen, genügend Flüssigkeit zu liefern, und Mund und Kehle zu befeuchten, so erzeugt das resultierende lokale Unbehagen und Unwohlsein das Durstgefühl« (Cannon 1918, S. 295). Cannon konnte verschiedene Belege zur Unterstützung dieser Behauptung anführen: Bei heftigem Schwitzen oder Entzug von Flüssigkeit nimmt der Speichelfluß ab, Durst tritt auf. Wenn Atropin gegeben wird, das den Speichelfluß vermindert, tritt ebenfalls Durst auf. Dies ist dagegen nicht der Fall, wenn Novokain, ein Betäubungsmittel, auf die Zone des Mundes und der Kehle gegeben wird. Cannon und andere führten eine Reihe von Experimenten durch, die diese Theorie zu bestätigen schienen.
Beim Sexualtrieb nahm die lokale Motivationstheorie Empfindungen in den Genitalien oder in zugehörigen Organen als Entstehungsbedingungen an. Auch für andere Triebe wurden lokale Entstehungsbedingungen gesucht. So wurde angenommen, daß ein weibliches Tier seine Jungen zum Saugen ermutigt, wenn es Spannungen in den Brustdrüsen verspürt (vgl. Cofer & Appley 1964, S. 176f.).
Die allgemeinen Vorstellungen der lokalen Theorie lassen sich durch ein Zitat von Cannon verdeutlichen: »Wenn den Bedürfnissen des Körpers nicht entsprochen wird, . . . entstehen stechende Hungergefühle und starker Durst als mächtige, beständige und quälende Reize, die die Aufnahme von Nahrung und Wasser gebieterisch fordern, bevor sie das Quälen vermindern« (Cannon 1939, S. 76). E.B. Holt war sogar der Meinung, daß wir »von Reizen durch das Leben gegeißelt werden«. Die lokale Theorie könnte somit fast als Theorie des Teufels im Fleisch gekennzeichnet werden. Eine Vorstellung, die Holt sehr nahe kommt, ist Freuds Annahme eines Todeswunsches, nach der die Organismen durch den Tod die Beendigung ihrer inneren Reizung suchen.

Kritik der lokalen Motivationstheorie

Es ist nie völlig klargeworden, wie vollständig die lokale Theorie Triebe zu erklären versuchte. Wie bereits erwähnt, schrieb Cannon viele Phänomene der Nahrungsaufnahme eher dem Appetit als den Hungerkrämpfen zu. Es konnte aber auch gezeigt werden, daß diese Theorie eine Anzahl von Untersuchungen mit teilweise stützenden Befunden anregte. Da man aber auch widersprechendes empirisches Material erhielt, glaubt heute niemand mehr ernsthaft, daß lokale Faktoren dazu geeignet sind, irgendeinen Aspekt von triebhaftem Verhalten völlig zu erklären. An den Beispielen des Hungers, des Durstes und des Sexualtriebes sollen hier einige dieser Befunde dargestellt werden.

Hunger: Heute wird generell daran gezweifelt, ob die von Cannon und Carlson benutzte experimentelle Methode überhaupt angemessen ist. So haben einige Forscher die Annahme geäußert, daß der Ballon im Magen der Versuchsperson eher Kontraktionen hervorruft, als sie einfach zu messen. Davis, Garafalo & Kveim (1959) ermittelten die Magenaktivität elektrisch durch Elektroden, die sie auf dem Bauch anbrachten. Sie fanden keinen Nachweis für Kontraktionen im leeren Magen, es sei denn, es wurde ein Ballon eingeführt! Zudem belegen andere Experimente, daß Hunger auch dann fortbesteht, wenn der Magen infolge einer Gastrektomie entfernt worden ist; wenn der Magen voller Nahrung ist, aber der Durchgang in den Dünndarm verstopft ist; oder wenn die Empfindungsnerven, die vom Magen zum zentralen Nervensystem führen, blockiert oder abgetrennt sind (Cofer & Appley 1964, S. 206, S. 208 — 210).
Nach einer Gastrektomie und dem Verbinden der Speiseröhre mit dem Dünndarm zeigen Tiere gewöhnlich weiterhin die mit Hunger verbundenen Verhaltensmerkmale. Auch bei menschlichen Patienten, die ähnlichen Operationen unterzogen wurden, besteht Hunger einschließlich des Erlebens schmerzhafter Hungerkrämpfe weiter. Bei Tieren hat das Durchtrennen der Nerven, die die Impulse zur Konstraktion des Magens weiterleiten, nur geringe Wirkung auf das Fressverhalten, das mit Nahrungsdeprivation verbunden ist. Es wurden Patienten nach einer Vagotomie untersucht, einer Operation, die bei Magengeschwüren vorgenommen wird. Die meisten Patienten empfanden weiterhin Hungergefühle, obwohl es infolge der Vagotomie keine Kontraktionen des Magens mehr geben konnte. Der Hunger, den sie verspürten, war eine Leere »von oben bis unten« oder im Bauch. Teilweise konnte ein Schwächegefühl und das Verlangen nach Nahrung festgestellt werden. Viele Patienten stellten aber überhaupt keine Veränderung ihrer Hungergefühle nach der Operation im Vergleich zu früher fest (Grossman & Stein 1948).

Durst: auch hier scheinen die Befunde die lokale Theorie zu widerlegen. Fallstudien an Menschen, die in der Wüste unter schrecklichem Durst litten, zeigen, daß der Durst auch dann fortbesteht, wenn sie beträchtliche Wassermengen getrunken und Mund und Kehle somit bestimmt befeuchtet haben. Patienten mit einer Diabetes insipidus erleben Durstgefühle und trinken normal, obwohl sie Medikamente zur Anregung des Speichelflusses (Pilocarpin) oder zu seiner Hemmung (Atropin) eingenommen haben. Sie bleiben ähnlich durstig, wenn Mund und Kehle durch Besprühen mit Kokain betäubt werden. Bei Hunden zeigt das Durchtrennen der Nerven der Mundzone keine Wirkung auf ihre Trinkgewohnheiten. Mit Hunden wurden auch Scheintrinkexperimente durchgeführt. Bei diesen Versuchen trinken die Hunde, so daß ihre Mäuler naß werden. Das Wasser fließt aber durch eine Fistel aus der Speiseröhre hinaus, bevor es in den Magen gelangen kann. Solche Hunde trinken unverändert große Mengen Wasser, obwohl Maul und Kehle naß gewesen sein müssen (Cofer & Appley 1964, S. 246—249).

Sexualtrieb: Auch zu diesem Punkt lassen sich Studien anführen, bei denen verschiedenen Tieren und auch Menschen Organe entfernt oder diese Organe entnervt wurden und trotzdem sexuelle Erregung und sexuelles Erleben festgestellt werden konnte (Cofer & Appley 1964, S. 176f.).
Die widersprechenden Befunde bei Hunger-, Durst- und Sexualtrieb scheinen also die lokale Theorie in ihrem allgemeinen Erklärungswert für Triebzustände zu entkräften. Zweifellos ist die lokale Reizung in manchen Fällen wichtig, aber sie ist offensichtlich für die Motivation nicht grundlegend. Daher sollen nun zentrale Triebtheorien dargestellt werden, die sich angesichts der Unzulänglichkeit des lokalen bzw. peripheren Konzeptes entwickelt haben.

Der Trieb als zentraler Zustand

Trotz des Versagens der lokalen Theorie schienen für viele Forscher und Theoretiker der zwanziger, dreißiger und vierziger Jahre verschiedene Verhaltensphänomene ein Triebkonzept zu erfordern. Es wird sinnvoll sein, zunächst diese Phänomene zu besprechen, um dann den Trieb als einen zentralen Zustand zu charakterisieren, der zur Erklärung dieser Phänomene konzipiert wurde. Die interessierenden Verhaltensphänomene weisen als zentrales Merkmal auf, daß Deprivationsbedingungen zu erhöhter Aktivität führen. Es kann sich dabei um eine allgemeine oder um eine spezifische, auf Zielobjekte gerichtete Aktivität handeln. Aus diesem Grunde schienen die Triebbedingungen für die Theoretiker Energiequellen für solche Verhaltensweisen darzustellen.

1. Allgemeine oder »spontane« Aktivität: Tiere verhalten sich in vielen Fällen aktiv, selbst dann, wenn es in ihrer unmittelbaren Umgebung keine sichtbaren Reize oder anregenden Bedingungen gibt, die ihre Aktivität erklären könnten. Dieses Verhalten wird spontane Aktivität genannt. Schon früh wurden Untersuchungen durchgeführt, die die Ursachen dieser Aktivität zu ergründen versuchten. Das erfolgreiche Auffinden aktivitätsfördernder Faktoren führte natürlich zur Beschreibung von Mechanismen, die die Aktivität beeinflußten. Damit konnte dann nicht mehr von spontaner Aktivität gesprochen werden. So wurde dieser Ausdruck durch den Begriff der allgemeinen Aktivität ersetzt.
Die Arbeiten von Curt Richter (1927) und seinen Schülern und Mitarbeitern waren sehr bedeutsam für die Erklärung der allgemeinen Aktivität in motivationalen Begriffen. Sie zeigten z. B., daß die Höhe der allgemeinen Aktivität bei männlichen Ratten, die kastriert worden waren, vermindert war. Wichtiger war noch ihre Beobachtung, daß die allgemeine Aktivität zyklisch oder episodisch aufzutreten schien.
Richter maß über Perioden von 24 Stunden die Aktivität von Ratten. Die Tiere wurden einmal am Tag gefüttert, jedesmal zur gleichen Zeit. Er fand, wie Abb. 2 zeigt, daß die Aktivität in der Stunde vor der Fütterung am höchsten war; sie fiel nach der Fütterung ab, blieb mehrere Stunden lang ziemlich niedrig und begann mit dem Herannahen der nächsten Fütterung zuzunehmen. Wang (1923), der in Verbindung mit Richter arbeitete, fand in der Aktivität von weiblichen Ratten zyklische Verhaltensmuster, die er mit den Veränderungen korrelieren konnte, die in ihren Oestrogen-Zyklen auftauchten. Richters Laboratorium berichtete über das zyklische Auftreten anderer, spezifischer Verhaltensweisen von Ratten, z. B. Nestbauen, Trinken und Ausscheidung. Da diese Aktivitäten spezifischer als die allgemeine Aktivität sind, läßt ihre Rhythmik annehmen, daß die Rhythmik allgemeiner Aktivität ebenfalls eher

auf innere motivationale Bedingungen als auf spezifische Motivierung zurückzuführen ist. Man bemüht sich in Richters Laboratorium, die beobachtete Aktivität bei schlafenden Medizinstudenten und bei Ratten mit Kontraktionen des Magens zu korrelieren. Zwar wurden dabei einige Beziehungen gefunden, aber ihre Interpretation ist nicht klar.
Diese Arbeiten lassen vermuten, daß die allgemeine Aktivität von einer Menge innerer Bedingungen motivationalen Charakters hervorgerufen wird. In seinen frühen Arbeiten schien Richter zu versuchen, diese inneren Bedingungen mit Reizen (z. B. Magenkontraktionen) zu identifizieren, aber die Beobachtungen konnten und wurden auch als Nachweis für einen inneren oder zentralen Triebzustand angesehen.

2. Periodizität: Im vorigen Abschnitt wurde auf die Periodizität bei der allgemeinen Aktivität von Ratten hingewiesen. Richter beobachtete darüber hinaus, daß Ratten, wenn Nahrung frei verfügbar war, nicht die ganze Zeit fraßen, sondern im Durchschnitt alle zwei Stunden. Man fand ebenso Periodizität für Durst und, wie bereits erwähnt wurde, für Nesterbau und Ausscheidung.

3. Konsumatorisches Verhalten: Die Menge, die ein Tier frißt oder trinkt, ist zumindest in manchen Fällen eine Funktion der Deprivation von Nahrung und Wasser. So fressen hungrige Tiere mehr als weniger hungrige Tiere (Skinner 1938, S. 343 - 351), so wie durstige Tiere (Stellar & Hill 1952) mehr trinken, als die, die nicht durstig sind. Bei Deprivation von Nahrung oder Wasser frißt oder trinkt eine Ratte zuerst schnell, dann vermindert sie langsam die Menge des Aufgenommenen, bis sie aufhört zu fressen oder zu trinken. Die unterschiedliche Menge, die je nach dem Grad der Deprivation aufgenommen wird, und das Langsamerwerden der Ratte beim Fortschreiten der Nahrungsaufnahme läßt eine quantitative Bestimmung des konsumatorischen Verhaltens durch die Triebstärke vermuten.

4. Studien mit der Obstruktionsmethode: Warden (1931) und seine Kollegen versuchten, die Stärke verschiedener Triebe mit Hilfe eines Apparats, der »Columbia Obstruction Box« zu quantifizieren und zu vergleichen. Dieser Apparat besteht aus einer Startbox und aus einer Anreiz- oder Zielbox, die durch ein elektrisch aufladbares Drahtgitter getrennt sind, das die Tiere überqueren müssen, um die Anreizbox zu erreichen. Das verwendete Maß war die Anzahl der Überquerungen, die die Tiere in einer festgelegten Zeit machten (20 Minuten). Die Tiere wurden für einen bestimmten Zeitabschnitt depriviert

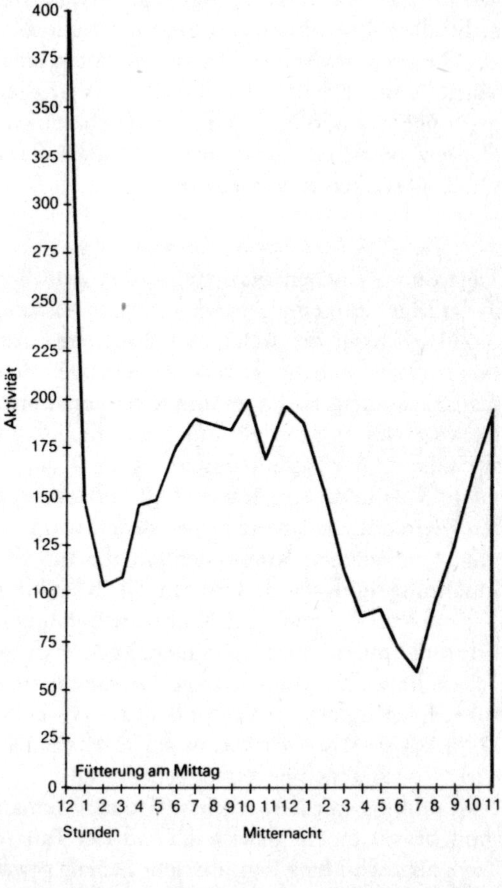

Abb. 2: Durchschnittsaktivität von vierzig Ratten in einer 24-Stunden-Periode. Die Aktivität wurde in einem Laufkäfig gemessen, mittags angefangen, als die Nahrung ausgeteilt wurde. Die Nahrungsmittel wurden nach 20 Minuten entfernt; die meisten Tiere hatten zu dieser Zeit aufgehört zu fressen. Aus Richter, C. P.: A behavioristic study of the activity of the rat, in: Comparative Psychology Monographs, 1922, Bd. 1, S. 13, Abb. 6. Mit Erlaubnis der University of California Press.

(z. B. erhielten sie eine bestimmte Anzahl von Stunden keine Nahrung). Dann wurden sie in die Startbox gesetzt, während sich in der Zielbox ein passender Anreiz befand (Nahrung, ein empfängliches Weibchen usw.). Warden fand, daß mit der Deprivationszeit die Anzahl der Überquerungen zum Anreiz zunahm; obwohl die Kurven für alle Deprivationsbedingungen für die kürzeren Deprivationsintervalle anstiegen, stiegen nicht alle während der gesamten Intervalle an; manche fielen ab. Die Ergebnisse unterstützten trotzdem im allgemeinen die Vorstellung, daß die Häufigkeit des Verhaltens (Gitterüberquerungen) zunimmt, wenn der Trieb stärker wird. Warden glaubte, es sei ebenfalls möglich, dieses Maß für den Vergleich von Triebstärken zu verwenden.

5. *Spezifische Formen des Hungers:* Belegmaterial dafür, daß Tiere und Menschen wenigstens unter manchen Bedingungen in der Lage sind, eine gesunde Nahrung auszuwählen, wenn sie die Möglichkeit der freien Wahl aus einer Anzahl von Nahrungsmitteln haben, ist schon seit langer Zeit bekannt. Als man Schweinen, Hühnern und Ratten erlaubte, aus einer Vielfalt von Nahrungsmitteln ihre Nahrung auszuwählen, zeigten sie höhere Gewichtszunahmen als die Tiere, die eine festgesetzte Kost bekamen. Davis (1928) erlaubte gerade entwöhnten Kleinkindern eine tägliche Auswahl von Nahrungsmitteln mit verschiedenen Komponenten, die für eine angemessene Ernährung nötig sind. Obwohl die Kleinkinder nicht jeden Tag eine gut ausgewogene Kost zu sich nahmen, entsprach die Nahrung, die sie über einen mehrere Monate langen Zeitraum auswählten, den Anforderungen an eine befriedigende Ernährung. Die Kinder waren gesund und entwickelten sich normal. Diese Belege lassen vermuten, daß es Mechanismen gibt, die es Tieren und Menschen ermöglichen, Nahrungsmittel in Übereinstimmung mit körperlichen Bedürfnissen zu wählen. (Dies muß bis zu einem gewissen Grad der Fall sein, da sowohl Tiere als auch Menschen überlebt haben, gewachsen sind und gesund waren, lange bevor Fachleute für die Ernährung wünschenswerte Nahrungsmittel anboten.) Richter (1942 - 1943) und andere haben eine Anzahl von Untersuchungen durchgeführt, die diese allgemeinen Ergebnisse weiter unterstützt haben.

Ratten, deren Adrenalin erzeugende Drüsen entfernt worden sind, nehmen zu einem hohen Grade salzige Flüssigkeiten auf; dies gleicht den Salzmangel aus, der nach einer Adrenalektomie entsteht (und tödlich sein kann). Sie trinken auch mehr salziges als nicht-salziges Wasser. Parathyroidektomie verursacht bei Ratten eine stärkere Aufnahme von Kalzium; die Entfernung der Bauchspeicheldrüse führt zu einer Verminderung der Zuckeraufnahme. Das Fehlen vieler anderer spezifischer Substanzen, wie von Teilen des Vitamin B-Komplexes, Fetten, Proteinen und Kohlehydraten, führt zu kompensatorischen Veränderungen der Nahrungsaufnahme (Cofer & Appley 1964, S. 228 - 236).

Diese Studien über spezifische Arten von Hunger waren zur Unterstützung der Folgerung wichtig, daß innere Faktoren bei der Steuerung des Verhaltens mitwirken. Dieses Verhalten — kompensatorisches Essen und Trinken — dient den Bedürfnissen des Organismus und erhält in gewissem Sinne das Leben und die Gesundheit, indem es bedrohliche Mängel kompensiert. Solche Ergebnisse lieferten eine starke und eindrucksvolle Unterstützung für die Bedeutung von Trieben bei der Anregung von Verhaltensweisen, die für die Erhaltung der inneren Ökonomie des Organismus notwendig sind.

6. Hormone: Besonders bei niederen Tieren tauchen viele Verhaltensweisen, z. B. mütterliches Verhalten und Fortpflanzungsverhalten, nur hin und wieder auf. Bei weiblichen Ratten ist das Tier nur episodisch für den Mann sexuell empfänglich — in einer bestimmten Periode ihres Oestrogen-Zyklus. Verhaltensweisen, die die Geburt von Nachwuchs vorbereiten und die der Geburt folgen, treten normalerweise in erster Linie bei schwangeren Weibchen und nach dem Gebären auf. Bei einer in früher Kindheit kastrierten männlichen Ratte ist es nicht sehr wahrscheinlich, daß sexuelle Reaktionsbereitschaft für ein empfängliches Weibchen auftritt. Injiziert man dem Männchen jedoch Sexualhormone, sind diese Tiere ansprechbar.

Hier handelt es sich wieder um eine Verhaltenskontrolle durch innere Faktoren, wenigstens teilweise. Es war für Theoretiker daher selbstverständlich, sexuelle und mütterliche Triebe als Mechanismen, die diesen Verhaltensweisen zugrunde liegen, zu postulieren.

7. Verstärkung: Den Begriff Verstärkung (reinforcement) könnte man auch durch den Ausdruck Belohnung (reward) ersetzen. Es ist allgemein bekannt, daß Lernen durch das Gewähren von Belohnungen gefördert wird. So lernt eine hungrige Ratte, einen Hebel herunterzudrücken oder ein Labyrinth zu durchlaufen, wenn sie dafür mit Nahrung belohnt oder verstärkt wird. Beim Fehlen von Hunger ist Nahrung jedoch als Belohnung nicht so sehr geeignet. Die Wirksamkeit einer Belohnung hängt also vom Vorhandensein eines entsprechenden inneren Zustandes, eines Triebes ab. Soweit es das Verhalten betrifft, zeigt diese Abhängigkeit wieder die Bedeutung des inneren Zustandes; in diesem Fall ist Lernen als eine wichtige Form der Anpassung mit beteiligt.

Die Natur des Triebes als zentraler Zustand: Als zentraler Zustand wurde der Trieb in einer nicht sehr spezifischen Art betrachtet. Man schien ihn sich als eine Art von »Anstoß« oder Kraft vorgestellt zu haben, die den Organismus aktiviert. Dabei kann es sich um die Aktivierung eines unspezifischen Verhaltens, wie im Fall der allgemeinen Aktivität, oder um die Aktivierung von Verhaltensweisen spezifischerer Art, wie im Fall von Trinken, Essen, Paarung und mütterlichem Verhalten handeln. Die Darstellungen der Rolle von Trieben bei der Aktivierung des Verhaltens scheinen eine automatische Steuerung anzunehmen. Das Tier würde also, wenn es einer steigenden Deprivation ausgesetzt ist, allgemein aktiv oder in der Gegenwart eines entsprechenden Anreizes in bezug auf diesen Anreiz spezifische Aktivitäten zeigen (Morgan 1943, S. 460 — 465).

Im allgemeinen ging man dabei von einem homöostatischen Konzept aus. Der Deprivationszustand ruft eine Gleichgewichtsstörung (den Trieb) hervor, die dann das allgemeine oder das spezifische Verhalten motiviert. Im Fall der allgemeinen Aktivität hatte man die Vorstellung, daß es für ein aktives Tier, das sich in seiner Umgebung bewegt, wahrscheinlicher als für ein inaktives Tier wäre, auf das passende Zielobjekt zu stoßen. Bei spezifischem Verhalten mit Bezug auf ein Reizobjekt würde der Trieb zu einer schnelleren Annäherung an das Objekt und der Konsumierung einer Menge dieses Anreizes führen, die zu einem Ausgleich der Gleichgewichtsstörung führt. Man nahm an, daß das gelernte oder ungelernte Verhalten funktional ist, d.h., es hält an, bis es in dem konsumatorischen Verhalten resultiert, das die Bedürfnisse des Organismus stillt. Man hatte also impliziert, daß es ohne Bedürfnis oder Trieb kein Verhalten geben würde; der Organismus würde im Prinzip träge bleiben. Diese Darstellung des Verhaltens stimmt natürlich direkt mit der funktionalistischen Tradition überein, wie sie im letzten Kapitel dargestellt wurde.

Lange gab es in der Theorie Verwirrung zwischen der Vorstellung, daß es zahlreiche Triebe gäbe, wobei jeder einer bestimmten Art von konsumatorischem Verhalten entspricht (z.B. Hunger und Essen), und der Vorstellung eines allgemeineren, einheitlichen Triebzustands, zu dem jeder oder alle Deprivationszustände beitragen, und der fähig ist, alle möglichen Verhaltensarten mit Energie zu versorgen. Die Annahme eines allgemeinen Triebzustands wurde von Clark L. Hull (1943) übernommen und war für eine Reihe von Jahren vorherrschend. Hull sorgte natürlich für etwas Spezifität, indem er die Rolle von Triebreizen (z.B. Magenkontraktionen) betonte, die für jeden Triebzustand charakteristisch waren. Die Schwierigkeit lag bei der ersten Alternative darin, daß das Postulieren vieler spezifischer Triebzustände nicht zu viel mehr führte, als daß man für eine Serie von Deprivationszuständen einen anderen Namen erhielt — mit Hunger bezeichnete man Nahrungsdeprivation, mit Durst Wasserdeprivation usw. Diese Alternative wurde nicht völlig aufgegeben, aber man kann gewiß sagen, daß sie in den vierziger Jahren nur den zweiten Platz einnahm, nach dem Modell des allgemeinen Triebs.

Die Triebtheorie beabsichtigte eine allgemeine Darstellung der menschlichen und tierischen Motivation. Man erkannte natürlich, daß viele Aspekte menschlichen Verhaltens nicht wie das Verhalten niederer Tiere mit Leichtigkeit direkt oder indirekt auf gegenwärtige Bedingungen wie die Deprivation von Nahrung, Wasser, Sexualität und ähnlichem zurückgeführt werden konnten. Daher wurde zusätzlich zum primären Trieb (Hunger usw.) die Annahme eines sekundären (erworbenen oder erlernten) Triebes entwickelt, um die Motivation vieler Verhaltensweisen, besonders der menschlichen, zu erklären. Das Modell des erworbenen Triebs basierte zwar speziell auf Versuchen über das Vermeidungslernen, aber man erwartete, daß es ebenso auf andere Situationen anwendbar war.

Das Vermeidungstraining geht folgendermaßen vor sich: Man benutzt gewöhnlich eine Box, die aus zwei Abteilen besteht, die durch eine Barriere getrennt sind. Die Böden der beiden Abteile bestehen aus einem Gitter elektrisch aufladbarer Stäbe. Das Tier wird in ein Abteil gesetzt, es erhält dort einen Schock und kann in das andere Abteil fliehen, wo es keinen

Schock erhält. Ratten und Hunde lernen dieses Verhaltensmuster sehr schnell. Dem Einsetzen des Schocks geht zusätzlich ein Ton oder ein anderes Signal voraus. Wenn das Tier die Barriere überspringt, sobald es den Ton hört, kann es den Schock völlig vermeiden. Diese Fertigkeit wird schnell gelernt, so daß das Tier, das zuerst nur fähig war, dem Schock zu entfliehen, nun gelernt hat, ihn zu vermeiden. Solch ein Vermeidungsverhalten ist beständig, es hält über Hunderte von Versuchen an, selbst wenn das Tier keinen Schock mehr erhält (siehe 7. Kapitel).

Es wurde gesagt, daß die Motivation für diese beständige Vermeidung Furcht sei (Miller 1951), d.h. die Assoziation von Ton und Schock hat das Tier dahin gebracht, den Ton zu fürchten. Da der Ton vor dem Lernen nicht das Vermeiden des Abteils motivierte, ist die Furcht gelernt, Furcht ist also in diesem Fall ein erlernter, erworbener Trieb. Da Triebtheoretiker, besonders diejenigen, die von der Psychoanalyse beeinflußt wurden (z.B. Dollard & Miller 1950), Furcht und Angst als ein menschliches Hauptmotiv betrachteten, nahm man an, daß diese Demonstration des Vermeidungsverhaltens direkten Bezug zur menschlichen Motivation hat, d.h. man glaubte, daß der erlernte Trieb der Furcht (oder Angst) vielen menschlichen Verhaltensweisen zugrunde lag, die nicht auf Hunger, Durst oder Sexualität zurückzuführen waren. Zusätzlich wurde angenommen, daß andere erlernte Motive auf der Grundlage von Assoziationen mit Essen, Trinken und Situationen, bei denen die anderen primären Triebe beteiligt waren, entwickelt werden konnten.

Dies war also die Triebtheorie, die um 1950 die beherrschende Ansicht von Motivation darstellte. Viele Aspekte dieser Theorie schienen, wenigstens für Triebtheoretiker wie Dollard und Miller (1950), mit der psychoanalytischen Theorie der Motivation vereinbar zu sein, obwohl es im Detail natürlich Unterschiede gab.

Im nächsten Absatz beschäftigen wir uns mit dem Verfall der Triebtheorie, deren augenblicklichen Zustand Campbell und Misanin in einer Rezension, die 1969 veröffentlicht wurde, folgendermaßen zusammenfassen: ». . . dieses Kapitel vorzubereiten war beunruhigend . . . wegen des Zerfalls des Triebmodells« (1969, S. 77).

Während der fünfziger Jahre wurden bei der Triebtheorie drei Hauptschwierigkeiten offensichtlich. Die eine war, daß die Bedeutung der sieben Arten von Belegen, die wir vor ein paar Seiten als Unterstützung für das Konzept des zentralen Triebzustandes besprachen, anders interpretiert werden kann. Einige dieser neuen Interpretationen basierten auf neuen Ergebnissen. Einige beruhten auf weiteren Analysen der Bedeutung von Trieben in bestimmten der besprochenen Situationen. Eine zweite Schwierigkeit war die Entdeckung, daß viele Verhaltensweisen durch Faktoren motiviert werden, die nicht in das homoöstatische Modell passen, wie es in der Triebtheorie entwickelt worden war. Die dritte Schwierigkeit bezieht sich auf den sekundären Trieb. Unter den Überschriften »alternative Interpretationen«, »nicht-homoöstatische Faktoren« und »Probleme mit dem sekundären Trieb« diskutieren wir im folgenden diese Probleme.

Alternative Interpretationen

Das Hauptinterpretationsproblem bei den früheren Arbeiten über allgemeine Aktivität liegt darin, daß die Rolle des Lernens bei den beschriebenen Aktivitätsmustern nicht beachtet wurde. Zwei Experimente von Campbell und Sheffield verdeutlichen die Natur des Problems. Im ersten Versuch (Campbell & Sheffield 1953) wurden Ratten sieben Tage lang in Käfige gesperrt, in denen Ihre Aktivität gemessen werden konnte. Das Zimmer, in dem die Käfige untergebracht wurden, war dunkel und schalldicht; ein Ventilator erzeugte ein alles einhüllendes Geräusch. Während der ersten vier Tage war die Nahrung frei verfügbar, aber während der letzten drei Tage gab es keine Nahrung. Wie man in Abb. 3 sehen kann, traten trotz des stärker werdenden Triebes in den 72 Stunden des Hungerns nur geringfügige Veränderungen der Aktivität auf. Diese Beobachtung wurde von anderen Forschern bestätigt. Es konnte eine Zunahme an Aktivität verzeichnet werden, wenn der Versuchsleiter einmal am Tag den Raum betrat, das Licht anmachte und den Ventilator ausstellte. Die Zunahme der Aktivität war bei dieser Stimulation während der Deprivationszeit größer als während der Tage, an denen Nahrung frei verfügbar war, was bei Campbell und Sheffield zu der Annahme

führte, daß Deprivation die Empfänglichkeit für Reize steigert. Ihre Befunde ohne Stimulation zeigen jedoch deutlich, daß der Trieb die Tiere nicht automatisch zur Aktivität zwingt.
Wie kann man die früheren widersprüchlichen Funde von Richter erklären? In diesen Experimenten wurden die Tiere periodisch gefüttert. Vielleicht wurden die Tiere aktiv, wenn sie erwarteten, daß sich die Fütterungszeit näherte. Sheffield und Campbell (1954) führten ein anderes Experiment durch, um diese Möglichkeit zu untersuchen.

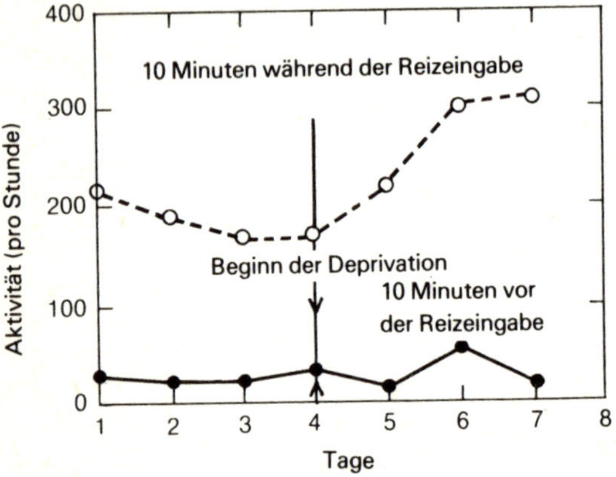

Abb. 3: Verzeichnis der Durchschnittsaktivität in 10-Minuten-Stichproben über sieben Tage. Während der ersten vier Tage standen den Ratten Nahrung und Wasser immer zur Verfügung, aber die Nahrung wurde am Ende des vierten Tages entfernt. Reizeingabe bedeutet, daß der Versuchsleiter den Raum betrat, den Ventilator ausstellte und das Licht anschaltete usw. Aus Cofer, C. N., und Appley, M. H.: Motivation: Theory and research, 1964, S. 274, Abb. 6 - 1. Mit Erlaubnis von John Wiley & Sons, Inc. (Cofer und Appley modifizierten Abb. 1 nach Campbell und Sheffield 1953).

Nachdem Sheffield und Campbell die Ratten an die Situation gewöhnt hatten, ließen sie die Tiere drei Tage lang hungern. Dann wurde in einer Gruppe die Ausgabe der Nahrung immer mit einer Reizänderung verbunden (mehrere Tage lang), was in der anderen Gruppe nicht durchgeführt wurde. In der ersten Gruppe konnte als Reaktion auf die Reizänderung die Tendenz einer Aktivitätssteigerung festgestellt werden, aber nicht in der zweiten Gruppe. Dies führt zu der Annahme, daß es Tiere lernen, als Reaktion auf Reize aktiv zu werden, die regelmäßig mit dem Auftreten der Fütterung gekoppelt sind. Es ist also wahrscheinlich, daß Richters Tiere eher in der Erwartung der Fütterung lernten, aktiv zu sein, als daß sie aktiv wurden, weil Aktivität eine automatische Wirkung zunehmender Deprivation ist. In vielerlei Hinsicht war die Beziehung zwischen allgemeiner Aktivität und Deprivationszeit der beste Nachweis für die Theorie eines zentralen Triebzustandes, da es keine sichtbaren Anreize gab, um einen Zustand der Aktivität hervorzurufen. Die Tatsache, daß Aktivitätsmuster gelernt werden können, bedeutet einen schweren Schlag für die Triebtheorie, wie sie am Ende des letzten Abschnitts umrissen wurde.

Ein anderer früher erwähnter Befund, der die Vorstellung zu unterstützen schien, daß das Verhalten auf der Grundlage von Gewebebedürfnissen gesteuert wird, war die Periodizität, die man bei den Freßgewohnheiten von Tieren beobachtete; nach Richter erfolgte die Nahrungsaufnahme bei Ratten alle 120 Minuten. Baker (1953, 1955) stellte den gleichen Durchschnitt fest, aber die Variabilität der Zeiten zwischen den Mahlzeiten um diesen Durchschnitt war bei einzelnen Tieren sehr hoch, was durch eine Standardabweichung von 90 Minuten angezeigt wird. Baker analysierte bei seinen Tieren die Zeitabschnitte, in denen Nahrung aufgenommen und nicht aufgenommen wurde. Es war nicht möglich, sie anders denn als zufällig zu charakterisieren. Die Annahme der Periodizität bei der Nahrungsaufnahme scheint also nicht bestätigt zu werden. (Diese Schlußfolgerung bedeutet natürlich nicht, daß Fütterungsrhythmen nicht gelernt werden können).

Wir wollen nun konsumatorisches Verhalten und spezifische Arten von Hunger zusammen betrachten. Ratten, die niemals Hunger oder Durst erlebt haben (Nahrung und Wasser stand ihnen immer zur Verfügung), nutzen Freß- und Trinkperioden nicht gleich voll aus, nachdem ihnen die Nahrung entzogen wurde. Das Tier braucht wiederholte Deprivationserfahrungen, bis es beginnt, unmittelbar zu fressen oder zu trinken und fortfährt, während des Zeitabschnittes, in dem Nahrung und Wasser zur Verfügung stehen, zu fressen und zu trinken (Ghent 1951, 1957). Dies führt zu der Annahme, daß es das Tier vielleicht lernen muß, hungrig oder durstig zu sein, obwohl auch alternative Interpretationen möglich sind. Es ist jedoch deutlich, daß auf die ersten Deprivationserfahrungen kein unmittelbares Fressen oder Trinken folgt, das für den Ausgleich des Defizits geeignet ist. Tiere scheinen Zeit zu brauchen, manchmal mehrere Wochen, um ihre Nahrungs-

oder Wasseraufnahme an einen neuen Zeitplan der Verfügbarkeit von Nahrung oder Wasser anzupassen.

Spezifische Arten von Hunger führen nicht so automatisch zu einer Anpassung in der Nahrungsaufnahme, wie in früheren Untersuchungen angenommen wurde. Manche Mängel in der Ernährung werden nicht ausgeglichen. In anderen Fällen hält die in einer Situation entwickelte Auswahl sogar an, wenn diese Wahl für die Ernährung der Tiere nachteilig ist.

Young und Chaplin (1945) zeigten z.B. in einer Auswahlsituation, daß Ratten Rohrzucker dem Eiweiß Casein vorzogen. Die Tiere erhielten dann mehr als dreißig Tage lang kein Casein, was zu einem ernsthaften Eiweißentzug führte. Trotzdem zogen die Tiere weiterhin Rohrzucker dem Casein vor; wenn jedoch eine andere Testmethode in einem anderen Apparat angewandt wurde, war die Bevorzugung gerade umgekehrt. Aber bei der ursprünglichen Methode im ursprünglichen Apparat wurde die unangepaßte Bevorzugung beibehalten. In einem Experiment hielt eine gelernte Bevorzugung von Zucker vor Salz nach einer Adrenalektomie an (Harriman 1955); einige Tiere starben infolge von Salzmangel.

Das Bild von der »Weisheit des Organismus« bei der Steuerung der Nahrungsaufnahme, das in der früheren Literatur gezeichnet wurde, wird den Befunden also in vielen Fällen nicht gerecht. Es ist bemerkenswert, daß in vielen frühen Studien, auch in solchen mit Kleinkindern, unter den verfügbaren Nahrungsmitteln, die den Versuchsteilnehmern zur Wahl standen, keines enthalten war, das vom Standpunkt der Ernährung her mit einer befriedigenden Kost unvereinbar war. Trotzdem gibt es Grund zu glauben, daß die freie Wahl der Nahrungsmittel, wenn sie auch fehlbar ist, in vielen Punkten mit einer guten Ernährung vereinbar ist. Die Grundlage für eine befriedigende Auswahl wird später besprochen.

Die Studien mit der Obstruktionsmethode haben nicht einen »reinen Trieb« gemessen. Ein Grund, weshalb wir dies sagen können, ist die Tatsache, daß durch die Natur der Methode immer ein Anreiz — Nahrung, Wasser, ein Geschlechtspartner — in der Zielbox vorhanden war. Ein anderer Grund ist, daß die Tiere Vortrainings-Versuche ohne Schock erhielten, bevor sie mit Schock getestet wurden. Ohne Zweifel hatten sie es gelernt, von der Startbox zur Zielbox zu gelangen. Weiterhin entsteht ein anderes Bild, wenn man nur die Ergebnisse der ersten fünf Minuten des Tests untersucht, als wenn man die ganzen zwanzig Minuten betrachtet. Die Obstruktionsmethode war also so, wie sie benutzt wurde, voller Komplikationen, und sie scheint in bezug auf die Rolle von Trieben für das beobachtete Verhalten keine klaren Ergebnisse zu erzielen (Bolles 1967, S. 118 — 122).

Bei den Studien, die hormonale Einflüsse untersuchten, wurde das Ergebnis nicht nur von dem Hormonzustand selbst, sondern auch von Anreizen beeinflußt. Beach (1965), der in erster Linie über männliche Ratten schrieb, aber über diese Art hinaus verallgemeinerte, deutet an, daß sexuelles Verhalten nicht allein durch den inneren Hormonzustand kontrolliert wird. Eine Stimulation, die durch den Sexualpartner hervorgerufen wird, ist nötig, um den Grad der sexuellen Erregung zu beeinflussen, die zu sexuellem Verhalten führt. Es gibt also bei der Interpretation der Sexualität und gewisser anderer hormongesteuerter Zustände in Begriffen des homöostatischen Triebkonzepts gewisse Probleme, die wir im nächsten Teil dieses Abschnitts noch näher besprechen werden. Ebenso ist auch die Interpretation, daß die Verstärkung ein Prozeß sei, der einen Triebzustand reduziere (so wie man z.B. sagen kann, daß Nahrungsaufnahme Hunger vermindert), auf Schwierigkeiten gestoßen, die unten zusammengefaßt werden.

Nicht-homöostatische Faktoren

Beim Hunger und beim Durst kann man in den Geweben einen Mangelzustand feststellen; ein entsprechendes konsumatorisches Verhalten kann das Defizit ausgleichen. Dieses ist bei der Sexualität jedoch nicht der Fall und sehr wahrscheinlich auch nicht bei anderen Zuständen, die irgendeinen Grad von hormonaler Kontrolle beinhalten; das homöostatische Modell kann nicht in der gleichen Weise wie in Verbindung mit Hunger und Durst angewendet werden. Es gibt also keinen Mangelzustand des Gewebes, um Sexualverhalten, mütterliches Verhalten oder ähnliche Zustände anzuregen. Das Sexualverhalten und andere Verhaltensweisen verbrauchen Energie, während durch die Nahrungsaufnahme Energie gespeichert wird. Es ist keineswegs klar, ob der Hormonspiegel im Blutkreislauf durch sexuelles oder mütterliches Verhalten gesenkt wird, so daß eine Interpretation dieser Verhaltensweisen als Triebreduktion nicht gesichert ist. Gewöhnlich sprach man von homöostatischen Trieben als Verminderung sowohl von Überschüssen als auch von Mängeln; und an Ausscheidungsaktivitäten kann man sehen, daß dies der Fall sein kann. Es ist jedoch nicht offensichtlich, daß beim weiblichen Sexualverhalten oder beim mütterlichen Verhalten ein Überschuß existiert oder vermindert wird; auch der männliche Samenerguß ist nicht durch Hormone bedingt. Beobachtungen wie diese haben Beach (1956) zu der Annahme geführt, daß die Sexualität mehr ein »Appetit« als ein Trieb ist. Das Sexualverhalten ist auch für das individuelle Überleben nicht wesentlich, sondern lediglich für das Überleben der Art.

Im homöostatischen Modell wurde oft angenommen, daß Triebreduktion die Grundlage der Verstärkung für das Lernen ist. Eine Anzahl von Beobachtungen mit Ratten und anderen Tieren hat jedoch zu der Annahme geführt, daß diese Schlußfolgerung nicht notwendigerweise richtig sein muß. Bevorzugungen wurden gelernt, wenn sie eine Zunahme der Stimulation in wenigstens bescheidenem Maße zur Folge hatten (z.B. Montgomery 1954). Tiere lernen, wenn die »Belohnung« unvollständige Begattung ist (Sheffield, Wulff & Backer 1951), wenn sie in einer Zunahme der Beleuchtung (Kish 1955) oder von Geräuschen (Barnes & Kish 1961) besteht, wenn sie den Geschmack von Saccharin hat, der nicht den Hungertrieb vermindert (Sheffield & Roby 1950) und wenn die Reaktion die Bewegung des Käfigs steigert (Barnes & Kish 1957, S. 42). Diese Beobachtungen lassen darauf schließen, daß nicht jede Verstärkung auf Triebreduktion zurückzuführen ist. Die elektrische Reizung bestimmter Teile des Gehirns (Olds & Milner 1954) hat unter manchen Bedingungen einen beträchtlichen Belohnungswert; dieser Befund scheint ebenfalls mit einer Spannungs- oder Triebreduktionsvorstellung von Verstärkung unvereinbar zu sein.

Man hat gezeigt, daß Tiere Neugier und Explorationsverhalten sogar oder vielleicht besonders dann an den Tag legen, wenn sie weder hungrig noch durstig sind und wenn keine Anreizobjekte vorhanden sind, die geeignete Zielobjekte für andere Motivationsbedingungen sind. So handhaben Affen Gegenstände wie z.B. Puzzles und lernen, sie auseinanderzunehmen, ohne Motivation und Verstärkung, außer der, die von den Gegenständen oder den Fertigkeiten selbst ausgeht (Harlow 1950). Alle diese Belege hielt man für unvereinbar mit der homöostatischen Triebtheorie der Reiz- oder Spannungsreduktion. Die frühen Autoren, deren Arbeiten diese Phänomene

aufzeigten, wie Harlow und Montgomery, neigten dazu, von nicht-homöostatischen Trieben wie Neugier, Exploration oder dem Bedürfnis nach Stimulation zu sprechen. In einem späteren Kapitel werden wir mehr über diese »Triebe« zu sagen haben. Hier genügt die Feststellung, daß homöostatische Triebkonzeptionen und Triebreduktionsmodelle nicht mit diesen Funden vereinbar waren.
Ein beeindruckendes Beispiel liefert die Arbeit mit menschlichen Versuchspersonen. Es wurden Versuche unter Bedingungen durchgeführt, die die sinnliche Wahrnehmung beschränkten, in denen sich die Versuchspersonen in schallgedämpften Räumen mit nur geringer visueller, taktiler oder anderer Stimulation befanden (Bexton, Heron & Scott 1954). Viele Versuchspersonen empfanden solche Bedingungen nach einer kurzen Zeit als unerträglich, was ebenfalls die Annahme bestätigt, daß ein gewisser Grad an sensorischer Reizung wünschenswert ist. Dies widerspricht der Sichtweise, daß eine relativ reizarme Situation gesucht oder genossen wird.
Die gerade zusammengefaßten Beobachtungen und Interpretationen waren von größtem Einfluß auf unser Motivationsmodell; wir werden diese Sachverhalte ausführlicher in einem späteren Kapitel besprechen. Der Nachweis nicht-homöostatischer Faktoren führte — neben dem Material, das wir gerade unter »Alternative Interpretationen« diskutiert haben — dazu, daß der Trieb als eine homöostatische, innere Art des Antriebs ernsthaft in Frage gestellt wurde.

Probleme beim sekundären Trieb

Obgleich der Stellenwert von Furcht als einem erworbenen Trieb oder einem erworbenen Motiv noch relativ sicher zu sein scheint, war es nicht möglich, erworbene Triebe auf der Grundlage von Hunger oder Durst zu demonstrieren, obwohl man viele Versuche machte (siehe 7. Kapitel). Enge Parallelen zu der Situation, in der Furcht gelernt wird, wurden mit Hunger und Durst als den Trieben untersucht, auf deren Grundlage sekundäre Triebe gelernt werden sollten. Der Erfolg bei dieser Arbeit war wenig konsistent. Der Fehlschlag bei dem Versuch, erworbene Triebe, die etwas anderes als Furcht zur Grundlage haben, zu demonstrieren, hat in der Erklärung vieler Aspekte der menschlichen Motivation durch die Triebtheorie eine große Lücke hinterlassen. Und man sollte sich daher fragen, ob es die Triebtheorie überhaupt wert ist, weiter verfolgt zu werden, wenn sie nicht auf diesen wichtigen Fragenkomplex ausgedehnt werden kann.

Alternativen zum Triebkonzept

Wegen der Schwierigkeiten bei der Triebtheorie wurden andere Konzepte als Ersatz für den Triebbegriff vorgeschlagen. Eines davon ist das Modell des Anreizes. Eine weitere Möglichkeit besteht darin, die Notwendigkeit von Motivationsmodellen überhaupt in Frage zu stellen und anzunehmen, daß Motivationsphänomene wahrscheinlich tatsächlich das Wirken anderer Faktoren, wie z.B. der Verstärkung, widerspiegeln. Wenn wir die Prozesse und Faktoren, von denen eine Verhaltensweise abhängt, beschreiben können, hat es wenig Sinn, sich auf allgemeine Vorstellungen wie Motivation zu berufen, um sie zu erklären. In diesem Kapitel skizzieren wir die Beschaffenheit von Anreizen und Verstärkung. Die Beurteilung ihres Stellenwertes und die des Stellenwertes der Motivation im allgemeinen wird dann in einem späteren Abschnitt dieses Buches behandelt.

Anreize

Charakteristischerweise werden Anreize als Objekte, Bedingungen oder Reize außerhalb des Organismus betrachtet. Sie können in positive Anreize, denen Organismen sich zu nähern versuchen, und negative Anreize, die sie zu meiden versuchen, eingeteilt werden. So könnten Nahrung, Wasser oder ein Artgenosse als Anreizobjekte für das hungrige, durstige oder sexuell erregte Tier charakterisiert werden; es nähert sich diesen Objekten. Eine Situation, in der Schmerz erfahren wurde, ist negativer Anreiz; das Tier vermeidet diese Situation. Im zuletzt genannten Beispiel gibt es nicht immer ein negatives Anreizobjekt, obwohl es leicht ist, sich Beispiele vorzustellen, in denen solche Objekte vorhanden sein könnten, z.B. ein Räuber. Die Vermeidungsreaktion folgt hier auf Hinweisreize, die mit dem schmerzhaften Erleben eines Schocks verbunden sind. Im Fall von positiven Anreizen, wie Nahrungsmitteln, können Hinweisreize der Situation, in der die Nahrung gefunden und gefressen wurde, ebenfalls einen Anreizwert entwickeln. Bei

Arten wie dem Menschen, bei denen symbolische Prozesse hoch entwickelt sind, ist es wahrscheinlich, daß sowohl positive als auch negative Anreizobjekte, Situationen oder Zustände in der Vorstellung existieren können. In diesen Fällen hat man es also mit inneren und nicht mit äußeren Anreizen zu tun. Bei niederen Tieren sind jedoch die Anreize normalerweise äußere Bedingungen.

Man kann sich vorstellen, daß ein Anreiz zwei Funktionen hat. Die eine ist es, Annäherung oder Vermeidung (Rückzug) anzuregen. Die andere besteht darin, einen Erregungszustand im Tier hervorzurufen, so daß es bewegt (motiviert) wird, sich dem Anreiz zu nähern oder sich vor ihm zurückzuziehen. Der Zustand der Erregung entspricht dem Zustand, den man sich in der Triebtheorie für den Trieb vorgestellt hat, aber hier wird die Erregung durch den Anreiz hervorgerufen; sie wird nicht so sehr auf Deprivationsbedingungen zurückgeführt wie in der Triebtheorie.

Tatsächlich waren in allen Fällen — abgesehen von denen, die vorher zur Unterstützung der Vorstellung vom Trieb als einem zentralen Zustand aufgeführt wurden — Anreize in den Situationen vorhanden, in denen der Trieb untersucht wurde. Dies zeigt sich bei den Studien über Periodizität, konsumatorisches Verhalten, spezifische Arten von Hunger, die Obstruktionsmethode, Kontrolle und Verstärkung. Es gilt aber nicht für allgemeine Aktivität, weil die Anreize nicht da waren, als die Aktivität zuzunehmen begann. Wir zeigten jedoch früher, daß diese Steigerungen der Aktivität auf der Grundlage erklärt werden konnte, daß das Tier es lernt, das Auftreten des Anreizes zu antizipieren, wenn die Fütterung z.B. zu einer vorhersagbaren Zeit stattfand. Wahrscheinlich erhielten die mit dem Kommen der Fütterungszeit assoziierten Hinweise dadurch einen Anreizwert, daß ihnen regelmäßig Nahrung folgte. Wir können daher sagen, daß in allen Situationen, in denen Belege für einen Trieb gefunden wurden, eine Vermischung der Effekte von Anreiz und Deprivationszeit stattfand; wir wissen aus der Studie von Sheffield und Campbell, daß es eher die Hinweisreize waren als die Deprivationszeit, die die ansteigende Aktivität verursachten.

Der Anreiz ist also eine mögliche Alternative zu dem motivationalen Begriff des Triebes. Wir werden dies weiterhin im Auge behalten.

Verstärkung

Der Begriff Verstärkung bezeichnet eine Bedingung, die das Verhalten bekräftigt, das ihr vorausgegangen ist. So wird ein hungriges Tier, das eine Bahn hinunterläuft und an ihrem Ende Nahrung findet, diese fressen und dieses Verhalten bei der nächsten Gelegenheit wahrscheinlich wiederholen, und zwar schneller als vorher. Nahrung und ähnliche Objekte, die angestrebt werden, werden positive Verstärker genannt. Als negative Verstärker bezeichnet man Reize, deren Entfernung das Verhalten bekräftigt. So ist die Flucht oder die Vermeidung von elektrischen Schocks verstärkend, weil sie die schmerzhafte Reizung beendet oder ausschaltet. (Es sollte darauf hingewiesen werden, daß es sich dabei nicht um eine Bestrafung handelt. Bei der Bestrafung würde auf die Reaktion selbst ein Schock folgen; das Tier kann weder dem Schock entfliehen noch ihn vermeiden).
Es ist deutlich, daß die Verstärkung Anreize enthält. Verstärkung ist als Alternative zur Trieb- und ebenso zur Anreiztheorie vorgeschlagen worden. Wie unterscheidet sich die Verstärkungs- von der Anreiztheorie? Die Antwort ist, daß die Erklärung motivationaler Phänomene durch Verstärkung einen nicht-motivationalen Charakter hat. Die Verstärkungstheorie behauptet, daß die Eigentümlichkeiten eines interessierenden Verhaltens durch die Bedingungen erklärt werden können, die zur Zeit der Verstärkung bestehen, d. h. daß sie erlernt sind und daß keine speziellen Prozesse wie Trieb oder Erregung durch Anreize notwendig sind.

Der theoretische Stellenwert von Motivationskonzepten

Wir haben im 1. Kapitel gesehen, daß Motivation in der psychologischen Theorie ein relativ neues Konzept darstellt. Zunächst wurde der Instinktbegriff in die Psychologie aufgenommen; später wurde er durch die Triebtheorie ersetzt. Bei der Diskussion des Belegmaterials für den Trieb stellten wir fest, daß man dachte, das Verhalten ändere sich in Bedeutung oder Quantität entsprechend dem Trieb. Wenn der Trieb stärker werde, dann gäbe es mehr allgemeine Aktivität, das konsumatorische Verhalten werde gesteigert usw. Diese Art der Wirkung schien anpassungsfähig zu sein und wie die Instinkte im Dienst der Bedürfnisse des Organismus zu stehen. Ein anderes Merkmal des Instinkts, wie z.B. in McDougalls Darstellung, war seine Zweckdienlichkeit — die Annahme, daß er den Organismus im Interesse seiner Bedürfnisse zu passenden Objekten oder Handlungen führt oder leitet. Dieser Aspekt von Instinkten wurde teilweise auch den Trieben zugeschrieben, z.B. den spezifischen Arten des Hungers.

Motivationsmodelle haben also in bezug auf das Verhalten wenigstens zwei Hauptfunktionen gehabt. Die eine besteht darin, allgemeine oder spezifische Reaktionen mit Energie zu versorgen und ihre Intensität und Wirksamkeit zu kontrollieren. Die andere besteht darin, Verhalten zu spezifischen Zielen hin zu führen, d.h. dem Verhalten eine Richtung zu geben. (Wir könnten ebenso sagen, daß Motivation die Bedingungen dafür liefert, um Verhalten zu verstärken oder um Verhalten abzuschwächen, aber wir wollen diese Funktionen hier nicht weiter verfolgen).

Das theoretische Problem liegt darin, daß es andere Mechanismen gibt, besonders das Lernen, die für die Steuerung des Verhaltens zur Verfügung stehen. Daher sagen wir, wenn ein Tier die Tendenz entwickelt, sich in einem Labyrinth eher in die eine als in die andere Richtung zu wenden, daß es gelernt hat, diesen Weg zu gehen. Gewohnheiten werden als Strukturen betrachtet, die die Richtung des Verhaltens leiten und kontrollieren, so daß Motivation vielleicht als Konzept gar nicht nötig ist, um den Aspekt der Richtung des Verhaltens zu erklären. Phänomene der Auswahl und Bevorzugung könnten vielleicht eher auf der Grundlage von Gewohnheiten als von Motivationen interpretiert werden.

Mit der Feststellung, daß die Verstärkungstheorie nicht-motivational ist, ist folgendes gemeint: Man nimmt an, daß die Bedingungen, unter denen Verstärkung auftritt, kontrollieren, was gelernt wird. Wenn man zeigen kann, daß Verstärkungsbedingungen die Phänomene erklären können, für die man Motivationsmodelle für nötig gehalten hat, dann ist es vielleicht überflüssig oder unnötig, motivationale Begriffe zu benutzen. Ob Verstärkung diesen Stand erreichen kann, ist im Moment eine offene Frage, auf die später in diesem Buch noch näher eingegangen werden soll.

Das wichtigste Kennzeichen für das Vorhandensein und die Notwendigkeit von motivationalen Verhaltenskonzepten ist meiner Meinung nach die Energetisierung von Reaktionen und die Kontrolle ihrer Intensität und Wirksamkeit. In der weiteren Diskussion werden wir dieses Kriterium in den Vordergrund unserer Betrachtungen stellen, so daß wir am Ende dieses Buches ein tragbares Ergebnis in bezug auf die Frage erhalten können, ob die Anreiztheorie lebensfähig ist oder ob sie durch die Verstärkungstheorie ersetzt werden kann.

3. Kapitel
Biologische Aspekte der Motivation

Jedes Verhalten beruht auf biologischen Prozessen und wird durch sie bestimmt, aber die Bedeutung dieser Prozesse kann man an bestimmten Aktivitäten — wie Essen, Trinken und Paarung — leichter feststellen als an anderen, wie z.B. an menschlichem sozialen Verhalten oder Motiven wie Leistung, Gesellung und Macht. In diesem Kapitel konzentrieren wir uns auf Aktivitäten, über deren nervliche und physiologische Steuerung einiges bekannt ist.

Es gibt viele Aktivitäten dieser Art, aber die Kenntnisse darüber, welche Verhaltensweisen relativ fest durch spezifizierbare nervliche und physiologische Faktoren gesteuert werden, sind für die einzelnen Arten sehr unterschiedlich. Es ist für manche Tiere, z.B. für viele Vögel und niedere Säugetiere, möglich, eine ziemlich vollständige Darstellung einiger Aktivitäten zu geben, etwa des elterlichen Verhaltens. Über andere Arten und auch über den Menschen weiß man viel weniger. Man glaubt allgemein, daß die Verhaltenssteuerung beim Menschen viel komplexer ist als bei einfacheren Arten. Wenn man dieses Thema betrachtet, ist es also notwendig, eine gesunde Skepsis zu bewahren gegenüber den weitreichenden Verallgemeinerungen, die über viele Arten aufgrund von Kenntnissen gemacht werden, die auf der Untersuchung von einer oder zwei Arten beruhen.

Viele Aktivitäten scheinen bei dem einen oder anderen Tier eine motivationale Grundlage zu haben. Dazu gehören das Nestbauen und andere Verhaltensweisen, die mit mütterlichem und väterlichem Verhalten im allgemeinen verbunden sind, ferner jahreszeitliche Wanderungen, Sammeln, Schlaf und außerdem Ruhe, Temperaturregulierung, auch Atmung und Ausscheidungsvorgänge. Es gibt vielleicht zwei Gründe dafür, daß man diese Aktivitäten ihrem Wesen nach für motivational halten kann. Der eine ist, daß sie einen Anpassungs- und Überlebenswert haben und daß sie bei einer bestimmten Art in relativ unveränderlichen Mustern auftauchen; bei der Mehrheit der Arten spielt das Lernen bei den meisten dieser Aktivitäten nur eine begrenzte Rolle. Der andere Grund ist, daß sie eher jahreszeitlich, episodisch oder rhythmisch als fortlaufend auftreten und daß sie durch innere Drüsenverände-

rungen oder homöostatische Regulationsmechanismen angetrieben werden. Bei der jahreszeitlichen Wanderung sind z.B. bei den Vögeln Drüsenveränderungen, die vielleicht durch unterschiedliche Mengen des während des Tages aufgenommenen Sonnenlichts hervorgerufen werden, mit dem Einsetzen ihres Fortziehens verbunden. Dabei darf man natürlich nicht übersehen, daß der Verlauf des Flugs, der durch komplexe Reizmuster bestimmt wird, wahrscheinlich eher auf strukturelle Faktoren als auf motivationale zurückzuführen ist.
In dem zur Verfügung stehenden Raum ist es nicht möglich, alle diese Verhaltensmuster zu besprechen. Für die Darstellung werden die Verhaltensweisen ausgewählt, über die man eine Menge weiß und die man bei vielen Arten antrifft. Bevor wir die Steuerung dieser Verhaltensweisen diskutieren, wird es jedoch nützlich sein, noch einmal die Rolle von angeborenen Faktoren bei der Verhaltenssteuerung zu erörtern.

Die Wiedereinführung des Instinktbegriffs durch die Ethologie

Wir haben zuvor die Gegenreaktion auf die ältere Instinktlehre zusammengefaßt, aber die Annahme, daß es angeborene Verhaltensmuster gibt, verschwand natürlich nicht völlig. Sie gelangte durch die Arbeit einer Gruppe von europäischen Zoologen, die tierisches Verhalten untersuchten, seit den dreißiger Jahren wieder zu größerer Bedeutung. Diese Zoologen nannten ihren Arbeitsbereich Ethologie.
Die Ethologen tendierten dahin, ihre Untersuchungen vor allem auf Vögel und Fische zu konzentrieren, wenngleich natürlich auch Säugetiere untersucht wurden. Die Instinkte, die sie untersuchten, waren Verhaltensmuster, die anscheinend ungelernt und für eine einzige Art typisch waren (artspezifisch). In vielen, wenn auch nicht in allen Fällen wurde festgestellt, daß die artspezifischen Verhaltensmuster in der Gegenwart besonderer Reizmuster auftraten, d. h. die Verhaltensmuster schienen ausgelöst zu werden, wenn die passenden Reizmuster auftauchten. Daneben gibt es in der ethologischen Darstellung instinktiven Verhaltens aber auch einen motivationalen Teil, und es ist wohl zweckmäßig, bei der Diskussion der Ethologie die Auffassungen über die artspezifischen Verhaltensmuster, die auslösenden Reize und die motivationale Theorie ein wenig auseinander zu halten.

Bis vor ziemlich kurzer Zeit (Beach, 1950, 1955) untersuchten Psychologen in den Vereinigten Staaten das Verhalten von Tieren in ziemlich eingeschränkter Weise. Sie befaßten sich mit nur ein paar Arten und konzentrierten ihre Studien auf die Untersuchung von Lernprozessen. Weiterhin war der Zweck ihrer Arbeit mit Tieren, Lernen an einfacheren Arten als dem Menschen zu untersuchen und unter Bedingungen, die eine bessere Kontrolle der Variablen ermöglichte, als sie bei Menschen durchführbar ist; das alles, um Lernprozesse bei einer großen Anzahl von Tieren (vor allem Säugetieren), einschließlich des Menschen, besser zu verstehen. Es ist also nicht nur eine boshafte Karikatur dieser Forscher, wenn man sagt, daß sie Lernprozesse bei Ratten untersuchten, um menschliches Lernen zu verstehen.
Diesem Ansatz lagen zwei Annahmen zugrunde. Die eine ist, daß allgemeine Gesetze des Lernens auf einer Stufe existieren, und daß die Untersuchung von ein oder zwei Arten diese Gesetze aufdecken könnte. Waren diese Gesetze erst einmal entdeckt, konnte man erwarten, daß sie sich für viele Arten bestätigten, soweit es sich um grundlegende Lernprozesse handelte. Diese Annahme scheint nicht länger haltbar zu sein, wie die Arbeiten von Seligman (1970) und Warren (1971) gezeigt haben. Die zweite Annahme, die nicht ohne Bezug auf die erste ist, besagt, daß praktisch jede Reaktion, wenn das Tier überhaupt fähig ist, sie auszuführen, erworben werden kann. Bolles (1970) und andere Forscher haben gezeigt, daß diese Annahme wahrscheinlich ungültig ist. Bolles weist darauf hin, daß es im Falle des Vermeidungslernens für manche Tiere äußerst schwierig ist, einen schädlichen Reiz durch bestimmte Reaktionen zu vermeiden, während sie das Vermeiden leicht mit Hilfe anderer Reaktionen lernen. So lernen es Ratten langsamer und schwer, einen Hebel zu drücken, um einen Schock zu vermeiden, während die Reaktion, aus der Box zu springen, sehr schnell gelernt wird. Bolles behauptet, daß Tiere artspezifische Verteidigungsreaktionen besitzen, die angeboren sind. Wenn eine dieser Reaktionen in der entsprechenden Situation angewendet werden kann, wird die Vermeidung schnell gelernt. Aber wenn eine andere Reaktion erforderlich ist, und besonders, wenn sie mit einer artspezifischen Verteidigungsreaktion unvereinbar ist, ist das Lernen des Vermeidungsverhaltens schwierig (siehe auch Breland & Breland 1961). Obwohl dem Beharren der Ethologen auf der Bedeutung eines

angeborenen Verhaltensrepertoires beim Lernen anfänglich von vergleichenden Psychologen in den Vereinigten Staaten eine gehörige Menge Skepsis entgegengebracht wurde, zeigen die Berichte, die die Arbeiten von Bolles, Seligman und Warren lieferten, deutlich, daß die Ethologen in diesem Punkte offenbar recht haben. Dies heißt jedoch nicht, daß alle Aspekte der ethologischen Theorie, besonders die Annahmen über Motivation, erfolgreich waren, wie wir im folgenden noch sehen werden.

Ein Beispiel soll das Verständnis von festgelegten Verhaltensmustern und auslösenden Reizen erleichtern. Ein solches bekanntes Beispiel liefern bestimmte Aktivitäten des drei-dornigen Stichlings *(Gasterosteus aculeatus)*, eines Fisches, der in europäischen Gewässern zu finden ist. Im Frühling wandern die Männchen dieser Art aus dem Meer in die Flüsse und bewegen sich stromaufwärts. Wahrscheinlich wirken Hormonveränderungen bei der Verursachung dieses Wanderns mit. Sie ziehen so lange stromaufwärts, bis sie eine Stelle erreichen, die zur Brut geeignet ist; vor diesem Zeitpunkt verhalten sie sich anderen Männchen gegenüber nicht aggressiv, aber wenn sie erst einmal diesen Laichplatz erreicht haben, graben sie eine Grube in den Sand und durchstreifen ein begrenztes Gebiet des Flusses, ein »Territorium«. In dieser Phase entwickeln die Männchen an ihrer Unterseite eine rötliche Farbe. Wenn solch ein Männchen sich dem Territorium eines anderen Stichlings nähert, wird es angegriffen. Versuche, bei denen Holzmodelle benutzt wurden, auch solche, die einem Stichling sehr wenig ähnlich sahen, außer daß sie eine rotgestrichene Unterseite hatten und mit gesenktem Kopf vorgeführt wurden, zeigen, daß die aggressive Reaktion durch die rote Unterseite ausgelöst wird; Weibchen werden nicht oder nicht sehr stark angegriffen, aber sie haben auch nicht den roten Bauch. Ihr Unterleib ist jedoch, wenn sie zum Laichen bereit sind, mit Eiern angeschwollen. Dieser geschwollene Bauch, zusammen mit der mehr oder weniger aufrechten Schwimmhaltung, scheint beim Männchen die Anfangsphase der Werbung auszulösen.

Diese Phase besteht aus einem Zickzack-»Tanz«, der die Annäherung des Weibchens hervorrufen kann. Wenn es sich nähert, schwimmt das Männchen zum Nest, das Weibchen folgt, es deutet mit dem Kopf auf den Eingang des Nests. Das Weibchen schwimmt nun in das Nest, und ein »Zittern« des Männchens verursacht ihr Laichen. Das Männchen befruchtet die

Eier, die es dann durch Bewegungen mit seinem Schwanz und den Flossen mit Luft versorgt.

In dieser Sequenz von angeborenen Handlungen sieht man eine Anzahl von mehr oder weniger spezifischen Verhaltensweisen, von denen jede durch ein Reizmuster ausgelöst wird. Der Zickzacktanz, das Andeuten des Nesteingangs, das Zittern, das Laichen, die Befruchtung und die Luftzufuhr sind alles instinktive Handlungen, während die Form des Weibchens, ihr dem Männchen folgendes Verhaltensmuster, ihr Laichen und die Eier Reizmuster bilden, die die verschiedenen Handlungen auslösen.

Für das Auftreten dieses Verhaltensmusters ist natürlich die Tatsache entscheidend, daß sich in den Fischen Hormonveränderungen vollzogen haben, die sie für die Fortpflanzung bereit machen. Diese Verhaltensweisen treten nur im Frühling auf. Dies hat zu der Annahme geführt, daß es einen Triebzustand gibt, der die spezifischen Reaktionen mit Energie versorgt und das Tier für bestimmte Reizmuster empfänglich macht.

Eine solche Formulierung ist aber nur wenig mehr als eine andere Art, die grundlegenden Beobachtungen mitzuteilen. Zwei andere Arten von Beobachtungen schienen jedoch Unterstützung für die Triebtheorie zu liefern. Diese Phänomene sind Übersprung- und Leerlaufhandlungen.

Es wird berichtet, daß Übersprunghandlungen in Konfliktsituationen auftreten, wo sich zwei oder mehr Reaktionstendenzen gegenseitig blockieren. Unter diesen Bedingungen können andere Aktivitäten wie Putzen, Fressen oder Schlafen auftreten. Diese Reaktionen sind natürlich normale Reaktionen im Repertoire des Tieres, aber man sagt, daß es sich um Übersprungreaktionen handelt, wenn sie während sexueller oder aggressiver Auseinandersetzungen mit anderen Tieren auftreten. (Es wird jedoch manchmal berichtet, daß ihre Erscheinungsform verzerrt ist, wenn sie als Übersprungreaktion auftreten.) Wenn eine instinktive Handlung in einer Situation auftaucht, in der kein adäquater Reiz vorhanden ist, soweit es ein Beobachter beurteilen kann, bezeichnet man sie als Leerlaufhandlung.

In frühen ethologischen Schriften betrachtete man Überspung- und Leerlaufhandlungen als Beleg für das Wirken eines Triebzustandes, der ähnlich wie der von Freud postulierte funktioniere. Man nahm an, es komme zu einer Aufstauung von

Triebenergie; wenn ihre Entladung in einer Konfliktsituation blockiert wird, könne die Energie überlaufen oder überspringen, um andere Reaktionen, die Ersatzhandlungen, zu aktivieren. Oder man nahm an, daß die Energieaufstauung genügend groß sein könne, um das Auftreten einer spezifischen Handlungstendenz sogar ohne einen auslösenden Reiz zu verursachen. Vieles in dieser Formulierung ähnelt einem hydraulischen Modell der Triebenergie.

Diese Theorie kann aus drei Gründen kritisiert werden. Der eine Grund ist, daß die enthaltenen Vermutungen nicht gut mit unseren Kenntnissen von den anatomischen und physiologischen Eigenschaften des Nervensystems übereinstimmen; so scheint es z. B. keinen Mechanismus zu geben, der dem »Überspringen« zugrunde liegen könnte. Ein zweiter Grund ist, daß im Fall der Übersprunghandlungen sehr wohl geeignete Reize vorhanden sein könnten, um ihr Auftreten zu erklären. Eine ähnliche Analyse kann wahrscheinlich von Leerlaufhandlungen geliefert werden, obwohl es schwierig ist, Leerlaufhandlungen zu untersuchen. Da man annimmt, daß sie in Abwesenheit relevanter Reize auftreten, gibt es wenig Möglichkeiten, um sie zu untersuchen, außer nach ihrem Auftreten. Der dritte Punkt stellt das Belegmaterial in Frage, aufgrund dessen das Konzept spezifischer auslösender Reize aufgestellt worden war. Im folgenden betrachten wir den zweiten und dritten Punkt in einigen Einzelheiten.

Es gibt eine beschränkte Anzahl von Aktivitäten, die bei einer bestimmten Art als Übersprung auftreten. Putzen, Fressen und Schlafen sind die üblichsten, und es ist bemerkenswert, daß diese Verhaltensweisen beim Tier sowieso mit großer Häufigkeit auftreten. Man schätzt z. B., daß sich eine Ratte während 40 Prozent der Zeit, in der sie wach ist, putzt (Bolles 1960). Es handelt sich hier also um Aktivitäten, für die unter allen Umständen eine sehr hohe Wahrscheinlichkeit aufzutreten besteht. Es ist also so, als ob ein Tier, das z. B. in einer Situation von den sich widersprechenden Tendenzen anzugreifen und zu fliehen blockiert wird, etwas tut, das es auch sowieso hätte tun können.

Ein anderer Faktor, der in Betracht gezogen werden muß, ist, daß die Reize, die z. B. das Putzen hervorrufen, fast immer vorhanden sind. Wenn also das Putzen in einer sexuellen Angriffsituation unterdrückt worden ist und es dann zu einem Konflikt kommt, sind die Reize, die das Putzverhalten auslösen, vorhanden, während die Blockierung des anderen Verhaltens anhält. Diese Interpretation benötigt nicht den Begriff der Triebenergie.

Rowell (1961) führte in diesem Sinne eine Untersuchung durch, indem er periphere Reize experimentell steigerte und Putzverhalten sowohl in gewöhnlichen als auch in Konfliktsituationen beobachtete. Er benutzte einen Buchfinken und besprühte den Vogel entweder mit Wasser oder gab ihm klebriges Vogelfutter; das Wasser sollte ein Putzen des Körpers, das Futter ein Putzen des Schnabels hervorrufen. Rowell zeigte, daß sowohl die Häufigkeit als auch die Art des Putzens in normalen und in Konfliktsituationen der Art der peripheren Stimulation entsprach, die er gesteigert hatte. Man kann daher vermuten, daß das Putzen zumindest teilweise ein Ergebnis peripherer Stimulation und ihrer Intensität ist. Ein anderer Faktor ist die zur Verfügung stehende Zeit. Angenommen, man beobachtet das Putzen in Verbindung mit der Fortbewegung: Das Putzen tritt nur auf, wenn es Pausen in der Fortbewegung gibt, und nur in den Pausen, die lang genug für sein Auftreten sind. Konfliktsituationen beinhalten natürlich das Einstellen anderer Aktivitäten, so daß Zeit ohne Unterbrechung für das Auftreten anderer Reaktionen wie Putzen bleibt.

Es ist also anscheinend unnötig, Triebfaktoren bei der Erklärung von Übersprunghandlungen zu postulieren (vgl. Zeigler 1964). Periphere Reize und das Fehlen konkurrierender Aktivitäten (was auf die Konfliktsituation zurückzuführen ist) reichen vielleicht aus, um sie zu erklären. Für einige Übersprunghandlungen sind immer Reize vorhanden, für die das Tier empfänglich ist. In bezug auf andere Übersprungreaktionen mag das Tier nicht immer für relevante Reize empfänglich sein, es kann diesen Zustand aber aufgrund von hormonalen oder anderen inneren Veränderungen erreichen. Das Auftauchen von Komponenten sexueller oder elterlicher Verhaltensmuster als Übersprunghandlungen würde auf die Zeitabschnitte begrenzt sein, in denen der Hormonzustand das Tier dafür empfänglich gemacht hat, auf passende Reize zu reagieren.

Das Beispiel des Werbeverhaltens beim Stichling schließt mehrere Beispiele von auslösenden Reizen ein. Ein anderes, oft zitiertes Beispiel wird in der Abb. 4 dargestellt, die das Pappmodell eines Vogels zeigt. Junge Truthähne zeigen, wenn man das Modell nach rechts bewegt, so daß das kurze Ende vorne ist, eine Fluchtreaktion, während sie nicht fliehen, wenn das Modell in die andere Richtung gezogen wird. Die Bedeutung der unterschiedlichen Reaktionen liegt darin, daß das Modell, wenn es nach rechts gezogen wird, einem Habicht, also einem Raubvogel, ähnelt, während es einer Gans ähnlich sieht, wenn es in die andere Richtung gezogen wird. Daher schienen bestimmte habichtsähnliche visuelle Muster ein spezifischer auslösender Reiz für die Alarmreaktion der jungen Truthähne zu sein (Hinde 1970, S. 63 - 66). Enten und Gänse zeigen ähnliche Reaktionen auf diese Reizmuster (Tinbergen 1951, S. 77). Nach verschiedenen anderen Berichten konnten diese Ergebnisse aber nicht verifiziert werden (z. B. McNiven 1960). Hinde (1970, S. 510) sagt, daß »die frühere Ansicht, daß junge Truthähne unterschiedlich auf ein habichtsförmiges Modell reagieren . . . und nicht auf ein gansförmiges . . . wahrscheinlich auf die vorexperimentelle Gewöhnung der Gänse zurückzuführen war . . .«.

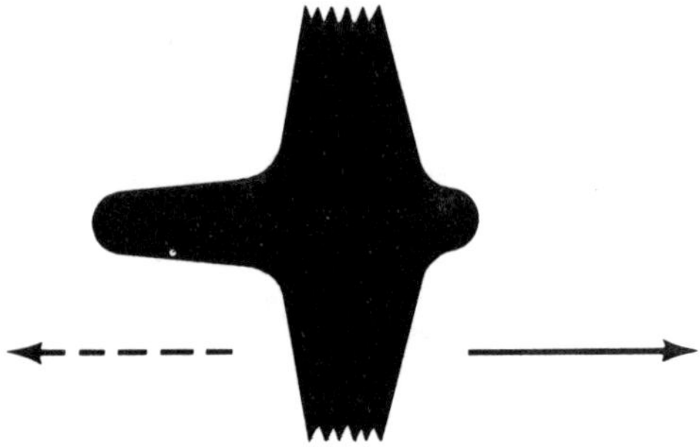

Abb. 4: Ein Modell, das eine Alarmreaktion hervorruft, wenn es an einem Draht über bestimmten Vögeln nach rechts bewegt wird, aber nicht, wenn es nach links bewegt wird. Bei der Bewegung nach rechts ähnelt die Silhouette einem Raubvogel (einem Habicht). Nach Tinbergen, N.: The study of instinct, 1951, S. 78, Abb. 6 - 5. Mit Erlaubnis der Clarendon Press, Oxford.

Es ist eine offene Frage, ob andere Beispiele für auslösende Reize, wie sie z. B. vorher in der Darstellung des Werbeverhaltens des Stichlings beschrieben wurden, alternativ zu der Ansicht von Auslösern interpretiert werden können, wie es bei der Alarmreaktion von Truthähnen, Hühnern und Gänsen der Fall zu sein scheint. Einige Konzepte von Ethologen machen weitere Untersuchungen unter genau kontrollierten Bedingungen erforderlich, bevor man ihre Gültigkeit bestimmen kann. Diese Kritikpunkte beziehen sich hauptsächlich auf die von den Ethologen aufgestellte Motivationstheorie und nicht auf ihre Behauptung, daß es Handlungsweisen gibt, die weitgehend einen angeborenen, artspezifischen Charakter haben. Ob eine bestimmte Handlungweise eine bedeutsame angeborene Komponente hat, kann gewöhnlich durch Experimente bestimmt werden. Nun unterscheiden sich die instinktiven Handlungsweisen, die die Ethologen postulieren, in ihrer Art zwar sehr deutlich von denen, die ein Autor wie McDougall als instinktiv bezeichnete; aber in einigen ihrer populären Schriften und in Arbeiten, die von der Ethologie beeinflußt sind, in denen die Befunde für niedere Tiere oft auf den Menschen verallgemeinert werden, schreiben Ethologen und ihre Interpreten fast so wie McDougall. Beispiele liefern die Bücher von Ardrey (1966), Lorenz (1966), Morris (1968) und Storr (1968). Hier werden z. B. Vorstellungen wie Revierverteidigung, auslösende Reize und aggressiver Trieb weitgehend durch Analogieschlüsse auf menschliches Verhalten angewendet. Eine solche Anwendung besitzt jedoch kaum eine wissenschaftliche Grundlage. Wer das 2. Kapitel und die vorangegangenen Seiten dieses Kapitels gelesen hat, ist sich wohl der Tatsache bewußt, daß diese Art der Triebtheorie, die die Ethologen vertreten, keine empirische Unterstützung findet. Weitere spezifische Anmerkungen über die Gültigkeit einer Generalisierung von tierischem Verhalten auf menschliches Verhalten liefert eine kritische Arbeit von Berkowitz (1969).

Biologisch begründete Motivationszustände

Angesichts der im 2. Kapitel zusammengefaßten Entwicklungen in bezug auf den Status von Trieben kann man folgern, daß Untersuchungen der Mechanismen, die dem Essen, dem Trinken und der Paarung zugrunde liegen, sich nicht länger mit den Problemen befassen, die sich für die Forscher durch den theoretischen Rahmen einer Triebtheorie stellten. Diese Folgerung scheint auch zuzutreffen. Campbell und Misanin (1969, S. 60) beschreiben die Situation folgendermaßen:

Ein großer Teil der Forschungsenergie, die einmal auf den Komplex des Zusammenspiels von Motivation und gelerntem Verhalten gerichtet war, konzentriert sich nun auf die Analyse physiologischer und neurologischer Variablen, die Hunger und Durst ebenso wie andere grundlegende Triebe steuern.

In den folgenden Abschnitten dieses Kapitels wird die Aufmerksamkeit auf diese Art von Arbeiten zu den Beispielen Hunger, Durst, Sexualverhalten und Schmerz gerichtet sein. Dazu ist vielleicht noch vorauszuschicken, daß neue technische Entwicklungen und die Entdeckungen, die sie ermöglichten, sowohl für den Verfall der Triebtheorie als auch für die Neuorientierung der Untersuchungsinteressen bedeutsam waren.

Hunger

Die entscheidende Entdeckung über die Steuerung der Nahrungsaufnahme war, daß es im Hypothalamus zwei Bereiche gibt (siehe Abb. 5 und 6), von denen einer die Nahrungsaufnahme und der andere die Einstellung dieser Tätigkeit zu kontrollieren scheint. Die Forschung widmete sich der Untersuchung der Anatomie und Physiologie dieser Bereiche, der Be-

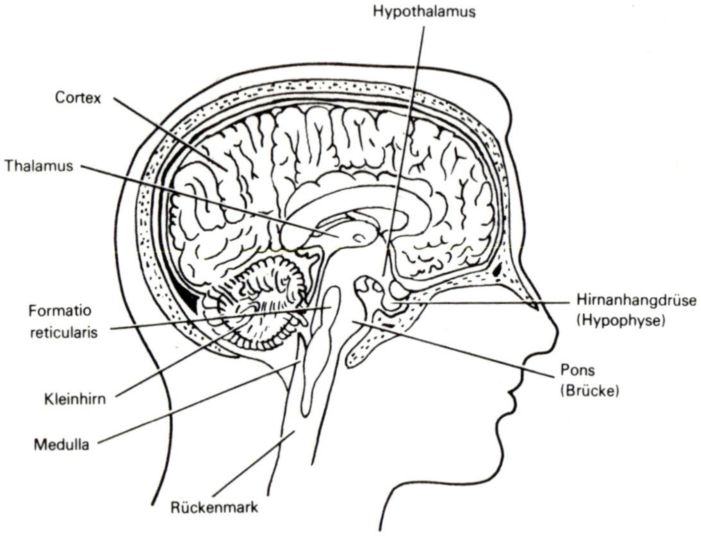

Abb. 5: Der Hypothalamus in Beziehung zu anderen Strukturen. Zeichnung nach Hokanson, J. E.: The physiological bases of motivation, 1969, S. 150, Abb. A 2. Mit Erlaubnis von John Wiley & Sons, Inc.

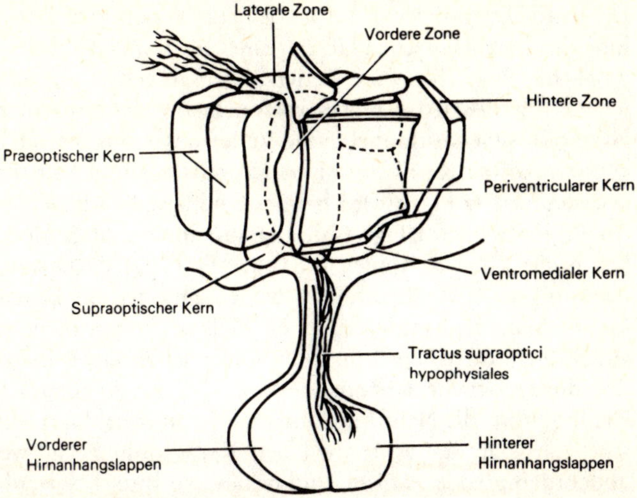

Abb. 6: Kerne des Hypothalamus. Nach Hokanson, J. E.: The physiological bases of motivation, 1969, S. 153, Abb. A 3. Mit Erlaubnis von John Wiley & Sons, Inc.

teiligung anderer Teile des Gehirns bei der Kontrolle der Nahrungsaufnahme und der Mechanismen, durch die die hypothalamischen Bereiche durch Veränderungen im Nahrungsvorrat des Körpers aktiviert werden. Man weiß darüber schon sehr viel, wenn auch noch für keinen dieser Problemkreise bereits vollkommen befriedigende Erklärungen vorliegen. Andererseits weiß man wenig darüber, wie die tatsächlichen Verhaltensweisen, die bei der Nahrungsaufnahme mitwirken, gesteuert werden (Grossmann 1967).

Im allgemeinen regulieren Tiere ihre Nahrungsaufnahme in bezug auf ihre körperlichen Anforderungen ziemlich wirksam. Bei dieser Regulierung wirken viele Mechanismen mit, wie die folgende Diskussion deutlich machen wird.

Schon über ein Jahrhundert war bekannt, daß Tumore oder Verletzungen in der Zone des Hypothalamus mit übermäßigem Essen und Fettleibigkeit (z. B. Fröhlichs Syndrom) in Verbindung stehen. Viele glaubten, diese Störungen würden durch Fehlfunktionen der Hirnanhangdrüse verursacht, aber nachfolgende Untersuchungen haben dies deutlich widerlegt und bestimmte Zonen des Hypothalamus als Ursprungsgebiet dieser Phänomene identifiziert.

Die deutlichsten Beweise dafür ergaben sich nach der Entwicklung des stereotaktischen Geräts, eines Instruments, das es ermöglicht, ziemlich präzise Verletzungen an genau zu bestimmenden Stellen des Gehirns vorzunehmen. Wenn man mit Hilfe dieses Geräts doppelseitige Verletzungen im Bereich des ventromedialen Kerns des Hypothalamus ausführt (die Position der Verletzungen wird bei der Obduktion verifiziert), ist das Ergebnis übermäßige Nahrungsaufnahme und Fettleibigkeit (siehe Cofer & Appley 1964, S. 217 - 222). Daraus kann man folgern, daß diese Zone bei einem Tier, z. B. einer Ratte, intakt sein muß, damit es fähig ist, mit dem Fressen aufzuhören; diese Folgerung stimmt mit der Tatsache überein, daß die elektrische Reizung dieser Zone, die zu ihrer Aktivierung führt, die Nahrungsaufnahme vermindert. Die elektrische Aktivität des ventromedialen Kerns nimmt zu, wenn appetitdämpfende Mittel intravenös verabreicht werden, während die Aktivität in anderen Teilen des Hypothalamus abfällt.

Tiere mit Verletzungen im ventromedialen Nukleus fressen übermäßig viel, wobei das Ausmaß der Nahrungsaufnahme zuerst rasch ansteigt und sich dann bis zu einer ziemlich gleichmäßigen Nahrungsaufnahme verlangsamt. Dementsprechend erfolgen Gewichtszunahmen zuerst sehr schnell, sie verlangsamen sich dann, aber das Gewicht bleibt hoch. Das Körpergewicht kann sich in 50 oder 60 Tagen nach der Zufuhr der elektrischen Reizung, die angewendet wurde, um die Verletzung hervorzurufen, verdoppeln. Die Gewichtszunahme beruht auf der Ablagerung großer Fettmengen, die zusammen mit anderen Veränderungen in den tierischen Organen in Verbindung mit einer erhöhten Krankheitsanfälligkeit steht, die eine Verkürzung des Lebens zur Folge hat (Grossman 1967, S. 346).

Man könnte nun denken, daß das übermäßig gefräßige Tier in bezug auf Nahrung hoch motiviert ist, d. h. daß es fast jede angebotene Nahrung annimmt oder daß es sich anstrengt, wenn ihm eine solche Anstrengung zur Nahrung verhilft. Solche Erwartungen würden auf der Vorstellung beruhen, daß der ventromediale Nukleus ein »Übersättigungszentrum« enthält, dessen Verletzung das Tier dazu antreiben würde, Nahrung zu suchen und zu sich zu nehmen. Diese Erwartungen werden jedoch nicht bestätigt. Die übermäßig gefräßigen Tiere sind »Feinschmecker«. Sie fressen z. B. wenig, wenn ihrer Nahrung eine bestimmte Menge von Chinin beigegeben wird (das für den Menschen einen bitteren Geschmack besitzt), die die Nahrungsaufnahme einer normalen Ratte nicht beeinflussen würde. Andererseits reagieren diese Tiere mit erhöhter Nahrungsaufnahme, wenn Traubenzucker, das für den Menschen einen süßen Geschmack hat, ihrer Nahrung beigemischt wird (Grossman 1967, S. 355). Auch bewältigen diese Tiere Aufgaben, deren Durchführung zum Auffinden von Nahrung führt, nicht so gut wie normale Tiere; und sie erdulden auch nicht so viele Elektroschocks wie normale Tiere, um Nahrung zu erreichen. Die allgemeine Interpretation dieser Verhaltensdaten und der Muster der Nahrungsaufnahme geht dahin, daß die ventromedialen Verletzungen einen Mechanismus unterbrechen, der im intakten Zustand das Tier veranlaßt, nach einer Zeit mit dem Fressen aufzuhören. Wie dieser Steuerungsmechanismus funktioniert, ist nicht bekannt.

Kurz nach den oben referierten Entdeckungen fand man auch, daß weitere Zonen des Hypothalamus, und zwar die lateralen Zonen, bei der Nahrungsaufnahme mitwirken. Beiderseitige Verletzungen verursachen, daß das Tier aufhört zu fressen und die Nahrungsaufnahme verweigert; es trinkt auch kein Wasser mehr. Wenn man Tieren mit solchen Verletzungen keine Nahrung oder Wasser, z. B. durch einen Magenschlauch, zuführt, sterben sie. Nach einiger Zeit stellt sich jedoch die Genesung ein, wenn die Tiere künstlich gefüttert und getränkt werden, aber es ist ein langsamer Prozess. Es ist allerdings nicht bekannt, worauf diese Genesung beruht (Cofer & Appley 1964, S. 217 - 220).

Die elektrische Reizung des lateralen Hypothalamus verursacht Nahrungsaufnahme (Delgado & Anand 1953); die Zufügung von Chemikalien in kristalliner Form hat unterschiedliche Wirkungen; je nach den verwendeten Chemikalien kann Fressen oder Trinken hervorgerufen werden (Grossman 1960). Im lateralen Hypothalamus gibt es wahrscheinlich zwei sich überschneidende Zonen, von denen eine mit der Nahrungsaufnahme und die andere mit dem Trinken in Beziehung steht.

Bei der Steuerung von Fressen und Trinken (siehe dazu auch den nächsten Abschnitt) sind deutlich der seitliche Hypothalamus und der ventromediale Nukleus dieser Struktur beteiligt, doch gewiß wirken auch andere Teile des Zentralnervensystems mit. Es ist wahrscheinlich, daß es ein neurales System gibt, von dem der Hypothalamus ein Teil ist, das die Nahrungsaufnahme reguliert. Zu den Strukturen außerhalb des Hypothalamus gehören in diesem System der temporale Lappen, die Amygdala, der Hippokampus, der frontale granulierte Cortex und der Thalamus. Eine vollständige Erklärung der Natur und des Zusammenwirkens dieses Systems muß erst noch entwickelt werden.

Ein großes Interesse galt der Frage, wie die hypothalamischen Zonen, die beim Fressen und der Beendigung dieser Tätigkeit mitwirken, durch den Ernährungszustand des Körpers aktiviert werden. Besonderes Gewicht legte man dabei auf die Annahme, daß es im Hypothalamus Zellen gibt, die für bestimmte Kennzeichen von Zucker und Fett im Blut empfänglich sind. Ebenso wurde vermutet, daß die hypothalamischen Zonen die Nahrungsaufnahme wie ein temperaturregelnder Mechanismus regulieren. Weiter unten werden wir diese Ansichten kurz besprechen.

Periphere Faktoren können jedoch trotz des Befundes über die Rolle von Magenkontraktionen und den Magen selbst, die im 2. Kapitel referiert wurden, nicht völlig aus der Betrachtung ausgeschlossen werden. Erstens können die Bewegungen des Zwölffingerdarms schmerzhaften Hungerkrämpfen zugrunde liegen (Grossman 1957, S. 324 ff.). (Der Zwölffingerdarm ist der Teil des Dünndarms, der sich gerade hinter dem Magen befindet.) Weiterhin enthält der Magen selbst Dehnungsrezeptoren, die Impulse senden und die Ausdehnung, die durch das Vorhandensein von Nahrung im Magen entsteht, zentral anzeigen (Paintal 1954). Solche Signale können unter normalen Bedingungen gegeben werden, aber sie können nicht wirken, wenn der Magen entfernt wird. Es gibt Gründe für die Annahme, daß die Aufnahme von Nahrung zur Freisetzung chemischer oder humoraler Substanzen führt, die zu anderen Stellen des Körpers gelangen. Ein Beutel, der aus Mageninnengewebe hergestellt und in die Bauchhöhle gebracht wird, zeigt z. B. Zusammenziehungen im Rhythmus mit denen des Magens selbst. Die Zusammenziehungen werden unterbunden, wenn Nahrung in den Dünndarm gegeben wird; da der Beutel keine Nervenverbindungen besitzt, muß dieser Effekt auf andere Einflüsse zurückzuführen sein (Quigley 1955, S. 11).

Jean Mayer (2953, 1955) vermutete, daß es im Hypothalamus Zellen gibt, die für den Grad der Zuckerverwertung im Blut empfänglich sind. Das Maß dieser Verwertung ist der Unterschied zwischen der Zuckerkonzentration in der arteriellen

Blutzufuhr zum Gehirn und der Zuckerkonzentration in den Venen. Es gibt also keine Aktivierung der Zellen (und daher keinen Hunger), wenn die Zuckerkonzentration im arteriellen Blut viel höher als die im venösen Blut ist; erfolgt aber eine Angleichung der Konzentrationen, so werden die Zellen aktiviert und Hunger tritt auf. Mayer postulierte diesen Mechanismus für die kurzzeitige Regulierung der Nahrungsaufnahme und wies auf einen ähnlichen Mechanismus für Fettleibige bei langzeitiger Regulierung hin. Die Belege für Mayers glucostatische Theorie sind widersprüchlich. (Es gibt wenig Belege für den lipostatischen oder fettregulierenden Mechanismus.) Die Theorie bleibt als einleuchtende Darstellung in der Diskussion, vielleicht weil es keine wirklich entsprechende Alternative gibt, aber da einige Belege nicht mit den Erwartungen übereinstimmen, kann sie kaum völlig befriedigen.

Brobeck (1957) faßt den Hunger als einen wärmeregulierenden Mechanismus auf. Es ist bekannt, daß die Außentemperaturen die Nahrungsaufnahme beeinflussen, daß hohe Temperaturen sie vermindern. Diese Wirkung tritt jedoch nur zeitweilig auf. Die Nahrungsaufnahme erhöht die Körpertemperatur; Brobeck nimmt an, daß dieser Temperaturanstieg die hypothalamischen Rezeptoren so erwärmt, daß die Nahrungsaufnahme gehemmt wird. Kühlen würde natürlich den umgekehrten Effekt haben.

Eine ansehnliche Menge von Belegmaterial stimmt mit dieser Theorie überein, aber es ist wahrscheinlich nicht wahr, daß, wie Brobeck einmal sagte, »Tiere fressen, um warm zu bleiben, und aufhören zu fressen, um eine Überhitzung zu verhindern«. Wenn man geeignete Messungen vornimmt, sind die Temperaturunterschiede in den entsprechenden Zonen des Gehirns sehr gering, kaum groß genug, um Fressen oder Fasten hervorzurufen (Grossman 1967, S. 372). Weiterhin scheinen die Temperaturunterschiede, die auftreten, nicht mit Nahrungsaufnahme, Deprivation oder Sättigung zu korrelieren. Diese Daten scheinen große Schwierigkeiten für die Temperaturregulations-Theorie von Hunger und Nahrungsaufnahme aufzuwerfen.

Zum gegenwärtigen Zeitpunkt gibt es also keine völlig zufriedenstellende Erklärung, wie die hypothalamischen Zonen, die beim Fressen und Nichtfressen mitwirken, auf Veränderungen des Ernährungszustands des Körpers reagieren. Was in der Forschung von vielleicht zwei Jahrzehnten erreicht wurde, ist,

diese Zonen zusammen mit anderen zentralen Nervenstrukturen zu identifizieren und mit der Steuerung des Hungers in Zusammenhang zu bringen.
Bevor wir das Thema Hunger verlassen, können wir feststellen, daß die Mechanismen spezifischer Arten von Hunger in kürzlich durchgeführten Versuchen geklärt worden sind. Bei vielen Defiziten, wie dem Mangel an Thiamin (Vitamin B_1), scheint die Bevorzugung der Nahrung, die die benötigte Substanz enthält, eher auf die Neuigkeit der Nahrung zurückzuführen zu sein als auf die Tatsache, daß sie für das Tier notwendige Nährstoffe enthält. In anderen Fällen kann es vielleicht eine angeborene Bevorzugung eines bestimmten Geschmacks, im Falle von Natrium des salzigen Geschmacks, geben (Rosin & Rodgers 1967).

Durst

Die Aufnahme von Wasser ist ein zentraler Teil des komplexen Flüssigkeits-Gleichgewichtsmechanismus des Körpers. Sie muß vor allem Wasserverluste durch Atmung, Schwitzen und Urinausscheidung ausgleichen. Wie bei der Nahrungsaufnahme gibt es zentrale Nervenstrukturen, die bei der Flüssigkeitsaufnahme mitwirken. Ihrer anatomischen Lokalisierung und Struktur wurde ebenso wie den Mechanismen, durch die sie bei einer Gleichgewichtsstörung im Flüssigkeitshaushalt aktiviert werden, großes Interesse entgegengebracht.
Die initiierenden Beobachtungen, die auf die Bedeutung hypothalamischer Zonen für die Regulierung des Wasserhaushalts hinweisen, wurden bei der Untersuchung von Faktoren gemacht, die bei der Sekretion des antidiuretischen Hormons (ADH) durch die Hirnanhangdrüse mitwirken. Wenn die Sekretion dieses Hormons zunimmt, nimmt die Menge des ausgeschiedenen Urins ab (die Konzentration von Abfallstoffen im Urin nimmt zu), während die Verminderung der ADH-Sekretion die Ausscheidung größerer Mengen Urin in weniger konzentrierter Form ermöglicht. Verney (1947) machte die bedeutsame Beobachtung, daß die ADH-Sekretion durch Zellen im Hypothalamus gesteuert wird; diese Zellen reagieren nach Verneys Ansicht auf Veränderungen im osmotischen Druck des Blutes.
Wenn hypertonische Salzlösungen in eine Arterie injiziert werden, die dieses Gebiet versorgt, steigt die Sekretion von ADH

und bewahrt somit den Körper vor dem Verlust von Flüssigkeit. Nach der Injektion ist der Salzgehalt des Blutes größer als der der Zellen. Aus den Zellen bewegt sich Flüssigkeit ins Blut, um so das Gleichgewicht der Tonisierung wiederherzustellen. Während dieses Prozesses werden die Zellen entwässert; daher nimmt ihre Größe ab. Diese Veränderung könnte in irgendeiner Weise der Reiz für eine steigende Sekretion von ADH sein. Andererseits würde Bewässerung der Zellen (die von einer Hypertonisierung im Blut aufgrund von Wasseraufnahme herrühren könnte) ihren Umfang vergrößern und so eine Abnahme der ADH-Sekretion verursachen.

B. Andersson (1953) und Andersson & McCann (1955a) überprüften diese Vorstellung, indem sie hypertonische Salzlösung in die hypothalamischen Zonen von Ziegen injizierten. Viele Versuchstiere tranken nach dieser Behandlung Wasser und führten instrumentelle Aufgaben aus, um Wasser trinken zu können, obwohl sie nicht durstig waren. Die Tiere tranken ebenso, wenn die hypothalamischen Zonen elektrisch durch eingepflanzte Elektroden gereizt wurden (Andersson & McCann 1955b).

Es gibt Berichte über vergleichbare Befunde bei anderen Tieren, obwohl die genauen anatomischen Lagen sich leicht unterscheiden; bei der Ziege scheint die dem Trinken zugrundeliegende Zone von der, die beim Fressen mitwirkt, getrennt zu sein, aber bei anderen Arten überschneiden sich diese beiden Zonen (vgl. die Befunde von Grossman mit chemischer Stimulation in dem lateralen Hypothalamus, die im letzten Abschnitt erwähnt wurden). Beiderseitige Verletzungen an geeigneten Zonen des Hypothalamus bewirken bei den Tieren, daß sie kein Wasser mehr trinken.

Die Ergebnisse dieser Untersuchungen weisen deutlich darauf hin, daß beim Trinken eine hypothalamische Zone mitwirkt; es ist eine Erregungszone. Jedoch wurde kein hemmendes Zentrum gefunden, das mit dem vergleichbar wäre, das die Nahrungsaufnahme unterdrückt. Andere Strukturen im Gehirn, die außerhalb des Hypothalamus liegen, spielen bei der Steuerung des Trinkens mit, so daß dem Durst vielleicht ein komplexes neurales System zugrunde liegt.

Auf der Grundlage der vorhandenen Belege ist es wahrscheinlich, daß eine Entwässerung von Zellen die Grundlage für die Erregung der Zellen im Hypothalamus und an anderen Stellen liefert, deren Aktivität das Trinken hervorruft. Ebenso können wärmeregulierende Prozesse mitwirken. Auch wurde vermutet, daß es eine andere Art von Durst gibt, die sich vom osmotisch begründeten Durst unterscheidet, der durch Entwässerung der Zellen entsteht. Dieser Durst beruht auf Veränderungen im Volumen der Flüssigkeiten in den Gefäßen, deren Mangel Trinken auch ohne Zellentwässerung hervorrufen kann.

Nicht bekannt ist, welcher Mechanismus zur Beendigung des Trinkens führt. Es kann nicht der Wassergehalt der Zellen sein, weil das Trinken aufhört, lange bevor bemerkenswerte Mengen Flüssigkeit wieder in die Zellen eintreten können. Die Wasseraufnahme wird wahrscheinlich irgendwie durch die Reizung des Mundes gemessen; vielleicht wird im Magen aufgrund der Wasseraufnahme eine humorale Sekretion erzeugt, die irgendwie die Aktivität der Nervenzellen, die für das Trinken verantwortlich sind, unterdrückt. Unsere Kenntnisse über Durst reichen inzwischen also weit über das Stadium hinaus, in dem die Theorie vom trockenen Mund sinnvoll zu sein schien, aber immer ist es noch nicht möglich, eine vollkommen zufriedenstellende Darstellung der Trinkmechanismen zu liefern.

Sexuelle Motivation

In den Darstellungen des sexuellen Verhaltens, die aus der Zeit stammen, als die frühe Triebtheorie dominierend war, wurde die sexuelle Motivation so ähnlich wie Hunger und Durst behandelt. Man nahm an, daß lokale Reizungen der sexuellen Motivation zugrunde liegen und daß die sexuelle Aktivität sie vermindert. Im 2. Kapitel wurde jedoch bereits darauf hingewiesen, daß sexuelle Motivation auch beim Fehlen lokaler Reizungen fortbesteht.

Fast immer war es aber schon klar, daß sich die sexuelle Motivation von der auf Nahrungs- oder Wasserdeprivation beruhenden Motivation unterscheidet (Beach 1956). Beim Hunger und beim Durst ruft eine Deprivation Mängel in den Körpergeweben hervor; Essen und Trinken dienen dazu, diese Mängel auszugleichen. Bei der Sexualität hingegen gibt es keinen Mangelzustand (und es scheint auch keinen Grund dafür zu geben, ein Übermaß einer Substanz zu postulieren, die durch sexuelle Aktivität verringert wird); sexuelles Verhalten verbraucht Energie, während durch die Nahrungsaufnahme Energie gespeichert wird. Essen und Trinken sind für das individuelle Überleben notwendig, während dies beim sexuellen Verhalten nicht der Fall ist; es ist nur für das Überleben der Art notwendig. Es gibt also gute Gründe anzunehmen, daß sich die sexuelle Motivation von Hunger und Durst unterscheidet. Und das gleiche kann man von bestimmten anderen Verhaltensweisen sagen — z.B. von elterlichem Verhalten und den Wanderungen bei Tieren.

Unter der Voraussetzung, daß die notwendigen Nervenstrukturen unbeschädigt sind, entsteht bei vielen Arten sexuelles Verhalten aufgrund von zwei Faktoren, nämlich einem angemessenen Hormonstand und äußerer Stimulation. Keiner von beiden Faktoren reicht gewöhnlich allein aus; das Vorhandensein beider ist notwendig (Beach 1956). Das Ausmaß der hormonalen Steuerung unterscheidet sich jedoch bei verschiedenen Arten.

Sexuelles Verhalten beim Mann wird durch Hormone gesteuert, die man Androgene nennt. Zu diesen gehören Testosteron und Androsteron, wobei Testosteron die Hauptrolle spielt. Testosteron wird in den Hoden erzeugt, aber dieser Prozeß tritt unter der Kontrolle der gonadotropen Hormone der Hirnanhangdrüse auf. Testosteron und andere androgene Hormone steuern das Wachstum der Genitalien und die Entwicklung sekundärer Geschlechtsmerkmale, wie die Verbreitung des Körperhaars, die Veränderung der Stimme und eine Reihe anderer Merkmale. Sind die Hoden, wie z.B. nach einer Kastration, nicht vorhanden, wird die Entwicklung gehemmt, bis eine Hormonbehandlung durchgeführt wird (Grossman 1967, Kapitel 8).

Viele Arten zeigen ein jahreszeitliches oder periodenhaftes Sexualverhalten; dies ist hauptsächlich auf das Weibchen zurückzuführen, da der Androgenstand beim Männchen sich normalerweise nicht zu verändern scheint. Das Männchen ist also (außer während der vorpubertären Phase und im Alter) vom Gesichtspunkt der Hormone her immer bereit, sich zu paaren (Beach 1956). Da das Sexualverhalten aber nur saison- oder periodenhaft auftritt und beim Männchen nicht fortwährend in Erscheinung tritt, kann man annehmen, daß die hormonale »Bereitschaft« keine hinreichende Bedingung für das Auftreten sexuellen Verhaltens ist, obwohl es eine notwendige Bedingung darstellt.

Die Wirkungen der Kastration sind bei verschiedenen Arten unterschiedlich und geben uns eine Vorstellung davon, bis zu welchem Grad das Sexualverhalten einer bestimmten Art von Hormonen gesteuert wird. Bei vielen niederen Wirbeltieren nimmt sexuelles Verhalten nach der Kastration ab; der Abfall ist bei Säugetieren meist weniger rapide. Es wurde berichtet, daß sexuelle Verhaltensweisen beim Menschen in manchen Fällen auch nach der Kastration auf unbestimmte Zeit weiterhin auftreten, obwohl ein Abnehmen des sexuellen Interesses vielleicht die Regel ist. Eine Kastration, die vor der Pubertät vorgenommen wird, führt jedoch zu einer Ausschaltung sexueller Aktivitäten, obwohl auch berichtet wurde, daß sexuelles Interesse bis zu einem gewissen Grad bestehen bleiben kann. Die Wirkungen einer Kastration, auch die einer vorpubertären, kann bei den meisten Arten gewöhnlich durch einen Hormonersatz überwunden werden. Beim normalen Männchen können Hormoninjektionen vor der Pubertät ihr Auftreten und das Einsetzen sexuellen Verhaltens beschleunigen. Eine Hormonbehandlung kann sexuelles Verhalten bei alten Tieren wiederbeleben. Ein Hormonersatz wirkt vielleicht am besten bei Tieren. Beim Sexualverhalten des Menschen sind natürlich viele soziale und religiöse Faktoren mit beteiligt (Beach 1951; Grossman 1967, Kapitel 8; Ford & Beach 1951).

Die Reize, die bei der Steuerung von sexuellem Verhalten mitwirken, tun dies auf drei Ebenen (Beach 1951). Eine Klasse von Reizen steuert die Entwicklung der Reife. Ein Beispiel dafür ist die Temperatur. Eine andere Reizklasse ist spezifischer, z.B. ein Territorium. Manche männlichen Tiere paaren sich nur in ihrem Territorium oder in Situationen, in denen bestimmte Umweltbedingungen, z.B. Wasser, vorhanden sind. Am wichtigsten und am notwendigsten für das männliche Sexualverhalten ist die dritte Klasse von Bedingungen. Dies ist die Gegenwart eines Partners und der Reize, die von ihm ausgehen oder die er liefert. Männliches Sexualverhalten scheint beim Fehlen solcher Reize nicht aufzutreten; beim Menschen können es jedoch auch symbolische Reize sein. Daher tritt Sexualverhalten bei Tieren, die sich saisonbedingt paaren, nur zu bestimmten Jahreszeiten auf, und bei Tieren, bei denen das Weibchen nur während einer Phase ihres Oestrogen-Zyklus empfänglich ist, nur während dieser empfänglichen Phase. Ansonsten scheint kein Sexualverhalten aufzutreten.

Bei vielen niederen Tieren scheint Sexualverhalten von ziemlich spezifischen Reizen abzuhängen, wie z.B. einem Geruch; und die Ausschaltung des Geruchssinnes macht sexuelles Verhalten unwahrscheinlich. Obwohl auch bei höheren Tieren die Reizung wichtig und notwendig ist, ist die erforderliche Stimulation nicht so spezifisch. Das Sexualverhalten ist nicht mehr an bestimmte auslösende Reize gebunden (Beach 1951).

Bei den Weibchen tritt, wie wir festgestellt haben, bei den meisten Arten, abgesehen von einigen Primaten und dem Menschen, das Sexualverhalten entweder saisonbedingt oder episodisch in Verbindung mit dem Oestrogen-Zyklus auf. Die Sexualentwicklung wird von Hormonen gesteuert, die in den Eierstöcken entstehen. Bei den Arten mit Oestrogen-Zyklen tritt sexuelles Verhalten während der Periode auf, in der das Tier »heiß« ist; diese Periode stimmt mit dem Abschnitt des Ovulationszyklus überein, in dem eine erfolgreiche Befruchtung des Eies am wahrscheinlichsten ist. Diese Phase wird von dem Hormon Oestrogen gesteuert, das man als das weibliche Sexualhormon bezeichnen könnte. Die weiteren Veränderungen, die im Zyklus auftreten, führen bei vielen Arten nicht zum sexuellen Verhalten. Bei Menschen weiblichen Geschlechts und bei Primaten kann Sexualverhalten jedoch zu jeder Zeit des Menstruationszyklus auftreten. Die Stimulation ist für das Sexualverhalten der Frau wie auch für den Mann bedeutsam.

Das Sexualverhalten ist also ein Resultat des Zusammenspiels von hormonalen Faktoren und äußerer Stimulation, wobei die vom Partner ausgehenden Reize besonders wichtig sind. Bei einigen Arten kann das Sexualverhalten des Männchens durch einen Partnertausch aufrecht erhalten werden; anscheinend kann die Stimulation, die vom neuen Partner ausgeht, ein nachlassendes sexuelles Interesse wieder beleben (Cofer & Appley 1964, S. 193). Die Vorstellung, daß das Sexualverhalten auf einem »Sexualtrieb« beruht, scheint den Tatsachen nicht zu entsprechen. Ein brauchbares Konzept des Sexualverhaltens kann sich nicht an dem Modell von Hunger oder Durst oder an dem hydraulischen Modell, das von Freud und auch in der frühen ethologischen Theoriebildung benutzt wurde, orientieren.

Die neurale Kontrolle des sexuellen Verhaltens ist komplex; die verschiedenen Arten unterscheiden sich oft sehr in bezug auf die Strukturen und Mechanismen, die das Sexualverhalten beeinflussen (Beach 1951; Grossman 1967, Kapitel 8). Einige Komponenten der sexuellen Reaktion werden bei bestimmten Arten durch das Rückenmark gesteuert, aber die Steuerung des

Sexualverhaltens scheint zu einem großen Ausmaß in den vorderen oder anderen Zonen des Hypothalamus lokalisiert zu sein, wo, wie man festgestellt hat, Verletzungen, elektrische und chemische Stimulation wirksam sind. Die genaue Lage der Regionen, die Sexualverhalten vermitteln, ist bei den einzelnen Arten unterschiedlich. Der Einfluß des vorderen Hypothalamus kann teilweise durch direkte Steuerung von sexuellen Verhaltensaspekten und teilweise indirekt, durch seine Einflüsse auf die Hormone, die die Hirnanhangdrüse erzeugt, ausgeübt werden.

Die Verletzung des Cortex hat eine stärkere Wirkung auf das männliche als auf das weibliche Sexualverhalten. Diese Unterschiede entstehen aber vielleicht nur deshalb, weil das typische männliche Sexualverhalten aktiver ist als das der Frau, so daß eine Verletzung des Cortex das sexuelle Verhalten vielleicht mehr wegen der sensorischen und motorischen Mängel beeinflußt als wegen Veränderungen der sexuellen Motivation an sich (Grossman 1967, Kapitel 8). Das Ausmaß der Verletzung des Cortex ist beim Männchen bedeutsam; kleine Verletzungen haben einen relativ geringen Effekt, während Verletzungen, die ausgedehnte Zonen des Cortex betreffen, große Wirkungen haben.

Die Rolle der Erfahrung für das Sexualverhalten kann man aus zwei Blickwinkeln betrachten. Ein Aspekt ist die sexuelle Erregung, der andere ist die Art, in der das sexuelle Verhalten auftritt.

Es gibt eine beträchtliche Anzahl von Belegen, die zeigen, daß die Erfahrung bei Ratten beiderlei Geschlechts wenig mit der Entwicklung der Verhaltensweisen zu tun hat, die für die Paarung notwendig sind. Unerfahrene Tiere führen diese Verhaltensweisen ebenso gut und wirksam aus wie erfahrene. Bei vielen Arten sind sexuelle Verhaltensmuster angeboren. Bei Primaten und auch beim Menschen hängt wirksames Sexualverhalten jedoch zu einem Großteil von der Erfahrung ab. Mehrere detaillierte Darstellungen von der Entwicklung sexueller Verhaltensmuster bei Schimpansen lassen z.B. vermuten, daß sowohl bei Männchen als auch bei Weibchen Versuch und Irrtum eine wichtige Rolle bei der Entwicklung des Paarungsverhaltens spielen. Es gibt kaum Zweifel daran, daß die Erfahrung beim menschlichen Sexualverhalten eine bedeutende Rolle spielt. Die große Vielfalt an Bedingungen, Stellungen und Konventionen beim sexuellen Verhalten und ebenso die unterschiedlichen Einstellungen zum Sexualverhalten zwischen verschiedenen Gesellschaften und innerhalb einer Gesellschaft weisen auf die Rolle des Lernens und von Sozialfaktoren beim menschlichen Sexualverhalten hin (Ford & Beach 1951). Es ist möglich, aber noch nicht sicher, daß einige Variationen menschlichen Sexualverhaltens, wie z.B. Homosexualität, eine hormonale Ursache haben, aber Erfahrungsfaktoren haben auch hier ohne Zweifel eine große Bedeutung.

Bei der männlichen Ratte können Erfahrungen bei der Auslösung sexueller Erregung mitwirken. Beach (1942) fand, daß ein Käfig, in dem sexuelle Befriedigung wiederholt erlangt wurde, später sexuelle Erregung hervorrufen konnte. Auf der Grundlage des Lernens können beim Menschen natürlich alle Reizarten einschließlich symbolischer Reize sexuelle Erregung hervorrufen. Die erfolgreiche Werbung für viele Produkte beruht auf diesem Erfahrungshintergrund.

Es ist bekannt, daß bei Affen das Aufwachsen unter den Bedingungen sozialer Deprivation zu schweren sexuellen Verhaltensstörungen führt. Wenn das weibliche Tier ohne Mutter oder Geschwister aufwächst und die Deprivation lange genug anhält, ist es für das Tier schwierig, wenn nicht gar unmöglich, ein erfolgreiches Sexualverhalten zu entwickeln. Männchen werden von solchen frühen Erfahrungen ebenfalls schwerwiegend beeinflußt. Man sollte jedoch anmerken, daß die verlängerte Erfahrung sozialer Deprivation während wichtiger Entwicklungsperioden viel weitreichendere Effekte als nur auf das Sexualverhalten hat. Nach einer solchen Erfahrung ist der Affe in vielerlei Hinsicht gestört (Harlow 1962).

Schmerz

Es ist offensichtlich, daß schädliche Reize einen Rückzug oder eine Vermeidungsreaktion hervorrufen. Reize wie Elektroschocks, üble Gerüche, laute und irritierende Geräusche oder grelles Licht haben z.B. oft diese Effekte. In einigen Fällen ist die reine Intensität der Reizung dafür entscheidend, ob sie Schmerz auslöst oder nicht, in anderen Fällen aber, z.B. bei Elektroschocks, die Tatsache, daß die Reizung schmerzhaft ist. In Abhandlungen zur Motivation spielten schmerzhafte Reizungen lange eine besondere Rolle; man interessierte sich für Effekte von Bestrafungen und für die Natur der Furcht; so schien etwa Cannon zu glauben, daß die Kraft der Grundtriebe

auf anstachelnden, quälenden lokalen Reizen beruht, die die Triebe hervorrufen.
Viele der damit angeschnittenen Fragen werden an anderen Stellen dieses Buches behandelt. Hier beschränken wir uns auf einige der physiologischen Aspekte des Schmerzes. Melzack und Wall (1965) stellten eine Filtertheorie (gate-control-theory) des Schmerzes auf (siehe Abb. 7), die sich bemüht,

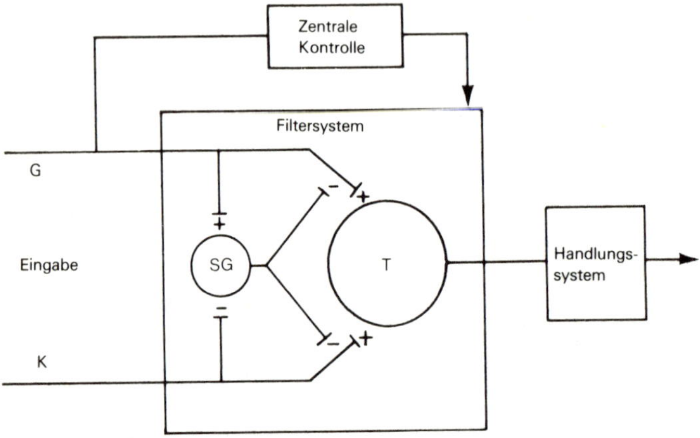

Abb. 7: Diagramm der Filtertheorie des Schmerzes. G bezeichnet Fasern mit großem, K Fasern mit kleinem Durchmesser, SG die Substantia gelatinosa und T die ersten zentralen Transmissionszellen. Die Zeichen + und — bezeichnen Erregung bzw. Hemmung. Aus Melzack, R., und Wall, P. D.: Pain mechanisms: A new theory, in: Science, Bd. 150, S. 971 - 979, S. 975, Abb. 4. November 19, 1965. ©1965 bei American Association for the Advancement of Science.

einige der bekannten anatomischen und physiologischen Faktoren, die das Schmerzerleben beeinflussen, zu erklären, womit gleichzeitig deutlich gemacht werden soll, daß die Vorstellung von spezifischen Schmerzrezeptoren im Körper nicht gut belegt ist und außerdem für die Erklärung vieler Schmerzphänomene unzulänglich ist. Melzack und Wall nahmen an, daß die Reizung der Haut zu Nervenimpulsen führt; diese wandern 1. zur Substantia gelatinosa (SG), einer Gruppe kleiner, dicht gepackter Zellen, die durch die ganze Länge des dorsalen Rückenmarks verlaufen, 2. zu Fasern des dorsalen Teils des Rückenmarks, die zum Gehirn führen und 3. zu zentralen Transmissionszellen (T). Sie nahmen an, daß die Substantia gelatinosa »als ein Filtersystem, das die afferenten Muster modifiziert, bevor sie die T-Zellen beeinflussen«, wirkt (Melzack & Wall 1965, S. 974).

Die Buchstaben G und K auf der Eingabeseite der Abbildung bezeichnen Nervenfasern mit großem bzw. kleinem Durchmesser. Es gibt Belege dafür, daß T-Zellen von Ausgangsimpulsströmen in G-Fasern aktiviert werden, daß aber die Effekte dieser Ströme mit der Zeit vermindert werden. Die Impulse von den K-Fasern verstärken jedoch den Effekt der ankommenden Impulse. Diese Ab- und Zunahmen tauchen bei SG, dem Filter auf, der ebenso von ». . . Aktivitäten des Gehirns, sowie Aufmerksamkeit und Erinnerungen an vorausgegangene Erfahrungen« beeinflußt wird (Melzack 1967, S. 66). Die Ausgabe des T-Systems an das Handlungssystem wird also davon beeinflußt, was an dem Filter geschieht; außerdem spielen die an den G- und K-Fasern entlang gesendeten Impulse und die Impulse, die vom zentralen Kontrollsystem herunterkommen, eine gewisse Rolle. Das Handlungssystem kommt ins Spiel, »wenn die Ausgabe des T-Systems ein kritisches Niveau erreicht oder überschreitet« (Melzack 1967, S. 67). Diese Theorie, die das Filterkonzept anwendet, ist eine Möglichkeit, um die Tatsache zu erklären, daß Schmerzerlebnisse nicht in einem eindeutigen Verhältnis zur Intensität der äußeren Reizung stehen (z.B. können schwache Reize manchmal schmerzhaft sein, während sehr starke Reize manchmal nicht schmerzhaft sind) und nicht von spezifischen Schmerzrezeptoren abzuhängen scheinen, sondern in jeder Empfingungsmodalität auftreten können.

Das Handlungssystem wirkt bei zwei Hauptprozessen mit, (1) bei der Wahrnehmung des Schmerzes in seinen verschiedenen Aspekten und seiner Lage, seiner Stärke usw. und (2) bei den affektiven und motivationalen Begleitumständen des Schmerzes. Weil die Ausgabe zum Handlungssystem von so vielen Faktoren beeinflußt wird, können wir erwarten, daß die Effekte »schmerzhafter« Reizung bei verschiedenen Personen und bei einer bestimmten Person zu verschiedenen Zeiten aufgrund ihrer Bewertung der Situation und ihrer früheren Erfahrungen mit ähnlichen Situationen sehr unterschiedlich sind.

Diese Formulierung wird von einer ansehnlichen Menge von Belegen unterstützt, obwohl sie natürlich nur eine versuchsweise Deutung liefert und viele Details noch spezifiziert werden müssen. Bedeutsam für die Motivation sind die bewertenden und die emotionalen Reaktionen auf aversive Stimulation.

Melzacks Darstellung hilft uns dabei zu verstehen, warum Schmerz manchmal toleriert werden kann, während zu einer anderen Zeit heftige Reaktionen auftreten, selbst wenn die Reizung nicht stark ist.

Schlußfolgerung

Dieser kurze Überblick über die Motivation von Hunger, Durst, Sexualverhalten und Schmerz zeigt deutlich, daß komplexe Mechanismen bei der Steuerung von Verhaltensweisen mitwirken, die mit diesen Zuständen in Verbindung stehen. Dabei wäre anzumerken, daß unsere Darstellung der Rolle von Nervenzentren, Substanzen im Blut wie Hormonen und Zukker und von äußeren Reizen insofern unzulänglich ist, als wenig darüber gesagt wurde, wie diese Faktoren das Verhalten antreiben und steuern. Bisher ist darüber auch nur wenig bekannt. In den meisten, wenn nicht gar allen Untersuchungen der zentralen Mechanismen, z.B. bei Hunger und Durst, wurde das Verhalten des Tieres beim Vorhandensein relevanter Anreize untersucht; es war dem Tier freigestellt, sie zu konsumieren oder nicht.

Es ist nicht bekannt, wie die zentralen Mechanismen die konsumatorischen Prozesse in Gang setzen; und noch weniger weiß man darüber, welche Effekte die Reizung bestimmter Gehirnregionen, z.B. der Freß- und Trinkzonen des Hypothalamus, hat, wenn keine Anreize vorhanden sind. Fressen und Trinken kann genauso wie die Paarung nur beim Vorhandensein entsprechender Anreize auftreten. Vollständige Kenntnisse darüber, wie zentrale Zustände das Verhalten regulieren, können nicht erlangt werden, ohne daß weitere Arbeiten unter Bedingungen, in denen keine Anreize vorhanden sind, ausgeführt werden. Wir wissen nicht, ob die Aktivierung von Freß- und Trinkzentren zu einem Verhalten führt, das das Auffinden adäquater Objekte zum Fressen oder Trinken beabsichtigt. Es ist aber möglich, daß man herausfinden wird, daß das Vorhandensein von Anreizen notwendig ist, damit das für die Deprivationsbedingung relevante Verhalten auftreten kann.

Der Leser mag sich fragen, warum wir uns in dieser Diskussion auf Hunger, Durst, Sexualität und Schmerz konzentriert haben und nicht auf andere Verhaltensmuster wie elterliches Verhalten, Nestbauen oder Wanderungen. Es ist eine interessante Tatsache, daß besonders Hunger und Durst die Bedingungen waren, die im psychologischen Laboratorium vorwiegend untersucht wurden. Dies war vielleicht der Fall, weil sie leicht durch Deprivation manipuliert werden können, während mütterliches Verhalten z.B. bei den Tieren, mit denen man im allgemeinen im Labor arbeitet, weitgehend auf der Gegenwart von Jungen und dem vorausgehenden Auftreten der Schwangerschaft und des Gebärens zu beruhen scheint. Weiterhin wurden viele Arbeiten, die Deprivation von Nahrung und Wasser beinhalteten, ausgeführt, um die Bedeutung motivationaler Bedingungen für das Lernen und die Ausübung des Gelernten zu untersuchen. Wahrscheinlich glaubten die Forscher, daß Hunger und Durst für alle motivationalen Bedingungen repräsentativ seien und daß daher die darüber erhaltenen Befunde die Grundlage für eine allgemeine Motivationstheorie bilden könnten. Da man mit den Bedingungen Hunger und Durst leicht arbeiten kann, war es sinnvoll, sie stärker als die anderen erwähnten Zustände anzuwenden.

Die Grenzen, die man bei der Triebtheorie gefunden hat und der Komplex von Faktoren, von denen man nun weiß, daß sie Hunger und Durst zugrunde liegen, hat den Forschern in gewissem Sinne die Freiheit gegeben, nicht nur die Mechanismen von Hunger und Durst, sondern ebenso die von sexuellem und elterlichem Verhalten zu erforschen. Zusätzlich hat der Einfluß der Ethologen dem Konzept von angeborenen Verhaltensmustern wieder zu Ansehen verholfen und das Problem aufgeworfen, wie sie kontrolliert werden. Solche Interessen haben die Orientierung der Forscher verändert, die sich für die biologischen Ursachen der Motivation interessieren. Anstatt sich mit der Formulierung allgemeiner Triebmechanismen zu befassen, erkennen sie nun, daß jedes motivierte Verhalten an sich wert ist, untersucht zu werden; das komplexe Netzwerk regulierender Prozesse, das in einem Fall mitwirkt, kann sich sehr stark von der Struktur in einem anderen Fall unterscheiden.

Ich vermute, daß die zukünftige Untersuchung der Motivation zu detaillierteren Darstellungen der Mechanismen führen wird, die spezifischen konsumatorischen Verhaltensweisen zugrunde liegen, und daß es sich erweisen wird, daß die Idee der Motivation für sie nicht sehr nützlich ist. Es scheint andere Gebiete zu geben, auf denen man allgemeinere Kenntnisse über die Motivation erhalten kann; diese Gebiete werden in den nächsten Kapiteln diskutiert.

4. Kapitel
Die Emotionen

Emotionen sind oft mit der Motivation verbunden; auch in diesem Buch wird diese Verbindung hergestellt. Die Gründe für diese Verbindung sind nicht vollkommen klar; wir können aber eine Anzahl möglicher Gründe angeben, die alle eine Beziehung von emotionalen Zuständen zum Verhalten implizieren. Gefühle wie Furcht, Trauer, Zorn, Freude, Stolz oder Liebe können unsere Wahrnehmung der Welt beherrschen und unserem Verhalten einen speziellen Charakter verleihen. Im Zustand der Trauer z.B. sind wir niedergeschlagen und deprimiert; unser Verhalten kann durch Weinen, den Verlust des Interesses an vielen Aspekten unserer Umwelt und verlangsamte und verminderte Reaktionen auf Dinge und Menschen, für die wir normalerweise empfänglich sind, gekennzeichnet sein. Eine Emotion wie Trauer ist also mit wesentlichen Veränderungen in der Art unserer Handlungen und Gefühle verbunden. Die emotionale Reaktion kann in Verbindung mit einem äußeren Ereignis entstehen, aber sie dauert dann längere Zeit an und umfaßt auch innere Aspekte, auf die wir uns beziehen, wenn wir unsere Gefühle beschreiben.

Diese Veränderungen im Verhalten sind den Änderungen, die motivierte Zustände begleiten, ähnlich, obwohl es natürlich Unterschiede gibt. Weiterhin scheinen sowohl Emotionen als auch Motivationen einen irrationalen Charakter zu haben — in einem emotionalen Zustand kann man die Kontrolle über sich selbst verlieren, gerade so, wie man von einem starken Motiv sagen könnte, daß es dem Individuum eine Verhaltensweise aufzwingt. Viele Motive können eine emotionale Komponente haben; dies ist z.B. der Fall, wenn das Motiv der Aggression aus Zorn oder Feindseligkeit entsteht oder wenn sexuelle Motive Elemente der Liebe enthalten. Auch Emotionen scheinen manchmal wie Motive zu wirken; z.B. kann die Freude daran, etwas zustande zu bringen, der Leistung eines Menschen zugrunde liegen. Motive und Emotionen stehen also in enger Beziehung zueinander.

Emotionen unterscheiden sich jedoch in zweierlei Hinsicht von der Motivation. Wir sagen, jemand sieht ärgerlich, furchtsam oder verliebt aus. Es ist nicht üblich zu sagen, jemand sehe hungrig oder durstig aus. Offensichtlich werden Emotionen durch das Gesicht, die Haltung oder durch andere Bewegungen ausgedrückt. Wir sagen normalerweise: »Ich habe Hunger« oder »Ich habe Durst«; wir sagen aber kaum, daß wir uns hungrig oder durstig fühlen. Zwar gibt es auch solche Redewendungen, aber sie scheinen weniger natürlich als die Äußerungen über Emotionen zu sein. Zusammenfassend kann man also sagen, daß Emotionen durch ihre offensichtlichen Manifestationen und durch Feststellungen darüber, wie man sich fühlt, charakterisiert werden. Diese Kennzeichen sind für Motive nicht besonders charakteristisch.

Wir haben nun bisher in diesem Kapitel zwar die Zustände charakterisiert, für die wir das Wort »Emotion« gebrauchen, aber wir haben dieses Wort nicht definiert. Es scheint neben den Manifestationen im Handeln oder in verbalen Gefühlsäußerungen keine befriedigende Definition des Begriffs Emotion zu geben. Manchmal hat man Emotionen als »aufgerüttelte« Zustände definiert, die das Verhalten durcheinander bringen, aber diese Definition scheint zu eng zu sein. Manchmal wird bei der Definition die kurze Dauer des emotionalen Zustandes hervorgehoben, aber es ist durchaus auch möglich, von chronischen emotionalen Zuständen zu sprechen.

Wenn es also so schwierig ist, das Wort Emotion zu definieren, warum benutzen wir dann weiterhin diesen Begriff? Die Antwort auf diese Frage könnte sein, daß der Begriff, auch wenn er unpräzise ist, trotzdem eine nützliche Kategorie des Verhaltens und der Erfahrung darstellt; wir zögern daher, diesen Begriff aus unserem Vokabular zu eliminieren. Wahrscheinlich ist es am klügsten, Streitgespräche über Terminologie zu vermeiden und zu diskutieren, was wir über die Prozesse wissen, die in Beziehung zu der breiten Kategorie von Ereignissen stehen, die wir als Emotionen bezeichnen.

In diesem Zusammenhang sei auch kurz erwähnt, daß einige Psychologen versucht haben, auf das Wort Emotion überhaupt zu verzichten (z. B. Duffy 1941, 1948). An seine Stelle haben sie eine Dimension der Aktivierung gesetzt, die von geringer bis zu starker Aktivierung reicht (Duffy 1962). Sie glauben, daß das Kontinuum der Aktivierung vieles von dem, was wir mit dem Wort Emotion meinen, enthält. Alles Übrige sei sowieso durch die Situation bestimmt und daher kein konstantes Merkmal der sogenannten emotionalen Zustände. Wir werden uns später in diesem Kapitel näher mit dieser Interpretation beschäftigen. Hier nur so viel: Aktivierungstheoretiker weisen zwar auf einige wichtige und interessante Sachverhalte hin, aber ihre Versuche, den Begriff Emotion aus dem psychologischen Vokabular auszuscheiden, waren nicht erfolgreich. Emotion wird auch weiterhin als ein »Begriff für Kapitel-Überschriften« gebraucht, wie George Mandler (1962) sagt: ein Begriff, der Phänomene, Beobachtungen und Untersuchungen, die anscheinend aufeinander bezogen sind, zusammenfaßt. In gewissem Sinne ist auch Motivation ein solcher Begriff. Der Sachverhalt, daß Motivation und Emotion hier in dem gleichen Buch behandelt werden, soll auf den Zusammenhang der verschiedenen Phänomene hinweisen, die durch die beiden Begriffe bezeichnet werden.

Frühe Theorien

Wenn wir eine Emotion erleben, sind wir uns oft Empfindungen und Gefühlen in verschiedenen Teilen des Körpers bewußt. So können wir z.B. Schwitzen, Kontraktionen des Magens und anderer Eingeweide und Spannung in der Skelettmuskulatur empfinden oder heftig zittern. Der gesunde Menschenverstand interpretiert diese Vorgänge so, daß sie durch eine Emotion verursacht werden oder diese begleiten, daß die Emotion selbst aber etwas anderes ist. 1884 postulierte William James, daß die physiologischen Veränderungen die Basis der emotionalen Erfahrung bilden — daß wir uns also fürchten, weil wir weglaufen, daß wir traurig sind, weil wir weinen. Nach James ist die Wahrnehmung der körperlichen Veränderungen mit der Emotion identisch. Ungefähr zur gleichen Zeit kam der dänische Forscher Carl Lange zu ähnlichen Folgerungen, er betonte besonders die Rolle von Gefäßveränderungen. Diese Sichtweise von Emotionen bezeichnet man heute als die James-Lange-Theorie (siehe Abb. 8).

Für eine alternative Sichtweise trat Walter B. Cannon (1929) ein, der gegenüber der James-Lange-Theorie mehrere Einwände äußerte. Cannon führte eine Reihe von Argumenten auf, die dem Standpunkt von James widersprechen: Das emotionale Erleben hält unverändert an, selbst wenn das Bewußtsein körperlicher Veränderungen sehr vermindert oder sogar verschwunden ist; die körperlichen Prozesse scheinen sich bei verschiedenen Emotionen nicht zu unterscheiden, obwohl wir im allgemeinen wissen, welches Gefühl wir erleben; die Aktivitä-

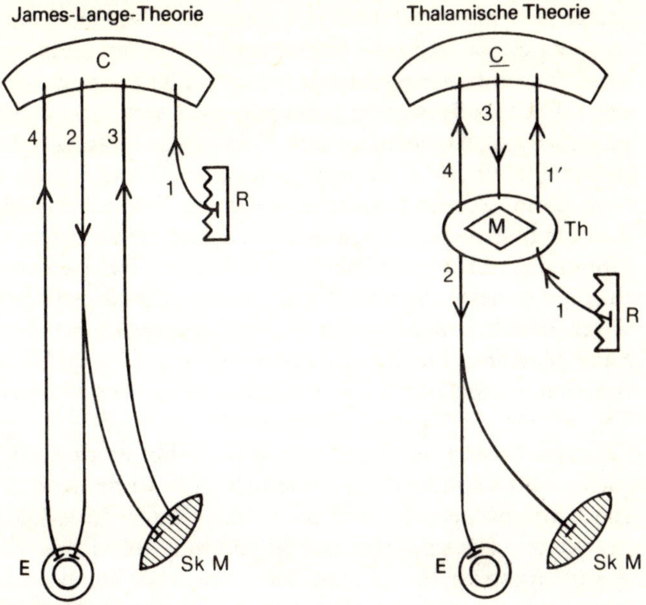

Abb. 8: Diagrammartige Darstellungen der James-Lange-Theorie und der Thalamischen Theorie der Emotionen. R stellt einen Rezeptor dar, C den zerebralen Cortex, E die Eingeweide, SkM die Skelettmuskeln. Th den Thalamus und M bedeutet Muster. Die Linien stellen Nervenbahnen dar, wobei die Pfeile die Richtung der Impulse anzeigen. Die Linie rechts im Diagramm der Thalamischen Theorie stellt eine Nervenbahn mit hemmender Funktion dar. Aus Lindsley, D. B.: Emotion, in: S. S. Stevens (Ed.): Handbook of experimental psychology, New York, John Wiley & Sons, Inc., 1951, S. 473 - 516, S. 502, Abb. 8. Ursprünglich von Cannon 1931.

ten der Eingeweide werden nicht sehr genau wahrgenommen und die Eingeweide selbst sind nicht gut mit Nerven ausgestattet; das Auftreten von Eingeweideveränderungen erfordert Zeit, während unser Erleben einer Emotion oft sehr schnell auftritt; wenn man Veränderungen in den Eingeweiden, etwa durch die Injektion von Adrenalin, hervorruft, ist das resultierende Erleben keine echte Emotion: Manche Leute sagen dann z.B.: »Ich fühle mich, als ob ich Angst hätte«, aber sie wissen, daß sie keine Angst haben.

Cannons Einwände gegen die James-Lange-Theorie sind nicht alle gerade glücklich gewählt, aber er glaubte, daß eine alternative Theorie nötig sei. Er stellte im wesentlichen zwei Annahmen über Emotionen auf. Die eine ist funktional, die andere befaßt sich mit der Natur von Emotionen. Cannon (1939) postulierte, daß sich der sympathische Zweig des autonomen Nervensystems als eine Einheit entladen könnte, wenn es für den Körper bei Bedrohung notwendig wäre, sich auf eine heftige Muskelaktivität vorzubereiten. Dies ist seine »Notfall-Theorie« der Emotionen; der Effekt der sympathischen Erregung besteht darin, Zucker freizusetzen, die Atmung zu verstärken und das Blut von den Eingeweiden zu dem Herzen, dem Gehirn und der Skelettmuskulatur zu befördern. Der parasympathische Teil des autonomen Nervensystems, der körperliche Reserven bewahrt, würde unter den Bedingungen einer Bedrohung gehemmt. Die Notfall-Theorie stößt auf einige Schwierigkeiten; sie war allerdings auch kein zentraler Bestandteil der Theorie über die Natur von Emotionen.

Cannons Theorie der Emotionen (siehe Abb. 8) wurde 1927 (siehe auch Cannon 1929) aufgestellt und wurde dann 1934 von Bard erweitert; sie wird oft als die Cannon-Bard-Theorie bezeichnet. Die grundlegende Behauptung ist, daß Impulse durch sensorische Nerven zum Cortex wandern. Wenn sie ihrer Natur nach Emotionen hervorrufen, können sie den Cortex dazu anregen, den normalerweise vom Cortex bewirkten Hemmungszustand des Thalamus aufzulösen. Der Thalamus kann sich dann zum Cortex entladen, um ein emotionales Erleben hervorzurufen, und natürlich auch zu den Eingeweiden, um emotionale Ausdruckserscheinungen zu bewirken. Die Hemmung des Thalamus kann auch durch Impulse überwunden werden, die durch sehr starke Reize erzeugt werden und die den Thalamus direkt erreichen. In diesem Fall entlädt sich dann der Thalamus zum Cortex und zu den Eingeweiden.

Es gibt zwar mehrere Einwände, die gegen die Cannon-Bard-Theorie erhoben werden können, aber sie hat ebenso wie die James-Lange-Theorie eine große Anzahl von Untersuchungen angeregt, von denen wir einige in diesem Kapitel besprechen werden. Daneben ist in neuerer Zeit aber auch noch eine weitere Position auf dem Gebiet der Emotionstheorie aufgetaucht, die möglicherweise, wie wir sehen werden, die genannten Theorien ersetzen könnte. Und es gibt weitere, neuere Theorien, die zwar ebenfalls interessant sind, hier aber nicht besprochen werden, da ihr Einfluß nicht so groß war wie der Einfluß der hier berücksichtigten Standpunkte.

Ein anderer theoretischer Streitpunkt, der schon früh Aufmerksamkeit erregte, war die Frage, ob Emotionen angeboren sind. McDougall sprach, wie bereits erwähnt wurde, von angeborenen Emotionen, von denen jede in Verbindung mit einem Instinkt stehe. Aber 1920 berichteten Watson und Rayner von Beobachtungen, die sie zu der Annahme führten, daß nur drei emotionale Verhaltensmuster — Furcht, Wut und Liebe — angeboren sind und daß jedes von ihnen angeborenermaßen nur von einigen Reizen ausgelöst werden kann — Furcht z.B. nur durch laute Geräusche und Verlust der Unterstützung. Sie nahmen an, daß durch Lernen andere emotionale Verhaltensmuster entwickelt werden könnten und daß durch den Lernprozeß auch andere Reize zu Auslösern von Gefühlsreaktionen werden könnten. Das Lernen wird immer noch als bedeutsam für die Entwicklung der Emotionen und der Reize, die sie hervorrufen, angesehen, aber ungelernte Komponenten scheinen nach dem heutigen Wissensstand größere Bedeutung zu haben, als Watson ihnen zuschrieb.

Physiologische Reaktionsmuster und neurale Mechanismen

Nach der James-Lange-Theorie, die viszerale Veränderungen für die Grundlage von Emotionen hielt, mußte man annehmen, daß unterschiedliche Emotionen mit unterschiedlichen physiologischen Reaktionsmustern verbunden sind. Die Cannon-Bard-Theorie hielt die Aktivität des Thalamus für den zentralen Bestandteil von Emotionen. Beide Ansichten haben zu einer großen Anzahl von Untersuchungen geführt, denen wir uns nun zuwenden.

Physiologische Reaktionsmuster

Drei von Cannons fünf Einwänden gegen die James-Lange-Theorie scheinen am geeignetsten, diese Theorie zu entkräften; wir diskutieren hier zwei dieser Argumente und stellen die Analyse des dritten Arguments für einen späteren Abschnitt zurück. Cannons erstes Argument basierte auf Beobachtungen über eine Frau, die sich bei einem Sturz vom Pferd den Hals gebrochen hatte (Dana 1921). Die Folge ihrer Verletzungen war, daß sie gelähmt war und vom Hals abwärts keine Haut- oder Körperempfindungen mehr hatte. Sie war sich daher viszeraler Veränderungen nicht bewußt. Trotzdem berichtete sie aber, daß sie in dem Jahr nach dem Unfall normale Emotionen wie Trauer, Freude, Verdruß und Zuneigung erlebte. Auch Patienten, die Sympathektomien erlebt haben, berichten noch von emotionalen Reaktionen. Solche Belege scheinen die James-Lange-Theorie zu entkräften.

Diese Belege stammen jedoch von Menschen, die vor ihrem Unfall oder ihrer Operation normal waren; es ist möglich, daß vorheriges Lernen in irgendeiner Weise ihr Erleben von Emotionen trotz des Fehlens einer vollständigen und geeigneten Rückkoppelung viszeraler Empfindungen aufrechterhalten hat. Diese Interpretation erhält eine gewisse indirekte Unterstützung durch die Experimente mit Tieren beim Vermeidungslernen. Wenn das sympathische Nervensystem durch eine Operation funktionsunfähig gemacht wird, ist es schwierig, wenn nicht gar unmöglich, Vermeidungsreaktionen zu lernen (Wynne & Solomon 1955). Die Sympathektomie beeinträchtigt jedoch die Aufrechterhaltung des Vermeidungsverhaltens nicht, wenn es vor der Operation gelernt wurde.

Ein anderes Argument von Cannon besagt, daß man qualitativ unterschiedliche Emotionen nicht auf der Basis viszeraler Reaktionen voneinander unterscheiden kann. Ein großes Ausmaß an Forschungsarbeit wurde dem Versuch gewidmet, Muster von Reaktionen zu entdecken, die für jede einzelne Emotion spezifisch sind. Zu den untersuchten Reaktionen gehörten die Änderungen des Hautwiderstands, die Aktivität des Herzens und des Gefäßsystems, Atmung, Muskelspannung, Stoffwechselumsatz, Pupillenerweiterung usw. Aber bei dem Versuch, bei Reaktionen oder Reaktionsmustern ausgeprägte Unterschiede zwischen verschiedenen emotionalen Zuständen zu finden, hatte man nur geringen Erfolg. Zwar gibt es Untersuchungen, nach denen Zorn und Furcht geringfügig unterschiedliche physiologische Reaktionsmuster aufweisen, aber über diese Unterscheidung hinaus kann nichts zur Unterstützung der James-Lange-Theorie angeführt werden (Grossman 1967, S. 502 — 515). Ein Grund für den Fehlschlag bei der Suche nach allgemeinen Reaktionsmustern von Individuen ist die Tatsache, daß sich die Menschen in ihren Reaktionen auf Streß unterscheiden (Lacey 1950). So kann eine Person z.B. hauptsächlich mit Reaktionen des Herzens reagieren, während eine andere mit dem Magen reagiert. Ebenso kann die Reizsituation die Muster der physiologischen Reaktion zumindest teilweise beeinflussen.

Trotzdem erwarten manche Forscher immer noch, daß physiologische Reaktionsmuster, die die Emotionen unterscheiden, gefunden werden können. Die Frage ist also noch nicht entschieden. Es wurde jedoch eine Interpretation der Emotionen ausgearbeitet, die auf undifferenzierten physiologischen Reaktionsmustern beruht; sie wird später dargestellt.

Neurale Mechanismen

Die Cannon-Bard-Theorie wies auf die Bedeutung des zentralen Nervensystems, insbesondere des Thalamus, für die Emotionen hin. Ein großer Teil der Forschungsbemühungen (siehe Grossman 1967, S. 518 — 550, an dem sich die folgende Darstellung orientiert) hatte das Ziel, die Mitwirkung verschiedener neuraler Strukturen bei der Entstehung von Emotionen zu enträtseln. Die Ergebnisse zeigen insgesamt eine sehr komplexe Situation, die ziemlich unkar ist. Eines ist jedoch ziemlich sicher, nämlich, daß der Thalamus, dessen Bedeutung Cannon betonte, nicht wesentlich für die Emotionen ist. Eine andere sichere Erkenntnis ist, daß der zerebrale Cortex nicht nur einen hemmenden Einfluß auf Emotionen hat, wie Cannon annahm, sondern daß er auch einen erregenden Einfluß hat oder haben kann.

Bei Wirbeltieren und bei Tieren, bei denen die Medulla oblongata ebenfalls vorhanden ist, können einige Reaktionen, die durch das autonome Nervensystem vermittelt werden, ausgelöst werden, die man als »emotional« bezeichnen kann. Auch das enthirnte Tier, dem sehr viele Nervenzentren fehlen, kann eine emotionale Reaktion zeigen, die man als »Wut« bezeichnet. Man nennt diese Reaktion Wut, weil sie diesem Gefühlsausdruck ähnelt, aber die gezeigten Verhaltensmuster des Angriffs sind nicht gut koordiniert oder ausgerichtet. Die Reaktion wird zwar durch Reize hervorgerufen, aber sie ist nur kurz. Man kann hier ein manifestes Verhaltensmuster beobachten, das ungefähr so wie der Ausdruck von Wut aussieht. Bei Tieren gibt es natürlich keine Möglichkeit zu bestimmen, ob es auch ein Erleben der Emotion gibt.

Tiere, denen der Cortex entfernt wurde, zeigen »Wut«-Reaktionen auch auf harmlose Reize. Man hat dieses Verhalten mit dem Begriff Schein-Wut bezeichnet, aber es entspricht eher der Wut eines normalen Tieres; das Verhalten ist nur nicht eindeutig auf den auslösenden Reiz gerichtet. Es ist wahrscheinlich, daß diese Reaktionen durch hypothalamische Strukturen gesteuert werden. Die direkte elektrische Reizung von Abschnitten des Hypothalamus ruft Wutreaktionen zusammen mit Angriffs- oder auch Verteidigungs- und Fluchtreaktionen hervor. Es scheint also, daß der Hypothalamus für Emotionen eine wichtigere Rolle spielt als der Thalamus.

Gewiß wirken hypothalamische Strukturen bei den Emotionen mit, aber im allgemeinen scheinen auch höhere Instanzen des Gehirns bei der Regulierung von emotionalem Verhalten mitzuwirken. (Einige Forscher nehmen an, daß auch das »Erleben« von Emotionen dort auftritt). Zur Zeit kann jedoch keine völlig befriedigende Darstellung über das Verhältnis von Cortex und Emotionen gegeben werden. Die Reizung und Verletzungen verschiedener Zonen und Strukturen des Cortex haben auf emotionales Verhalten unterschiedliche Wirkungen, manchmal verstärken sie es, manchmal wird es vermindert. Offensichtlich ist das Mitwirken des Cortex bei emotionalem Verhalten zu kompex, als daß es aufgrund der gegenwärtig vorliegenden begrenzten Informationen verstanden werden könnte.

Die Aktivierungs- oder Erregungstheorie

Wie wir schon früher in diesem Kapitel erwähnt haben, gibt es keine befriedigende Definition des Begriffs Emotion. Jahrelang haben Autoren behauptet, daß das Wort ohne eine Definition nutzlos sei; sie bestanden darauf, daß es ersetzt werden sollte. Im allgemeinen herrscht aber Übereinstimmung darüber, daß die Verwendung des Wortes Emotion die Tatsache bezeichnet, daß jemand in einem bestimmten Ausmaß erregt ist. Elizabeth Duffy (1962), Harold Schlosberg (1954), Donald Hebb (1955), Robert Malmo (1959) und Donald Lindsley (1951) nahmen nun an, daß das Niveau der Erregung (oder Aktivierung) den Rahmen für die Diskussion emotionaler Phänomene liefert, so daß das Wort Emotion überhaupt nicht gebraucht wird.

Etwas von der Bedeutung des Begriffs Erregung wird verständlich, wenn wir an die Diskussion physiologischer Reaktionsmuster zurückdenken. Wir haben dort gesagt, daß die Bemühungen, Reaktionsmuster zu finden, die für verschiedene Emotionen charakteristisch sind, wenig erfolgreich waren, aber implizit haben wir angedeutet, daß es physiologische Veränderungen gibt, die Emotionen begleiten. Es gibt Veränderungen in der Atmung, der Herzfrequenz, dem Blutdruck, der Muskelspannung, dem elektrischen Hautwiderstand usw.; diese Veränderungen sind Indikatoren für einen erregten oder aktivierten Zustand.

Den deutlichsten Ausdruck der Aktivierungstheorie findet man in der Darstellung von Lindsley (1951) in Verbindung mit dem Elektroenzephalogramm (EEG). Das EEG ist eine Aufzeichnung der elektrischen Aktivitäten des Gehirns. Man erhält es, indem man Elektroden auf der Kopfhaut befestigt, die Potentiale verstärkt und sie registriert. Die Aufzeichnung zeigt eine unregelmäßige Linie, die aus Oszillationen oder Wellen besteht. Die Wellen können sich sowohl in der Frequenz als auch in der Amplitude oder Form unterscheiden.

Ein charakteristisches Wellenmuster ist der Alpha-Rhythmus. Die Frequenz dieses Rhythmus reicht von 10 bis 14 Wellen pro Sekunde; die Wellen haben eine mäßige Amplitude. Man hat unter bestimmten Bedingungen im EEG einen schnellen Rhythmus mit niedriger Amplitude und mehrere andere Wellenmuster gefunden.

Den Alpha-Rhythmus registriert man normalerweise bei einer Person, die mit geschlossenen Augen daliegt. Sie ist wach, aber psychisch entspannt und nur geringfügig äußeren Reizungen ausgesetzt. Der schnelle Rhythmus tritt auf, wenn die Person versucht, ein Problem im Kopf zu lösen oder wenn sie einer Reizung, wie einem Licht oder Geräusch, ausgesetzt wird. Ebenso stehen auch emotionale Zustände mit dem schnellen Rhythmus mit niedriger Amplitude in Verbindung. Der langsamere Rhythmus mit großer Amplitude tritt auf, wenn die Person schläfrig wird und dann in tiefen Schlaf fällt. Lindsley wies darauf hin, daß es diese unterschiedlichen EEG-Typen gibt und daß sie verschiedenen Graden von Erregung entsprechen (siehe Abb. 9).

Von diesem Standpunkt aus sind Emotionen also Zustände der Erregung, was durch den schnellen Rhythmus im EEG und durch andere physiologische Maße wie die früher genannten angedeutet wird. Die verschiedenen Emotionen können auf der Basis des EEG nicht erfolgreicher als durch die anderen physiologischen Reaktionsmuster unterschieden werden. Die Aktivierungstheorektiker wie z. B. Duffy (1941, 1948) nahmen an, daß das Wissen einer Person von der Situation, in der sie einen Erregungszustand erlebt, die Grundlage für das Erleben

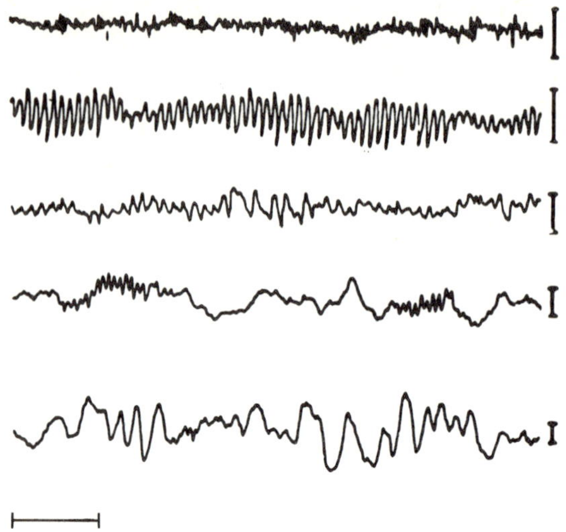

Abb. 9: Muster eines normalen EEG, vom tiefen Schlaf bis zu Wachheit und Erregung. Aus Lindsley, D.B.: Psychophysiology and motivation, in: M.R. Jones (Ed.): Nebraska symposium on motivation 1957, S. 67, Abb. 5. Mit Erlaubnis der University of Nebraska Press.

ganz bestimmter Emotionen bildet. Wir werden gleich mehr zu diesem Punkt zu sagen haben.

Es ist klar, daß unser Verhalten bei sehr intensiven emotionalen Zuständen wie z.B. Manie nicht sehr wirksam oder gut organisiert ist. Ebenso können wir nur wenig zustande bringen, wenn wir entspannt oder schläfrig sind oder schlafen. Daher haben Aktivierungstheoretiker postuliert (siehe Schlosberg 1954; Hebb 1955), daß es ein Erregungsniveau gibt, das im Sinne der Effizienz des Verhaltens optimal ist; dieses Niveau liegt in der Mitte zwischen den Extremen Schläfrigkeit und Aufregung. Wenn man die Kurve für diese Beziehung aufzeichnet, erhält man ein umgekehrtes U. Weiterhin nahmen diese Autoren an, daß das optimale Niveau angenehmer und erstrebenswerter wäre als die anderen Erregungsniveaus. Daher sollte man eine Zunahme der Erregung suchen und durch sie belohnt werden, wenn das gegenwärtige Niveau niedrig ist, und eine Abnahme der Erregung suchen und dadurch belohnt werden, wenn das gegenwärtige Niveau über dem Optimum liegt.

Die Aktivierungstheorie stellt also eine mögliche Betrachtungsweise von Emotionen dar. Im nächsten Abschnitt des Kapitels werden wir die situativen Faktoren besprechen, die bestimmen, welche Emotion wir erleben. Außerdem ist die Aktivierungstheorie ein Ansatz zur Definition von Bedingungen, die den Belohnungswert von Reizen bestimmen. Mit diesem Thema werden wir uns im nächsten Kapitel und im 7.Kapitel beschäftigen. Ferner postuliert die Aktivierungstheorie einige Bedingungen für die effektive Ausführung von Handlungen; sie ist mit einer bestimmten Auffassung vom Nervensystem verbunden: Diese beiden Punkte wollen wir im folgenden besprechen, den zweiten zuerst.

1949 entdeckten Moruzzi und Magoun, daß die elektrische Reizung der Formatio reticularis im Gehirnstamm eine Veränderung im EEG von einem entspannten oder schläfrigen Muster zum schnellen Rhythmus gespannter Aufmerksamkeit hervorruft. Verletzungen in dieser Struktur rufen die entgegengesetzten Veränderungen hervor, statt schnellem Rhythmus treten nur noch langsame Wellen auf; bei den extremsten Verletzungen beobachtet man ein Muster, das für den Schlaf charakteristisch ist (Lindsley, Bowden & Magoun 1949). Die Formatio reticularis ist ein Netzwerk von Neuronen im Hirnstamm, das sich von der Medulla bis zum Thalamus ausdehnt (siehe Abb. 10). Sie sendet Nervenimpulse hoch zum Cortex und hinunter zur Muskulatur und zum autonomen Nervensystem;

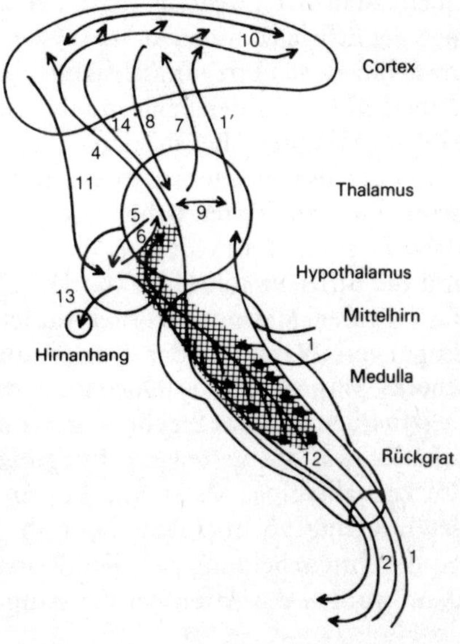

Abb. 10: Lage der Formatio reticularis (schraffiert). Die bezifferten Linien beziehen sich auf verschiedene Durchgänge und Zwischenverbindungen. Nach Lindsley, D.B.: Emotion, in: S.S. Stevens (Ed.): Handbook of experimental psychology, 1951, S. 507, Abb. 9. Mit Erlaubnis von John Wiley & Sons, Inc.

sie erhält von den meisten sensorischen Nerven (durch Kollateralen) und von dem Cortex Impulse. Die Bedeutung dieser Struktur für die Aktivierungstheorie liegt in ihrer diffusen Stimulation des Cortex; d. h. man nimmt an, daß ihre Impulse den Cortex stimulieren oder erregen. Man nimmt weiterhin an, und dies ist höchst bedeutsam, daß der Cortex nur wirksam funktionieren kann, wenn er sich durch die reticuläre Aktivierung in einem erregten Zustand befindet. Diese Auffassungen gaben den Annahmen der Erregungstheoretiker über die Beziehung zwischen Erregungsniveau und Verhaltenseffizienz eine neurologische Grundlage.

Das Wissen, das in den Jahrzehnten seit der Entdeckung von Moruzzi und Magoun angesammelt worden ist, hat nun zwar gezeigt, daß die Formatio reticularis komplexer ist, als man dachte, und daß der Cortex nicht nur durch sie aktiviert werden kann (Grossman 1967, Kapitel 5). Trotzdem hatte und hat die Theorie immer noch eine beträchtliche Bedeutung für einige Motivationsprobleme, wie in späteren Kapiteln gezeigt wird.

Es gibt Belege dafür, daß sich die Effizienz des Verhaltens in Abhängigkeit vom Erregungsniveau verändert, wie es die Aktivierungstheorie voraussagt, obwohl es auch hier Probleme gibt. So fand Freemann (1940) die erwartete Beziehung in Form eines umgekehrten U zwischen der Leitfähigkeit der Haut, einem Maß der Erregung, und den Reaktionszeiten, einem Maß der Effizienz. Stennett (1957) ließ seine Versuchspersonen in verschiedenen Erregungszuständen, die durch Instruktionen herbeigeführt wurden, eine motorische Geschicklichkeitsaufgabe durchführen. Bei mittlerer Erregung waren die Leistungen besser als bei extremen Erregungsniveaus. In mehreren Experimenten mit Tieren haben Forscher (Bélanger & Feldmann 1962; Dufresne 1961) die Erregung mit Hilfe der Herzfrequenz und die Effizienz mit Hilfe von Hebeldrücken gemessen und diese beiden Messungen unter variierenden Deprivationsbedingungen (Nahrung oder Wasser) und Stärken von Elektroschocks vorgenommen (Ducharme & Bélanger 1961). Die Herzfrequenz, so das Ergebnis, steigt bei Deprivation und bei Schocks, was auf gesteigerte Erregung hinweist. Das Hebeldrücken allerdings steigt nur bis zu einem mittleren Grad der Erregung an und fällt dann ab. Fuster (1958) ließ Affen die Unterscheidung zwischen Paaren von Objekten lernen. Dann wurden die Affen bei der Aufgabe getestet, wobei die

Objekte nur sehr kurz beleuchtet wurden. Während einiger Tests wurde die Formatio reticularis durch eingepflanzte Elektroden gereizt; die Anzahl korrekter Wahlen und die Reaktionsgeschwindigkeit verbesserten sich, wenn die Tiere stimuliert wurden, im Vergleich zu Kontrolltests ohne Stimulation.
Diese Ergebnisse liefern nun zwar wichtige Bestätigungen für die Erwartungen der Aktivierungstheorie, aber es gibt, wie schon erwähnt wurde, einige Probleme (siehe Lacey 1967; Malmo & Bélanger, 1967). Ein Problem besteht darin, daß die verschiedenen Maße, die als Indikator für Erregung benutzt werden, nicht sehr gut miteinander übereinstimmen. Natürlich sind es nicht gerade alternative Möglichkeiten, um den gleichen Erregungszustand zu messen, aber im Moment gibt es keine befriedigende Basis, auf der man ein Maß dem anderen vorziehen könnte. Es war ebenso möglich, die Aktivierung und die Ausführung von Verhaltensweisen zu trennen. In einer Untersuchung wurden z. B. dem hinteren Hypothalamus von Katzen Verletzungen zugefügt; viele Katzen waren nach dieser Behandlung schläfrig und blieben es auch, wenn die Formatio reticularis gereizt wurde. (Die Registrierung der elektrischen Aktivität des Gehirns zeigte schnelle Wellen.) In einem anderen Experiment wurde einer von zwei Gruppen von Tieren Meprobamat gegeben; beide Gruppen wurden einer Nahrungsdeprivation ausgesetzt; ihre Herzfrequenz und das Hebeldrücken wurde registriert. In beiden Gruppen nahm das Herztempo mit der Deprivation zu. In der Kontrollgruppe veränderte sich das Hebeldrücken mit der Deprivation. In der Meprobamat-Gruppe war das Hebeldrücken jedoch während verschiedener Deprivationsintervalle konstant, was die Unabhängigkeit von der Erregung zeigt, die mit Hilfe der Herzfrequenz bestimmt wurde.
Neuere Entwicklungen unterstützen die einfache neurologische Basis für die Aktivierungstheorie und die vorausgesagte Beziehung zwischen Erregung und Ausführung von Handlungen nur teilweise. Im nächsten Abschnitt diskutieren wir, in welcher Art die Aktivierungstheorie die qualitativ unterschiedlichen Emotionen erklären könnte.
Bevor wir jedoch zum nächsten Abschnitt übergehen, soll kurz die Tatsache erwähnt werden, daß im Gehirn Norepinephrin, eine dem Epinephrin oder Adrenalin ähnliche Substanz, gefunden wird. Es gibt Grund zu der Annahme, daß diese Substanz bei affektiven Reaktionen allgemeiner Art mitwirkt.

Schildkraut und Kety (1967, S. 28) haben dies folgendermaßen ausgedrückt:

> Die Drogen, die eine Verminderung des Norepinephrins verursachen, rufen zentral Beruhigung oder Depression hervor, während Drogen, die im Gehirn Norepinephrin vermehren oder verstärken, mit der Stimulation des Verhaltens oder Erregung verbunden sind und auf den Menschen gewöhnlich eine antidepressive Wirkung haben.

Kety (1967 a, S. 107; siehe auch 1967 b) wies darauf hin, daß diese Effekte von Norepinephrin (oder anderen Aminen) allgemein sind, d. h., sie sind nicht mit spezifischen emotionalen Zuständen verbunden. Er zitiert die Arbeit von Schachter, die wir im nächsten Abschnitt besprechen, im Hinblick darauf, daß sie auf die Bedeutung kognitiver Faktoren hinweist, die in Verbindung mit Wechselwirkungen zwischen Aminen an bestimmten Stellen des Gehirns bestimmte Emotionen hervorrufen.

Situative Determinanten von Emotionen

Einer von Cannons Einwänden gegen die James-Lange-Theorie lautete, daß die künstliche Erzeugung physiologischer Erregung, z. B. durch eine Adrenalininjektion, bei den meisten Menschen keine echte Emotion hervorruft. Nach solchen Injektionen wird von »Als-ob-Zuständen« berichtet, d.h., die Menschen sagen, sie fühlten sich, als ob sie sich fürchteten oder als ob sie sehr glücklich wären. Stanley Schachter (Schachter & Singer 1962; Schachter 1964) führte eine Reihe von Versuchen mit solchen Injektionen durch, aber er gestaltete die Situation in einer Weise, daß es der Versuchsperson möglich war, ihren Erregungszustand als eine Emotion zu interpretieren. Unter diesen Bedingungen scheinen die Versuchspersonen Emotionen zu erleben und emotional zu handeln. Schachter postuliert daher, daß das Auftreten einer Emotion einen Erregungszustand *und* eine Möglichkeit, den Zustand im Sinne einer Emotion zu interpretieren, voraussetzt. Die Interpretation wird durch die Situation bestimmt. Diese Formulierung erfordert natürlich nicht, daß es für qualitativ unterschiedliche Emotionen charakteristische Erregungsmuster gibt; in Abhängigkeit von der Situation können gleiche oder ähnliche Erregungszustände als unterschiedliche Emotion interpretiert werden.

In dem Experiment von Schachter und Singer wurde den Versuchspersonen gesagt, daß ihre Sehfähigkeit getestet werden sollte, um die Effekte eines Vitaminzusatzes namens Suproxin zu bestimmen. Den Versuchspersonen wurde mit ihrer Zustimmung Suproxin injiziert, und sie wurden gebeten, mit einer anderen Versuchsperson 20 Minuten zu warten, damit das Mittel in die Blutbahn eintreten konnte. Ihre Sehfähigkeit sollte nach der Wartezeit untersucht werden.

Tatsächlich wurde einigen Versuchspersonen Adrenalin injiziert, während andere ein Placebo, die Injektion einer Salzlösung, erhielten. Weiterhin wurden die Versuchspersonen, die Adrenalin erhalten hatten, in die folgenden drei Untergruppen aufgeteilt: Der sogenannten informierten Gruppe wurde gesagt, welche Symptome sie als Nebeneffekte des Suproxin erleben würden; dies waren die tatsächlichen Effekte, die durch Adrenalin normalerweise hervorgerufen werden. Einer zweiten Gruppe wurde nichts über die Effekte der Injektion gesagt; dies ist die unwissende Gruppe. Die dritte Gruppe wurde über die Effekte der Injektion falsch informiert. Man sagte den Mitgliedern der falsch informierten Gruppe, daß sie leichte Kopfschmerzen bekommen könnten, ihre Füße würden einschlafen und sie würden Juckreiz empfinden. Keiner dieser Effekte wird von Adrenalin hervorgerufen, das normalerweise Tremor, ein Hämmern des Herzens und Wärme im Gesicht bewirkt.

Die informierte Gruppe hatte natürlich eine adäquate Interpretation der Symptome, die sie erleben würde, während die unwissende Gruppe keine hatte, und die falsch informierte tatsächlich Symptome erleben würde, die sich von ihren Interpretationen unterschieden. Für die beiden letzteren Gruppen würde dann das Problem auftauchen, ihre Reaktionen zu interpretieren. Schachter stellte soziale Situationen her, die es diesen zwei Gruppen ermöglichen sollten, eine emotionale Interpretation zu geben.

Einige Gruppen warteten unter Bedingungen, die Euphorie oder ein gutes Gefühl hervorrufen sollten. Die Person, mit der die Versuchsperson 20 Minuten lang wartete, war in Wirklichkeit ein Helfer des Versuchsleiters. In der Euphorie-Bedingung sagte er, der fühle sich sehr wohl, in bester Laune warf er mit Papierkugeln, ließ selbstgefaltete Papierflugzeuge segeln usw. In anderen Gruppen war der Helfer ärgerlich; sein Ärger wurde angeblich dadurch verursacht, daß er und die Versuchsperson einen sehr persönlichen Fragebogen ausfüllen mußten. (Bei der Ärger-Bedingung gab es keine falsch informierte Gruppe). Nach dem 20-Minuten Intervall wurde die Versuchsperson unter einem Vorwand gebeten, einige Einschätzskalen auszufüllen, die auch die Einschätzung der eigenen Stimmung beinhalteten. Zusätzlich hatte man die Versuchsperson während der Wartezeit durch einen Einwegspiegel beobachtet, um zu beurteilen, in welchem Ausmaß sie den Ausdruck von Euphorie oder Ärger mit dem Helfer teilte. Im großen und ganzen entsprachen die Ergebnisse (siehe Abb. 11) den Erwartungen.

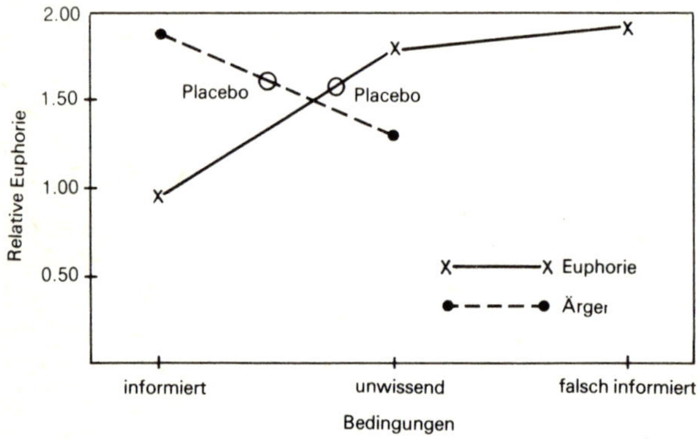

Abb. 11: Darstellung der Ergebnisse von Schachter und Singer. Die Ordinate zeigt relative Euphorie an, d. h. Ausmaß des angegebenen Glücksgefühls minus Ausmaß des angegebenen Ärgers. Weitere Beschreibung siehe Text. Nach Mandler, G.: Emotion, in: R. Brown et al.: New directions in psychology, 1962, S. 282, Abb. 1. Mit Erlaubnis von Holt, Rinehart & Winston, Inc.

Die informierte Gruppe zeigte nur eine geringe Verschiebung in Richtung auf eine Stimmung, die der des Helfers ähnlich war, und keine Tendenz, so wie er zu handeln, während das bei der unwissenden und der falsch informierten Gruppe festzustellen war. Die Gesamtresultate der Placebo-Gruppe unterschieden sich von denen der nicht und falsch informierten Gruppen nicht so stark, wie man erwartet hatte. Verschiedene andere Analysen der Daten, bei denen die Ergebnisse von Versuchspersonen aus den nicht und falsch informierten Gruppen, die ihre Reaktionen der Injektion zuschrieben, eliminiert wurden, zeigten stärkere Reaktionen bei den unwissenden und falsch informierten Gruppen als bei der Placebo-Gruppe.

In einem anderen Experiment mit Suproxin wurden die Versuchspersonen gebeten, sich einen Ausschnitt aus einer Slapstick-Komödie anzusehen; ihre Reaktionen auf den Film wurden beobachtet und ausgewertet. Es gab in diesem Falle drei Gruppen. Eine erhielt das Placebo, eine Adrenalin und eine Chlorpromazin, eine Droge, die die Aktivität des sympathischen Nervensystems unterdrückt. Wieder entsprachen die Ergebnisse den Erwartungen. Die Versuchspersonen, denen Adrenalin injiziert worden war, zeigten eine stärkere Reaktion auf den Film als die Placebo-Versuchspersonen, die wiederum stärker als die Versuchspersonen reagierten, denen man Chlorpromazin gegeben hatte. Hier erzeugte die gleiche äußere Situation bei Menschen mit unterschiedlichem physiologischen Erregungszustand unterschiedliche emotionale Reaktionen.
Schachters Experimente zeigen, daß unsere Interpretation der Gründe für unsere Erregung eine entscheidende Rolle dabei spielt, welche Emotion wir erleben. Emotionen sind also ein Gesamtprodukt aus physiologischer Erregung und einer kognitiven Bewertung der Situation, in der die Erregung auftritt. Diese Formulierung unterstützt nicht gerade die James-Lange-Theorie, widerspricht ihr aber auch nicht. Obwohl die Erregung für qualitativ unterschiedliche Emotionen nicht unterschiedlich zu sein braucht, stellen Emotionen dennoch eine Interpretation physiologischer Reaktionen dar. Wenn James situative Determinanten stärker betont hätte, würde seine Theorie ziemlich gut zu Schachters Befunden passen. Andererseits betont auch Schachter die Rolle physiologischer Reaktionen. Seine Theorie kann einigen von Cannons Einwänden standhalten, weil die Erregung für unterschiedliche Emotionen die gleiche sein kann, eine große Empfindlichkeit der Eingeweide nicht erforderlich ist und eine induzierte Erregung als eine Emotion interpretiert wird, die der Situation entspricht, in der sie auftritt. Das Vorhandensein von Emotionen ohne viszerale Komponenten, wie bei der früher erwähnten verunglückten Patientin und bei Patienten nach einer Sympathektomie, könnte in diesen Fällen durch früheres Lernen erklärbar sein. Dieses Argument steht im Zusammenhang mit Befunden beim Vermeidungslernen von Tieren, bei denen vor oder nach dem Lernen des Vermeidungsproblems eine Sympathektomie ausgeführt wurde. Die kurzen Latenzzeiten des emotionalen Erlebens im Gegensatz zu den längeren Latenzen viszeraler Reaktionen werfen für Schachters Formulierung ein Problem

auf, das wieder durch den Hinweis auf vorhergehendes Lernen gelöst werden könnte. Wir haben es gelernt, gewisse Situationen als emotional zu beschreiben, und können das sehr schnell. Es ist natürlich allgemein bekannt, daß die volle emotionale Erfahrung in Verbindung mit einer Situation nicht unmittelbar auftritt, sondern einige Zeit braucht, um sich zu entwickeln.

Die Dimensionen der Gefühle

In der englischen Sprache gibt es viele Wörter, die Emotionen und Gefühlsschattierungen bezeichnen. Davitz (1969) fand z.B. in *Rogets Thesaurus* 400 Wörter, die anscheinend als Bezeichnung für Emotionen benutzt werden. Es gibt ebenfalls viele Möglichkeiten, Emotionen durch das Gesicht auszudrükken. Es gibt eine Serie gestellter Gesichtsausdrücke, die 72 Bilder enthält, von denen jedes wahrscheinlich eine andere Emotion oder eine andere Schattierung einer Emotion darstellt. Mehrere Autoren haben sich gefragt, wie viele Dimensionen der Gefühle es gibt. Sie nehmen an, daß sich viele Wörter für Emotionen nicht auf unterschiedliche Gefühle beziehen, sondern eher auf Abstufungen der einen oder anderen grundlegenden Dimension. Wir können hier zwei solcher Versuche, die Dimensionen der Gefühle herauszufinden, betrachten, von denen der eine sich mit Gesichtsausdrücken, der andere mit Wörtern, die Emotionen bezeichnen, befaßt. Nebenbei sollte bemerkt werden, daß ähnliche Analysen wahrscheinlich für Haltung, Gang und Gestik ausgeführt werden könnten, die Anzeichen von Emotionen sein können, aber nach meinem Wissen liegen keine adäquaten Analysen dieser Ausdrucksformen vor. Beim Sprechen gibt es ebenfalls Anzeichen für Emotionen wie Zögern, die Wiederholung von Wörtern, Variationen in der Geschwindigkeit und ähnliches. Der begrenzte Umfang der vorliegenden Arbeit läßt aber eine Diskussion dieser Sprachmerkmale nicht zu.

Schlosberg (1954) arbeitete mit einem Satz gestellter Bilder, die verschiedenartige emotionale Gesichtsausdrücke darstellen. Seine Versuchspersonen ordneten die Bilder in Gruppen und plazierten Bilder in die gleiche Gruppe, wenn sie das Gefühl hatten, daß sie eine allgemeine emotionale Kategorie wie Ekel in ähnlicher Weise widerspiegelten. Zusätzlich schätzten die

Versuchspersonen die Bilder nach den Dimensionen angenehme — unangenehme Stimmung und Zuwendung — Ablehnung ein. Vorbereitende Arbeiten ließen vermuten, daß diese beiden Achsen als grundlegend angesehen werden können.
Die Resultate zeigen, daß gewisse grundlegende emotionale Kategorien, denen die Bilder zugeordnet wurden (Verachtung; Liebe — Freude —Glück; Überraschung; Furcht — Leiden; Zorn — Entschlossenheit; Ekel) auf der Peripherie einer ovalen Oberfläche liegen, von der die Hauptkoordinaten angenehme — unangenehme Stimmung und Zuwendung — Ablehnung sind. Abb. 12 zeigt diese Oberfläche. Die meisten der 72 Bil-

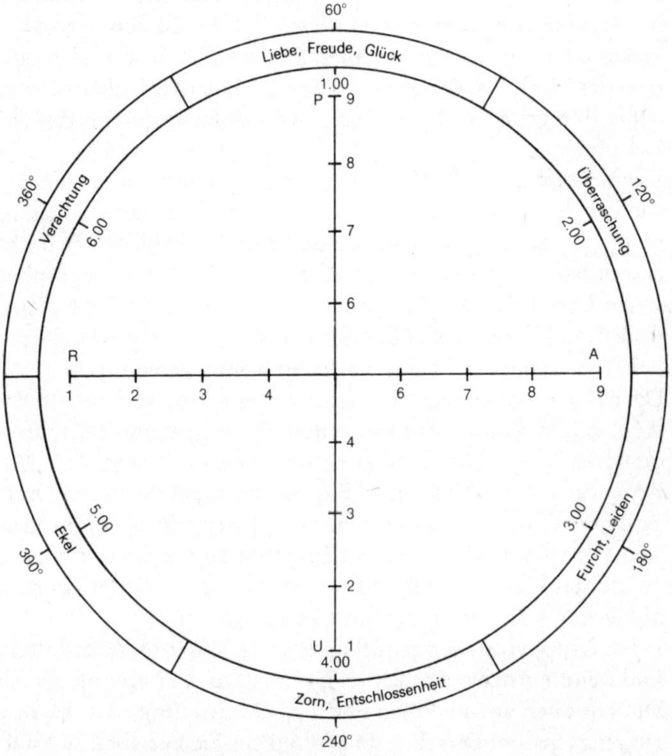

Abb. 12: Beurteilung des emotionalen Wertes von Bildern, die auf einer ovalen Oberfläche lokalisiert wurden. P und U bedeuten angenehm und unangenehm, R und A Ablehnung und Zuwendung. Modifiziert nach Schlosberg, H.: The description of facial expressions in terms of two dimensions, in: Journal of Experimental Psychology, 1952, Bd. 44, S. 232, Abb. 1. Mit Erlaubnis der American Psychological Association.

der, mit denen Schlosbergs Versuchspersonen arbeiteten, finden irgendwo auf der Oberfläche Platz. Es scheint daher, daß zwei Dimensionen einen Rahmen liefern, in dem Gesichtsausdrücke, wie sie durch gestellte Bilder dargestellt werden, lokalisiert werden können. Schlosberg fügte später noch eine dritte Dimension der Aktivierung hinzu, die zur Ebene der ovalen Oberfläche im rechten Winkel stehen würde.

Davitz hat versucht, die Dimensionen zu bestimmen, auf denen Emotionswörter plaziert werden können. Er bat zunächst eine große Anzahl von Personen, emotionale Erlebnisse, die sie gehabt hatten, zu beschreiben. Dann wählte er aus diesem Material eine Liste von 556 Aussagen aus, die eine Art Kontrolliste für Aspekte des emotionalen Erlebens bildet. Zu den Aussagen gehören z.B. die folgende: »Mein Puls geht schneller«; »Ich bin mit der Welt im Frieden«; »Meine Gedanken überstürzen sich«; »Ich gehe aus mir heraus«; »Ich scheine mit mir selbst zu kämpfen«.

Davitz wählte aus der Liste mit 400 Emotionswörtern, die er, wie bereits oben erwähnt wurde, aus dem *Thesaurus* erhalten hatte, 50 aus, die einen weiten und unterschiedlichen Bereich emotionaler Zustände repräsentierten. Er bat 50 Versuchspersonen über jedes der 50 Wörter nachzudenken und die Kontrolliste auf Aussagen zu überprüfen, die ein Erlebnis beschreiben, das sie in bezug auf jedes der 50 Wörter gehabt hatten.

Davitz' Untersuchung hat mehrere Resultate, aber wir müssen uns hier damit zufrieden geben, die allgemeineren Befunde darzustellen. Ein Resultat ist ein Lexikon der emotionalen Bedeutungen der 50 Wörter. Ein anderes Ergebnis ist eine Anzahl von Gruppen, in die sich die 50 Begriffe im Sinne der Items der Kontrolliste, die zur Beschreibung benutzt wurden, einordnen lassen. Es gibt 12 solcher Gruppen, deren Namen mit je einem Beispiel aufgeführt werden (S. 107).

Diese Gruppen stehen natürlich untereinander in Verbindung und weitere Analysen brachten Davitz dazu, vier grundlegende Dimensionen anzunehmen und zwar Aktivierung, Art der Beziehung, hedonischer Ton und Fähigkeit. Sie beziehen sich auf die Gruppen, wie die beigefügte Abbildung zeigt.

In Abb. 13 werden die Gruppen unter Überschriften eingeordnet, die sich aus den statistischen Analysen der Beziehungen zwischen den Gruppen ergaben, während die Dimensionen von Davitz hinzugefügt wurden, um die Reihen zu charakterisieren.

Aktivierung	»Ich bin auf ruhige Weise erregt!«
Geringfügige Aktivierung:	»Ich fühle mich geistig träge.«
Übermäßige Aktivierung:	»Mein Puls geht schneller.«
Auf-etwas-zu-Bewegen:	»Ich möchte einem anderen Menschen helfen, ihn schützen, erfreuen.«
Von-etwas-weg-Bewegen:	»Ich möchte mich zurückziehen ..... allein sein ... «
Gegen-etwas-Bewegen:	»Die Fäuste sind geballt.«
Behagen:	»Eine Art Wohlsein.«
Unbehagen:	»Ich fühle einen Kloß in meiner Kehle.«
Spannung:	»Ich bin innerlich verwundet.«
Gehobene Stimmung:	»Ich habe ein Gefühl der Sicherheit.«
Unfähigkeit - Unzufriedenheit:	»Ich habe ein Gefühl der Schwäche.«
Unzulänglichkeit:	»Ich fühle mich verletzbar und völlig hilflos.«

Es gibt eine gewisse Ähnlichkeit zwischen den Dimensionen von Davitz und den Dimensionen, die andere Autoren postulierten, um dem Bereich der Emotionen eine Ordnung zu ge-

Eine Strukturanalyse von emotionalen Bedeutungsgruppen

Dimension	*Stellung*	*Negativ: Typ 1*	*Negativ: Typ 2*
Aktivierung	Aktivierung	Geringfügige Aktivierung	Übermäßige Aktivierung
Art der Beziehung	Auf-etwas-zu-Bewegen	Von-etwas-weg-Bewegen	Gegen-etwas Bewegen
Hedonischer Ton	Behagen	Unbehagen	Spannung
Fähigkeit	Gehobene Stimmung	Unfähigkeit - Unzufriedenheit	Unzulänglichkeit

Abb. 13: Entnommen aus Davitz, J. R. The language of emotion. New York: The Academic Press, Inc., 1969

ben. Aktivierung ist eine Dimension, mit der wir schon vertraut sind. Die Dimension hedonischer Ton ähnelt Schlosbergs Kontinuum angenehm — unangenehm. Davitz nimmt an, daß Schlosbergs Dimension Zuwendung — Ablehnung der Dimension Art der Beziehung ähnlich ist. Von anderen Autoren postulierte Dimensionen ähneln ebenfalls denen von Davitz. Die Dimension Fähigkeit tauchte z.B. im Kontext der Motivation auf, sie kann aber in dimensionalen Analysen der Emotionen nicht als typisch bezeichnet werden.

Es ist ermutigend, daß es bei Emotionswörtern eine Ordnung gibt und daß sie der Ordnung ähnelt, die man bei Gesichtsausdrücken und Belegmaterial anderer Art gefunden hat (siehe Davitz 1969, S. 132, Tabelle 5 — 1). Obwohl die dimensionale Analyse die Anzahl der Emotionen nicht reduziert, läßt sie vermuten, daß die Emotionen nicht voneinander unabhängig sind, sondern gemeinsame Merkmale enthalten bzw. Grade oder Aspekte grundlegender Dimensionen anzeigen.

5. Kapitel
Äußere Reizung

Ein Hauptproblem für die homöostatische Triebtheorie stellte, wie im 2. Kapitel gezeigt wurde, der Nachweis dar, daß es bei vielen Tieren Explorations-, Manipulations- und Neugierverhalten gibt und daß eine Reduktion der äußeren Reizung häufig eher aversive als anziehende Eigenschaften besitzt. Die ersten Versuche, die diesen Nachweis erbrachten, wurden hauptsächlich im Gegensatz zur homöostatischen Triebtheorie entwickelt, führten dann aber doch wieder zur Annahme von Trieben, und zwar von Trieben zusätzlich zu denen, die die homöostatischen Triebtheoretiker gewöhnlich annahmen. Da weitere Beobachtungen zur Verfügung standen und die alten integriert werden konnten, wurden alternative Interpretationen entwickelt, die durch den Einfluß der Aktivierungs- oder Erregungstheorie gekennzeichnet sind, die wir im letzten Kapitel dargestellt haben.
Im vorliegenden Abschnitt werden die Erkenntnisse über diese Entwicklungen gesammelt und die theoretischen Interpretationen kritisch referiert. Die thematisierten Phänomene scheinen sich aus Veränderungen der äußeren Reizung zu ergeben und deuten daher auf eine unabhängige Funktion dieser Reizung für die Motivation hin, was in der klassischen homöostatischen Triebtheorie nicht angenommen wurde. Manchmal wird der Begriff Neugier im Zusammenhang mit diesem Phänomen benutzt, um eine Klasse von Reizeigenschaften zu kennzeichnen, die die Exploration, die Manipulation und die Erkundung von anregendem Material bewirkt.

Aktivität und Spiel

Bevor wir die Hauptprobleme dieses Kapitels weiter untersuchen, scheint es sinnvoll, daß Phänomen Spiel zu diskutieren und zu fragen, ob es einen Trieb zur Aktivität gibt.
Man kann die Frage stellen, ob es ein Bedürfnis zum Spielen gibt. Beobachtungen an Kindern und an den Jungen vieler Tierarten lassen als gesichert annehmen, daß das Spiel eine wichtige Funktion in ihrem Leben besitzt, was auch aus der Freizeitgestaltung der Erwachsenen deutlich wird, von der gan-

ze Industriezweige in vielen Gesellschaften leben. In den Diskussionen über Motivation wird jedoch das Spiel kaum berücksichtigt, und, wo es behandelt wird, wird es oft als Ausdruck anderer Motive angesehen, nicht als Ausdruck eines selbständigen Spielmotivs.

Wahrscheinlich sind die Handlungen, die wir als »Spiel« bezeichnen, zu verschiedenartig und in gewissem Ausmaß zu willkürlich, um die Annahme stützen zu können, daß sie ein spezifisches Motiv ausdrücken. Was für den einen Spiel bedeutet, kann für den anderen zur Belastung werden, ebenso kann die Arbeit des einen dem anderen zum Hobby oder zur Zerstreuung dienen. Für das Kind kann das Spiel einfach seine »Arbeits«-Rolle bedeuten. Eine solche Vorstellung wird vielleicht in der Bemerkung eines kleinen Kindes ausgedrückt, nachdem es festgesetzt hatte, was zu Hause an einem Morgen geschehen sollte: »Papa muß draußen arbeiten, Mama muß das Haus putzen, und ich muß spielen«. Wahrscheinlich kann man das Spiel nur im Vergleich zur Arbeit definieren. Es stellt möglicherweise nur die Tatsache dar, daß der Mensch in jedem Lebensalter im wachen Zustand beschäftigt, ausgefüllt, tätig oder aktiv sein möchte.

Die Frage lautet also: Gibt es ein Motiv oder einen Trieb, aktiv zu sein, der unabhängig von irgendwelchen anderen Trieben ist? Da aber natürlich nicht alle Quellen, die Aktivität erzeugen könnten, wie Motive, Antriebe oder Reize, eliminiert oder konstant gehalten werden können, ist es schwer, ein solches spezifisches Motiv in reiner Form zu erfassen. Einige Versuche zur Beantwortung dieser Frage wurden mit Tieren gemacht.

Die Aktivität wird dabei im allgemeinen mit einem Aktivitätsrad erforscht, einem Käfig, der sich dreht, wenn das Tier sich darin bewegt, oder indem man das Tier beobachtet und seine Bewegungen aufzeichnet, wenn es im Käfig auf und ab geht oder andere Verhaltensweisen zeigt, wie z.B. sich putzen. Es ist allerdings nur schwer ein allgemeines Merkmal für Aktivität zu finden, da die Messungen am gleichen Tier in mehr als einer dieser Situationen nicht gut miteinander korrelieren. Es können jedoch durch selektive Zucht aktive und inaktive Rattenstämme entwickelt werden (Cofer & Appley 1964, S. 269-277).

Wenn nun Aktivität der Ausdruck eines Triebs ist, dann sollte die Deprivation von Aktivität für eine gewisse Zeit in einem Aktivitätsanstieg nach dieser Deprivation resultieren. Diese Deprivation wurde erreicht, indem das Tier (gewöhnlich eine

Ratte) über mehrere Zeitabschnitte in einem sehr kleinen Käfig eingesperrt wurde. Dabei fanden sich einige Hinweise dafür, daß auf kurze Perioden der Gefangenschaft erhöhte Aktivität folgte, wie es eine Triebkonzeption vorhersagen würde. Es zeigte sich aber auch, daß längere Perioden der Gefangenschaft eine gegensätzliche Wirkung erzeugen, da diese Tiere nach der Gefangenschaft weniger aktiv sind als vergleichbare Kontrolltiere (Hill 1958). Diese Studien liefern also keinen klaren Beweis für einen Aktivitätstrieb, obwohl dessen Existenz nicht völlig ausgeschlossen werden kann.

Wie im 2. Kapitel gezeigt wurde, gibt es Belege dafür, daß Veränderungen in der Aktivität durch Lernen erreicht werden können. Diese Belege zeigen, daß die Aktivität mit der Deprivation von Nahrung anstieg, wenn der angewendete regelmäßige Fütterungsplan es dem Tiere erlaubte, das Nahen der Fütterungszeit zu antizipieren. So haben Bindra und Palfai (1967) in einem kürzlich durchgeführten Experiment Ratten in eine Plastikvorrichtung gesperrt, die die Bewegungsmöglichkeiten der Tiere erheblich einschränkte. An diese Vorrichtung war eine kleine Wassertasse angebracht worden. Während das Tier zurückgehalten wurde, konnten (1) mit Wasser in der Tasse, (2) mit Elektroschocks an den Hinterbeinen oder (3) ohne irgendwelche speziellen Bedingungen Reize gegeben werden. Später konnten im Käfig die gleichen Reize gegeben werden, während das nun nicht mehr zurückgehaltene Tier durstig war. Die Gruppe, die Wasser bekommen hatte, wurde aktiver; diejenige, denen Schocks gegeben worden waren, wurden weniger aktiv; die dritte Gruppe zeigte keine Verhaltensänderungen, als sie die Reize erhielt. Hieraus kann natürlich gefolgert werden, daß Lernen eine Bedingungsgröße für Aktivität sein kann. Doch es ist bemerkenswert, daß die Aktivität im Käfig kaum als spezifische Reaktion auf die Reize gelernt werden konnte, die dem Tier dargeboten wurden, während es zurückgehalten wurde. Die Interpretation der gefundenen Ergebnisse ist über die Erklärung durch Lernen als Bedingungsfaktor hinaus nicht völlig klar. Bindra (1969) nimmt aber an, daß die Reize verbunden mit Wasser oder mit einem Schock die Fähigkeit erlangt haben, einen zentralen Motivationszustand hervorzurufen (siehe Kap. 9).

Klare Beweise für einen unabhängigen Aktivitätstrieb sind spärlich; es wird die sicherste Interpretation sein, Aktivität eher als Ausdruck der allgemeinen Erregung und nicht als spezifischen Trieb zu verstehen. Situationsanreize können für die Veränderung der Aktivität bedeutsam sein. Die Erregung könnte auch die erhöhte Aktivität der Gruppe im Experiment von Bindra und Palfai erklären, die die Verbindung von Reizen mit Wasser erlebte. In der Gruppe der Tiere, die Schocks erhielten, hätte jedoch ebenfalls eine Erregung festgestellt werden müssen. In diesem Falle aber brachten die Tiere ihre Beine vielleicht in eine Hockstellung, als sie den Schock im einengenden Apparat erfuhren. Wenn die mit dem Schock verbundenen Reize im Käfig die Hockstellung hervorriefen, kann man trotz der Erregung keine Zunahme der Aktivität erwarten.

Untersuchungen zur äußeren Reizung

Zur Untersuchung der motivationalen Bedeutung äußerer Reize wurden verschiedene Verfahren angewendet. Eines untersucht Explorationsverhalten durch die Fortbewegung, ein anderes durch die Manipulation von Gegenständen. Ein drittes Verfahren benutzt die Auswahl und die Erkundungsdauer, um den Wert von Reizen und Reizmerkmalen für das Explorationsverhalten zu messen. Schließlich bestimmt eine vierte Methode die Wirkungen des Reizentzugs auf verschiedene Verhaltensaspekte. Wir werden diese Methoden nacheinander diskutieren.

Exploration durch Fortbewegung

Wenn Tiere sich in ihrer Umgebung bewegen, so kommen sie oftmals in eine Situation, in der sie sich zuvor in eine bestimmte Richtung gewandt haben; beim nächsten Mal wenden sie sich oft in die andere Richtung. Diese Verhaltensweisen können exploratorisch genannt werden, sie können aber auch als Ausdruck eines Motivs, Veränderungen zu erleben, gewertet werden. Ebenso ist es möglich, daß andere Faktoren eine Rolle spielen. Daher sind erhebliche Bemühungen aufgewendet worden, um zu bestimmen, ob diesen Verhaltenstendenzen ein unabhängiges Motiv zur Exploration zugrundeliegt.
Die systematische Untersuchung dieser Verhaltenstendenzen begann in den frühen fünfziger Jahren. Im Zusammenhang mit dem Problem des Richtungswechsels wurde die Frage untersucht, ob ein Tier seine Reaktionen von rechts nach links oder umgekehrt wechselte, um sein Reaktionsverhalten zu vari-

ieren oder um die Reizsituation zu verändern, die es antreffen würde (Glanzer 1953). Stellen wir uns ein einfaches Labyrinth in Kreuzform vor (+). Nehmen wir weiter an, daß das Tier vom unteren Balken des Kreuzes die Mitte erreicht und daß der obere Balken blockiert ist und somit nicht vom Tier betreten werden kann. Es wird sich dann nach links oder nach rechts wenden, wenn es den unteren Balken verläßt. Beim nächsten Versuch soll das Tier auf dem oberen Balken beginnen, wobei der Zugang zum unteren Balken versperrt ist. In welche Richtung wird es sich wenden, wenn es den Entscheidungspunkt erreicht hat? Die Ergebnisse zeigen, daß das Tier sich nach links wendet, wenn es sich vom unteren Balken nach links gewandt hat, daß es nach rechts läuft, wenn es vom unteren Ende kommend den rechten Balken gewählt hat. Es wiederholt also die Wendebewegung beim zweiten Versuch. Es gelangt dabei aber in den Querbalken des Kreuzes, den es beim ersten Versuch nicht erforscht hat. Dieses Ergebnis weist auf das Explorationsverhalten bzw. auf die Bedeutung der Konfrontation mit verschiedenen Anreizen hin. (In diesen Experimenten wurden keine Belohnungen benutzt, das Tier war nicht durch Hunger oder Durst motiviert).

In einer anderen Aufgabe wurde zur Erforschung des Explorationsverhaltens ein Steglabyrinth benutzt. Die Lauffläche dieser Labyrinthart wird in bestimmtem Abstand über dem Boden des Zimmers angebracht, so daß ein Tier keine Begrenzung an den Seiten oder nach oben vorfindet. Solch ein Labyrinth kann in verschiedenen Formen aufgebaut werden: in gerader, T- oder L-Form. Als die Anzahl der durchlaufenen Labyrinth-Segmente ermittelt wurde, zeigte sich, daß mehr Segmente bei einem T- als bei einem L-förmigen und mehr bei einem L-förmigen als bei einem geraden Labyrinth betreten worden waren. Allgemein können diese Ergebnisse dahingehend zusammengefaßt werden, daß die Ratten dazu neigen, die Stellen zu meiden, an denen sie schon gewesen sind.

Sowohl in den Untersuchungen mit den Steglabyrinthen als auch in den Experimenten mit den Kreuzlabyrinthen wurden die Tiere nicht vom Versuchsleiter belohnt und sie waren weder hungrig noch durstig. Es gibt aber auch Ergebnisse über die Wirkung von Hunger und Durst auf das Explorationsverhalten, die allerdings nicht völlig einheitlich sind. Wahrscheinlich zeigt der größte Teil des Beweismaterials, daß die Motive und auch das Motiv der Furcht Explorationsverhalten unterdrücken

können (Cofer & Appley 1964, S. 290f.). Dieser Befund stützt die Annahme, daß Exploration unabhängig motiviert ist.
Das Explorationsverhalten nimmt ab, wenn die in der Situation verbrachte Zeitspanne zunimmt. Gibt man dem Tier die Möglichkeit, ein zweites Labyrinth nach dem ersten zu erforschen, so ist das Ausmaß seines Explorationsverhaltens von der Ähnlichkeit zum ersten Labyrinth abhängig. Es erforscht das zweite Labyrinth um so weniger, je ähnlicher es dem ersten ist (Montgomery 1953). Tiere untersuchen Gegenstände auf dem Boden einer Apparatur oder Muster an deren Wänden, indem sie diese mit der Nase abtasten oder beschnüffeln. Die Komplexität und Neuheit der Gegenstände führt dazu, daß sie im Vergleich zu vertrauten Gegenständen bevorzugt untersucht werden und daß die Tiere mehr Zeit in Boxen verbringen, deren Wände mit komplexen Mustern bemalt sind, als in Boxen mit kahlen Wänden (Cofer & Appley 1964, S. 291 — 294).
Es gibt weiterhin empirische Belege dafür, daß die Möglichkeit zur Exploration als Belohnung dienen und zum Lernen führen kann. Wenn in einem einfachen Labyrinth der eine Weg in ein komplexeres Labyrinth führt und der andere in einer einfachen Sackgasse endet, so wird ein Tier während mehrerer Versuche eine konsistente Bevorzugung der Wahl entwickeln, die zum komplexeren Labyrinth führt (Montgomery 1954). Wird die Lage von Sackgasse und komplexem Labyrinth vertauscht, so wird das Tier sein Entscheidungsmuster verlernen und die entgegengesetzte Wahl entwickeln, die nun zum komplexen Labyrinth führt.
Es gibt also gute Beweise dafür, daß Tiere ihre Umwelt erforschen. Diese werden durch systematische Beobachtungen in der natürlichen Umwelt gestützt, obwohl hier andere Faktoren, wie z.B. Hunger oder Durst nicht immer ausgeschaltet werden können. Explorationsverhalten oder wenigstens Reaktionsveränderungen wurden im Labor sowohl bei niedrigen als auch bei höheren Lebewesen beobachtet, von Strudelwürmern bis hin zum Menschen.

Manipulation von Gegenständen

Die Manipulation von Gegenständen ist am leichtesten bei Primaten zu beobachten, die nicht den größten Teil ihrer Zeit auf allen Vieren verbringen und manuelle Geschicklichkeit besitzen. Natürlich kann man auch bei anderen Tieren, wie z.B.

bei Eichhörnchen, Hunden oder kleinen Katzen eine Manipulation von Gegenständen finden. Die meisten Untersuchungen wurden aber mit Primaten durchgeführt. So sperrte man z.B. Affen in Käfige, in denen mechanische Puzzles an den Wänden hingen (Harlow 1950; Harlow, Harlow & Meyer 1950). Die Puzzles bestanden aus einem mit Scharnieren versehenen Metallstück, das an einem Ende einen Schlitz aufwies. Das Metallstück war an der Wand befestigt und durch den Schlitz ragte eine Metallöse hervor, durch die ein Haken gesteckt werden konnte. Im zusammengesetzten Zustand war dieses Puzzle als Vorrichtung aus Haken und Öse an die Wand geschlossen. Die Affen nahmen dieses Puzzle auseinander, indem sie den Haken aus der Öse entfernten und das mit Scharnieren versehene Metallstück von der Wand wegdrehten. Es gab keine andere Belohnung für diese Tätigkeit als die Manipulation selbst. Zudem war das Auseinandernehmen von Puzzles zuvor nie belohnt oder mit anderer Befriedigung verbunden worden. Die Affen konnten diese Puzzles zwölf Tage lang erforschen. Dann wurde ihre Fertigkeit, die Puzzles auseinanderzunehmen, mit der unerfahrener Affen verglichen. Da die geübten Affen in ihrer Leistung die ungeübten Tiere weit übertrafen, hatten sie offensichtlich aus ihren Erfahrungen gelernt.
Dieses Manipulationsverhalten kann also nicht anderen Motiven oder Belohnungen zugeschrieben werden. Da Affen es schon sehr früh zeigen (zwischen 20 und 30 Tagen), ist es unwahrscheinlich, daß es sich um ein erlerntes Verhaltensmuster handelt (Harlow, Blazek & McClearn 1956).
Man beobachtete das Manipulationsverhalten auch bei jungen Schimpansen, die sich mit einem Satz von Holzklötzen beschäftigten. Je unterschiedlicher diese Klötze in Farbe und Form beschaffen waren, desto mehr Manipulation konnte beobachtet werden (Welker 1956). Ebenso stellen junge Affen mehr Hand-, Mund- und Lippenkontakte mit der Nahrung her, wenn es vielfältige Nahrungsmittel gibt oder wenn eine bestimmte Nahrung in verschiedenen Farben angeboten wird, als wenn es nur eine einfarbige Nahrung gibt (Mason & Harlow 1959).
Aufgrund dieser Ergebnisse könnte erwartet werden, daß Kinder ebenfalls exploratives Verhalten zeigen. Die verfügbaren experimentellen Befunde bestätigen diese Erwartung. So ergab sich in einer Untersuchung mit Kindern eines Kindergartens im Alter von 3 bis 5 Jahren, daß in einem relativ kahlen Zim-

mer ein neuer Gegenstand benutzt wurde, obwohl andere Spielzeuge zur Verfügung standen. Dieser Gegenstand war ein roter Metallkasten auf vier Beinen mit einem seitlich hervorstehenden Hebel. Der Hebel konnte bewegt werden; bei einigen Versuchsbedingungen wurden seine Bewegungen auf einem sichtbaren Zähler registriert oder vom Geräusch einer Glocke und eines Summers begleitet. Die Beobachtungen wurden ohne optische und akustische Konsequenzen, mit optischen, mit akustischen und mit beiden Konsequenzen durchgeführt (Hutt 1966). Die Exploration und Manipulation des Gegenstandes wurde über mehrere zehnminütige Sitzungen beobachtet. Gab es keine oder nur eine visuelle Konsequenz der Hebelbewegung, ließ die Exploration des Gegenstandes nach der ersten Sitzung ziemlich stark nach. Wurden dagegen akustische oder akustische und optische Anregungen durch die Bewegungen des Hebels hervorgerufen, dauerte die Exploration des Gegenstandes über fünf Sitzungen an ohne nachzulassen und fiel erst in der sechsten ab. Die akustische Anregung war offensichtlich für diese fortdauernde explorative Aktivität verantwortlich.
Explorationsverhalten scheint somit auch in Abwesenheit all der Motive oder Belohnungen, die sich nicht aus der Exploration selbst ergeben, gut entwickelt zu sein.

Wahl und Erkundungsdauer

In einem gewissen Sinn wurde das Problem des Entscheidungsverhaltens schon bei der Diskussion von Exploration und Veränderung behandelt, wobei wir gesehen haben, daß die Wahl einer von zwei richtungsändernden Wendungen von der Möglichkeit beeinflußt wird, etwas zu erforschen. Weiterhin könnte die Zeitdauer, die Tiere in komplex gemusterten Situationen verbringen, als Ausmaß ihrer Erkundungen interpretiert werden. Die Untersuchungen, die in diesem Abschnitt referiert werden, haben Merkmale der Reizsituation in sehr spezifischer Weise manipuliert, um ihren Einfluß auf das Wahlverhalten und die Erkundungsdauer zu messen.
Mehrere Studien wurden mit Kleinkindern durchgeführt (Berlyne 1958a; Fantz 1958). In diesen Experimenten werden graphische Muster dargeboten, um zu erfassen, welches das Kind zuerst ansieht. Muster mit einer größeren Vielfalt an Konturen ziehen den Blick des Kindes zuerst an. Dies trifft sowohl für

Kleinkinder als auch für junge Schimpansen zu. Ein Schachbrettmuster wirkt somit anziehender als ein einfacheres Muster. Diese Ergebnisse implizieren natürlich auch ein Wahlverhalten.

Mit Collegestudenten als Versuchsperson machte Berlyne (1957) den folgenden Versuch: Die Versuchsperson saß in einem verdunkelten Raum vor einem Tachistoskop und drückte einen Knopf, um ein Bild zu belichten. Die Belichtungen waren zwar sehr kurz (0,14 sec), doch es war der Versuchsperson gestattet, ein Bild so oft zu belichten, wie sie es wollte. Die Anzahl der Knopfbetätigungen für ein bestimmtes Bild ergab somit das Maß für die Erkundungsdauer, das Berlyne benutzte. Es gab mehrere Bildsätze, von denen einer Vogelbilder enthielt, ein weiterer andere Tierbilder. In jede dieser aus sieben Bildern bestehenden Serien waren zwei Bilder mit widerspruchsvollen Darstellungen eingefügt, wie z.B. ein Elefantenkopf auf einem Löwenkörper oder ein Vogelkopf und Flügel an einem vierbeinigen Rumpf. Eine andere Serie begann mit einem Kreis, der in aufeinanderfolgenden Bildern durch Hinzufügen von weiteren Details zu einem Bären ausgestaltet wurde. Ebenso wurde ein Kreis in mehreren Bildern zu einem Clown umgeformt. Eine weitere Serie enthielt zunächst sechs Bilder mit Mustern aus roten Dreiecken, dann fünf Bilder mit grünen Kreisen und dann ein Bild mit violetten Quadraten. Schließlich gab es drei Kartensätze, von denen der eine neun Figuren in regelmäßiger Anordnung enthielt und einer die Figuren in unregelmäßiger Anordnung (z.B. neun Kreuze in einer 3 x 3 Matrix oder unregelmäßig über die Fläche verteilt). Die Karten wurden in zufälliger Reihenfolge dargeboten.

In den Experimenten führten die widerspruchsvollen Bilddarstellungen zu häufigeren Reaktionen als die widerspruchsfreien; auch Kartenserien, deren Muster zwischen Dreiecken, Quadraten und Kreisen wechselten, führten zu mehr Reaktionen als Serien, die keine Veränderungen aufwiesen; ebenso gab es mehr Reaktionen auf die Karten, die eine unregelmäßige Anordnung der Figuren enthielten, als auf die regelmäßig gestalteten. Keine signifikanten Unterschiede konnten jedoch bei den Bildfolgen festgestellt werden, die eine Umwandlung eines Kreises zu einem Bären oder Clown beinhalteten. Berlyne schließt daraus, daß die bedeutsamen Ergebnisse in bezug auf die Erkundungszeiten zeigen, daß Neugier oder Exploration durch Anregungsfaktoren wie Unstimmigkeit, Überraschung und Unsicherheit hervorgerufen werden. In einem ähnlichen Experiment (Berlyne 1958b) stellte er erneut eine größere Fixationszeit bei widerspruchsvollen bzw. komplexen als widerspruchsfreien bzw. einfachen Bildern fest. Der Komplexitätsgrad wurde dabei durch die Einführung von Unregelmäßigkeiten in den Anordnungen der Bilder erzeugt, so z.B. durch Vermehrung der Teile, durch den Gebrauch unregelmäßiger Formen oder indem Teile einer Figur voneinander unterschiedlich gestaltet wurden (z.B. indem ein Quadrat, ein Kreis, ein Dreieck oder ein Karo anstelle von vier Quadraten benutzt wurden). Abb. 14 illustriert diese Bildfolgen. Bei zehn- bis zwölfjährigen Kindern nimmt die Vorliebe für Blockanordnungen als Funktion steigender Komplexität in Grenzen zu. Alle Arbeiten zu diesem Problem (die in ihrer Vielzahl hier nicht referiert werden können) deuten auf die wichtige Funktion verschiedener Reizmerkmale hin, die eine Versuchsperson

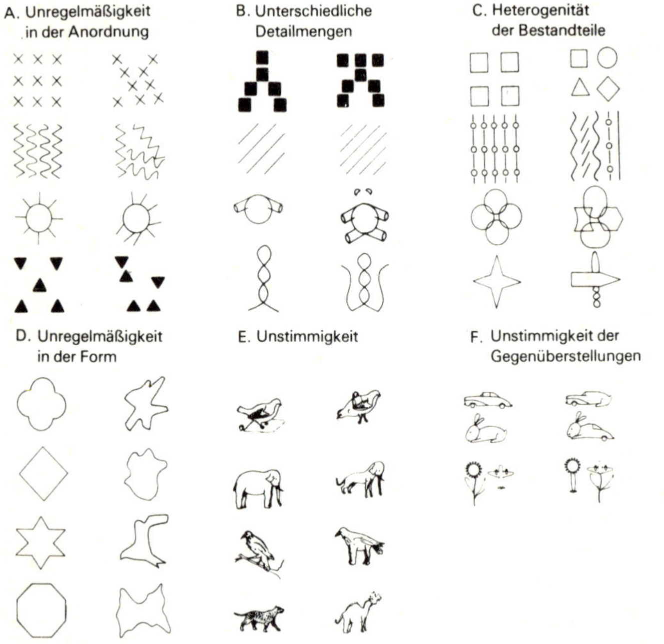

Abb. 14: Die von Berlyne benutzten visuellen Reize, um Neugier zu wecken. Nachdruck aus Berlyne, D. D.: The influence of complexity and novelty in visual figures and orienting responses, in: Journal of Experimental Psychology, 1958, 55, S. 291, Abb. 1. Mit Erlaubnis der American Psychological Association.

veranlassen, sich einem Reiz zuzuwenden, ihn zu untersuchen und zu prüfen (Welker 1961). In keinem dieser Experimente waren irgendwelche anderen Triebe wirksam, und es gab keine Belohnung außer der Erkundung des Reizes selbst. Als mögliche Bezeichnung für das Wahl- und Erkundungsverhalten bei Anreizen könnte der Begriff Neugier verwendet werden. Er bezieht sich jedoch ebenso auf die Exploration durch Fortbewegung und die Manipulation von Gegenständen.

Ein bekannter Begriff, der ebenfalls in bezug auf das Orientierungs- und Erkundungsverhalten bei Reizen benutzt werden kann, ist Aufmerksamkeit. Reizeigenschaften werden oft als Faktoren angesehen, die die Aufmerksamkeit auf sich ziehen oder an sich binden können. Zu diesen Eigenschaften gehören Größe, Intensität, Farbe, Bewegung, Lage, Wiederholung, Veränderung, Kontrast und Neuigkeit. In der älteren psychologischen Terminologie wurde Aufmerksamkeit jedoch als Klassifikationsbegriff für Bewußtseinsinhalte mit Bezug auf ihre Klarheit benutzt. Es war also ein brauchbarer Begriff für introspektive Beschreibungen des Bewußtseins. Aus diesem Grunde wurde er möglicherweise im Rahmen der gegenwärtigen Diskussion durch Neugier ersetzt, obwohl die beiden Begriffe in mancher Beziehung den gleichen Sachverhalt bezeichnen.

Sensorische und soziale Isolation

Unter sensorischer Isolation oder Deprivation wird eine Situation verstanden, in der das von einem Organismus wahrgenommene Ausmaß äußerer Reizungen für eine gewisse Zeit deutlich eingeschränkt ist. Soziale Isolation bedeutet dementsprechend die Kontaktverminderung zu anderen Tieren über eine gewisse Zeit. Sie muß aber nicht das Fehlen anderer sensorischer Stimulation implizieren. Andauernde sensorische oder soziale Isolation kann insbesondere dann sehr ernste Folgen für die psychische Entwicklung haben, wenn sie im frühen Lebensalter auftritt. So gibt es Berichte über sensorische, wahrnehmungsmäßige und kognitive Mängel als Folgeerscheinung schwerer sensorischer Deprivation, und es konnten starke emotionale und soziale Auswirkungen bei Tieren gefunden werden, die einer frühen sozialen Deprivation unterworfen waren. Aus dem Blickwinkel der Motivationsforschung werden wir auf manche Konsequenzen sensorischer Deprivation nicht weiter eingehen. Die Untersuchungen zur sensorischen Isolation sind in diesem Kontext nur insofern relevant, als sie die Frage berühren, ob es ein Bedürfnis nach Reizung gibt. Andererseits sind die Störungen motivationaler Systeme von größter Wichtigkeit für diejenigen, die sich mit sozialer Isolation beschäftigen, so daß eine Zusammenfassung dieser Forschungsarbeiten für den Gegenstand der Motivation sehr wichtig ist.

Sensorische Isolation: Zu Anfang der fünfziger Jahre wurde über ziemlich dramatische Auswirkungen auf menschliche Versuchspersonen berichtet, die als Resultat von Perioden sensorischer Deprivation auftraten (Bexton, Heron & Scott 1954). Die ersten Untersuchungen kamen aus der McGill University in Canada. Versuchspersonen wurden gebeten, sich in einer erleuchteten, teilweise schallgedämpften Zelle aufzuhalten und sich auf eine Pritsche zu legen (siehe Abb. 15). Sie wurden mit 20 Dollar pro Tag für ihre Teilnahme bezahlt. Sie trugen halbdurchsichtige Schutzbrillen, die die Wahrnehmung behinderten, und Handschuhe mit Pappstulpen an den Armen, die konstruiert waren, um Tastreize zu vermindern. Weiterhin legten sie ihren Kopf in ein U-förmiges Kopfkissen, und eine Klimaanlage erzeugte ein konstantes, alles einhüllendes Ge-

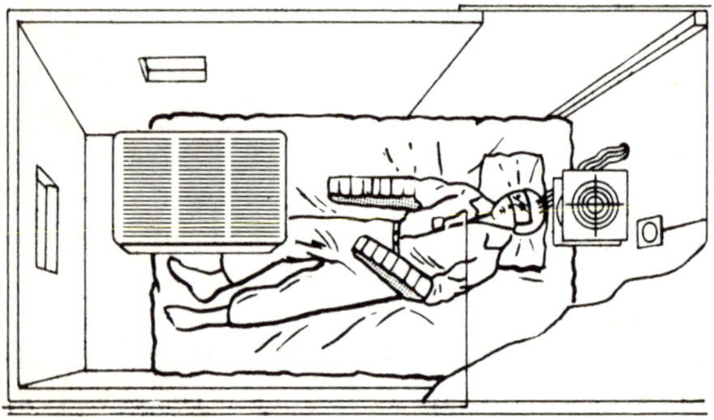

Abb. 15: Graphische Darstellung eines Zimmers zur Einschränkung der sinnlichen Wahrnehmung. Die Versuchsperson liegt auf einer Pritsche, trägt eine Schutzbrille und Stulpenhandschuhe über ihren Händen und Unterarmen. Über ihrem Kopf sind ein Ventilator und zu den Füßen eine Klimaanlage installiert. Weiter sind Mikrofon und Lautsprecher zu sehen. Zeichnung nach Heron, H.: Cognitive and physiological effects of perceptual isolation, in: P. Solomon et al. (Eds.): Sensory deprivation, Cambridge: Harvard University Press, 1961, S. 6 - 33, S. 9, Abb. 2 - 1.

räusch. Unterbrechungen wurden für das Einnehmen von Mahlzeiten und das Aufsuchen der Toilette gewährt (andere Experimente sahen Speisemöglichkeiten und Toilettenanlagen in der eingeschränkten Umgebung vor). Die Versuchspersonen hatten die Möglichkeit, das Experiment zu jedem Zeitpunkt abzubrechen.

Es zeigte sich, daß die Versuchspersonen nach zwei oder drei Tagen trotz der Bezahlung aus dem Experiment ausstiegen, weil sie die Situation als unerträglich empfanden. Später dienten die Versuchsleiter selbst als Versuchspersonen und blieben sechs Tage in Isolation. Insgesamt wurde eine beträchtliche Anzahl ähnlicher Untersuchungen durchgeführt, in denen man eine große Anzahl von Variationen untersuchte (vgl. Schultz 1965; Zubek 1969). Die Ergebnisse stimmten möglicherweise wegen der unterschiedlichen Versuchsbedingungen nicht völlig überein. Allgemein konnten aber bedeutsame Wirkungen beobachtet werden, die während der Isolationszeit auftraten und manchmal auch danach noch andauerten.

Vom motivationalen Gesichtspunkt aus betrachtet ist es interessant, daß die Verminderung der Stimulation aversiv sein kann. Es treten Langeweile, Ruhelosigkeit, Reizbarkeit und emotionale Labilität auf sowie der Wunsch, die Situation zu verlassen. Besonders bemerkenswert ist dabei, daß diese relativ reizfreie Situation nach einigen Darstellungen zur Natur der Motivation eigentlich anziehend wirken sollte, insbesondere da die Versuchspersonen damit nicht nur Geld verdienten, sondern auch einen Beitrag zur Wissenschaft leisten konnten. Die Tatsache, daß die Verminderung von Stimulation unangenehm ist, wenn sie lange genug andauert, bedeutet für die Theorien ein ernstes Problem, die die Freiheit von Stimulation als das Ziel der Motive ansehen, die sie voraussetzen. Zu diesen Theorien gehören z.B. die homöostatische Triebtheorie und die klassische psychoanalytische Theorie.

Die Isolationssituation scheint eher unangenehm als behaglich zu sein und führt zu der Annahme, daß es ein Bedürfnis nach einem gewissen Grad von Stimulation geben könnte. Sie hat aber auch noch weitere Konsequenzen (Schultz 1965; Zubek 1969), die spezifischer als die bereits erwähnten sind. So gibt es EEG-Veränderungen zu niedrigeren Frequenzrhythmen, die manchmal mehrere Tage lang nach der Rückkehr in eine normale Umgebung beibehalten werden. Es wird von Veränderungen von intellektuellen Fähigkeiten, wie verbale Flüssigkeit, abstraktes Denken, Erinnerung und Wiedererkennung, berichtet. Der Einfluß auf diese Eigenschaften ist jedoch sehr unterschiedlich, was wahrscheinlich auf die unterschiedlichen Bedingungen zurückzuführen ist, die angewendet werden, um eine verminderte sensorische Reizaufnahme zu erreichen. In einigen Experimenten wird vom Auftreten visueller Halluzinationen als dramatischen Wahrnehmungseffekten berichtet, die von relativ einfachen Punktreihen oder Mosaikmustern bis hin zu Landschaften, Menschen und bizarrer Architektur reichen. Nicht alle Forscher fanden solche Halluzinationen, und so sollte man ihnen vielleicht auch keine größere Bedeutung beimessen. Doch es wurde auch von anderen Wahrnehmungseffekten berichtet, wie z.B. von Störungen in der Farbwahrnehmung, beim Umgang mit Kippfiguren und beim Lösen von Aufmerksamkeitsaufgaben. Während der sensorischen Deprivation finden die Versuchspersonen oft Gefallen an Reizen, die sie sonst nicht als anziehend empfinden würden. In einem Experiment schienen sie es z.B. zu genießen, einem Börsenbericht und einem Gespräch über die Gefahren von Alkohol zuzuhören, das für Kinder bestimmt war (Cofer & Appley 1964, S. 278 — 284; Hebb 1955).

Die aus Experimenten zur sensorischen Deprivation gewonnenen Ergebnisse weisen also deutlich daraufhin, daß das Fehlen äußerer Anregungen unangenehm sein kann, obwohl diese Verallgemeinerung vielen Einschränkungen unterliegt. Diese Einschränkungen entstehen aus der Tatsache, daß die Menschen individuelle Unterschiede in ihren Reaktionen auf sensorische Isolation aufweisen. Einige ertragen sie sehr viel besser als andere. Außerdem gibt es eine Vielzahl von Bedingungen, die die Wirkung der Isolation verstärken oder erhöhen.

Bei Affen wurde die sensorische Isolation im Rahmen der Frage untersucht, ob die Möglichkeit, eine Reizung zu erhalten, ein Mittel sein könnte, um ein Verhalten zu verstärken und aufrechtzuerhalten. So lernten Affen, nachdem sie eine Zeit lang in einer matt erleuchteten Box mit schwach lichtdurchlässigen Wänden zugebracht hatten, aufgrund von Farben zu unterscheiden, welches von zwei Fenstern sich öffnete und, wenn sie es aufstießen, dreißig Sekunden lang den Ausblick auf das Labor erlaubte (Butler 1953). Durch eine Steigerung der Stimulation ergab sich also ein Lernprozeß, der zu sehr beständigen Reaktionen während zehn vierstündigen Testsitzungen führte. Je länger die visuelle Deprivation dauerte, desto mehr Reaktionen konnten festgestellt werden. Die Isolation von Geräuschen führt bei Affen ebenso zu einem Lernprozeß, nämlich dazu, denjenigen von zwei Hebeln zu bevorzugen, der beim Herunterdrücken von einem 15 Sekunden langen Geräusch aus einer Affenkolonie begleitet wurde (Butler 1957). Dieses Ergebnis führt zu der Annahme, daß die sensorische Deprivation nicht nur das Verhalten motiviert, sondern daß Stimulation das Verhalten belohnen kann.

Soziale Isolation: Eine große Anzahl von Forschungen befaßte sich mit dem Problem der sozialen Isolation bei kleinen Affen. In diesen Experimenten, die hauptsächlich von Harry Harlow (1958) und seinen Mitarbeitern durchgeführt wurden, wird das Affenbaby von seiner Mutter getrennt und in einem Käfig mit einer oder mehreren »Ersatzmüttern« aufgezogen. Eine dieser Ersatzmütter war aus Drahtgeflecht hergestellt. Eine zweite war in ähnlicher Weise aus Holz konstruiert und zusätzlich mit Schaumgummi und Plüsch bezogen, so daß sie sich also weich anfühlte. Beide Mütter konnten mit einer elektrischen Glühbirne geheizt und mit einer Babyflasche ausgestattet werden. Waren nun beide Mütter dem Affenbaby verfügbar, so verbrachte es mehr Zeit bei der Stoffmutter, obwohl seine Fütterung nur von der Drahtmutter durchgeführt wurde. Affenkinder, die mit der Stoffmutter Kontakt hatten, waren unternehmungslustiger und eher bereit, die Umwelt zu erforschen, als die Tiere, die mit der Drahtmutter Kontakt hatten. Harlow folgert, mit diesen Experimenten bewiesen zu haben, daß es ein Bedürfnis nach Kontaktreizen gibt, das unabhängig von anderen Bedürfnissen wie Hunger und Durst und deren Verstärkungswirkungen ist.

Im übrigen zeigte sich auch bei den Affen, die sich bei einer Stoffmutter aufhielten und somit also offensichtlich im Vorteil waren, bei Untersuchungen zu einem späteren Zeitpunkt, daß ihr Verhalten durch das Fehlen sozialer Anregungen in vielen Beziehungen abweichend war. Mason (1968, S. 81f.) weist in diesem Zusammenhang auf vier Hauptstörungsbereiche hin. Viele der Affen zeigen (1) unnormale Haltungen oder Bewegungen, z.B. Schaukeln, Hin- und Herlaufen und In-den-Raum-Starren; (2) übermäßige Furchtsamkeit; (3) Störungen der Bewegungsabläufe einschließlich derer, die in Verbindung mit motivierten Handlungen stehen (weder männliche noch weibliche Affen reagierten normal in sexuellen Situationen zur

Reifezeit, und die Weibchen, die erfolgreich geschwängert wurden, versagten völlig beim mütterlichen Verhalten); (4) Mängel in der sozialen Kommunikation; so kann es z.B. sein, daß die Drohung eines anderen Tieres nicht wie gewöhnlich den Rückzug hervorruft oder daß ein männlicher Affe ein erfahrenes und empfängnisbereites Weibchen, das sich ihm sexuell anbietet, ignoriert und damit beginnt, es zu lausen oder mit ihm zu spielen.

Diese abnormen Verhaltensmuster, die sich im späteren Leben zeigten, konnten dadurch vermindert werden, daß mutterlosen Affen erlaubt wurde, mit Altersgenossen zusammenzuleben. Auch konnte Mason zeigen, daß Affen sich in der Art ihrer Entwicklung unterscheiden, wenn die künstliche Mutter unbeweglich ist oder sich (auf Rädern) bewegt. Die bewegliche Mutter ist für die Entwicklung günstiger als die statische.

Es wird also deutlich, daß eine geeignete soziale Umgebung für die normale Entwicklung des Affen wichtig ist. Dies gilt auch für Verhaltensbereiche, die man normalerweise als motivational bezeichnet, wie sexuelles Verhalten, mütterliches Verhalten oder Furcht. Die Wirkung des Körperkontaktes kann dabei zwar mitspielen, doch sind die Interaktionen mit Gleichaltrigen und die Einflüsse einer mobilen Mutter sehr bedeutsam. Auch wenn also zum gegenwärtigen Zeitpunkt noch nicht völlig geklärt ist, welche Umweltmängel das ungewöhnliche Verhalten in der Kindheit und zur Reifezeit der unter sozialer Deprivation leidenden Tiere bedingen, so ist doch ziemlich sicher, daß soziale Isolation zu einem frühen Zeitpunkt einige sehr nachteilige Konsequenzen haben kann.

Theoretische Interpretationen

Die ersten Reaktionen auf die Ergebnisse, die äußeren Reizungen oder ihrem Fehlen motivationale Bedeutung zuerkannten, waren die folgenden: (1) Die Ergebnisse schienen den auf der homöostatischen Triebtheorie basierenden Erwartungen zu widersprechen und damit diese Theorie in allgemeinster Form zu widerlegen; (2) es wurde daher angenommen, daß es zusätzliche nicht-homöostatische Triebe wie den Explorationstrieb, das Manipulationsmotiv, Neugier und ein Bedürfnis nach Stimulation gibt. Die letztere Reaktion war in zwei Punkten unbefriedigend: Einmal führte sie die traditionelle Triebtheorie fort, indem sie neue Triebarten hinzufügte, zum anderen unterschieden sich die neuen Triebe insofern von den alten, als ihre antezedenten Bedingungen weitgehend unspezifizierbar waren. Es war also nicht sicher, ob sie allgemein das Verhalten anregten oder eher spezifisch auf die Situation begrenzt sein sollten, in denen die zu erklärenden Verhaltensweisen auftauchten.

Eine alternative Darstellung arbeitete mit dem Begriff des »Langeweile-Triebes«. Die Voraussetzung für das Auftreten dieses Triebes sollte eine monotone Reizsituation sein. Solch ein Trieb könnte dann durch eine Änderung in der Reizaufnahme vermindert werden, die durch Explorationsverhalten, durch das Auftauchen von Reizen im Falle einer sensorischen Deprivation oder durch Reizmerkmale, wie wir sie schon vorher erwähnt haben, wie z.B. Unstimmigkeit, Überraschungseffekt, Neuigkeit usw. hervorgerufen wird. Manchmal wird betont, daß der Langeweiletrieb einen Zustand der Erregung herstellt, den die Zunahme der Reizaufnahme vermindert. Eine solche Formulierung stimmt mit einigen Punkten der traditionellen Triebtheorie überein, obwohl sie natürlich einen neuen Trieb voraussetzt, der allen Verhaltensweisen zugrundeliegt, die in Verbindung mit Explorations- und Manipulationsverhalten, Neugier und sensorischer Deprivation stehen.

Der Terminus des Langeweiletriebs war möglicherweise vor allem deshalb nicht beliebt, da er nur schwer zu überprüfen ist und da er hauptsächlich zur Rettung des alten Standpunktes konstruiert zu sein scheint.

Später wurde eine allgemeinere Formulierung im Zusammenhang mit der Erregungs-Aktivierungs-Theorie als zusätzliche Annahme entwickelt, die Annahme, daß es einen optimalen Erregungsgrad gibt. Die Vorstellung eines Optimums wurde vertreten, um nicht nur die von den Aktivierungstheoretikern postulierte Form der physiologischen Erregung, sondern auch andere Erregungen einbeziehen zu können. Dazu gehören z.B. der optimale Grad der Stimulation, der Komplexität und der Information. Es gibt hier eine implizite Beziehung zum Begriff der Erregung, die aber nicht immer spezifisch bestimmt wird (Hunt 1965).

Die Vorstellung eines optimalen Ausmaßes der Reizung gewinnt z.B. durch Helsons Annahme eines Adaptationsniveaus oder AN (adaptation level — AL) an Glaubwürdigkeit (Helson 1964). Es handelt sich dabei um ein Niveau der Stimulation, für das keine adaptiven Reaktionen erforderlich sind, solange sich die Stimulation in dieser Größenordnung bewegt, an die wir uns gewöhnt und adaptiert haben. Das AN ist ein Durchschnittswert aus vergangenen und gegenwärtigen Hintergrundreizen. Ein aktueller Reiz, der nicht sehr von diesem Durchschnitt abweicht, macht keine Handlungen erforderlich. Wenn aber Reize von diesem Durchschnittswert merklich abweichen, ihn z.B. übersteigen oder geringer sind, müssen Anpassungsleistungen erbracht werden. Dieses AN ist natürlich nicht festgelegt, es kann sich vielmehr durch Erfahrung ändern. Wenn z.B. ein Landbewohner das erste Mal in die Stadt kommt, mag ihn der Lärm dort sehr belästigen und seinen Schlaf stören. Bleibt er jedoch lange genug, so daß sich sein AN ändert, wird er sich nicht länger beim Schlafen oder im wachen Zustand durch den Lärm gestört fühlen. Der Stadtbewohner hingegen kann durch die Stille auf dem Lande solange am Einschlafen gehindert werden, bis sein AN sich ändert.

Wenn wir annehmen, daß der Mangel an Veränderung der sinnlichen Wahrnehmung einen Ausprägungsgrad unter dem AN darstellt, dann wird der Organismus dazu veranlaßt, die entsprechende Situation zu erforschen oder sie zu verlassen, um die Reizeinwirkung auf ein befriedigendes Niveau zurückzubringen. Andererseits können Reizeinwirkungen, die zu hoch über dem gegenwärtigen AN liegen, den Rückzug in eine Reizsituation bewirken, die vom AN weniger abweicht. Es wurde angenommen, daß dies besonders bei gewissen Furchtreaktionen auf neu dargebotene Gegenstände der Fall ist. So reagieren z.B. junge, im Labor aufgezogene Schimpansen mit Furcht auf den Modellkopf eines anderen Schimpansen oder auf ein betäubtes Affenbaby, bei dem die gewöhnlichen Bewegungen und Äußerungen fehlen, oder auf den Versuchsleiter, der eine Karnevalsmaske bzw. die Jacke des Wärters trägt. In einem früheren Alter hätten solche Reize wahrscheinlich keine Furcht hervorgerufen. Es wird daher angenommen, daß die erworbene Erfahrung mit unversehrten und aktiven Schimpansen bzw. mit dem Gesicht und der Kleidung des Versuchsleiters ein AN errichtet haben, von dem die furchterregenden Reize abweichen. Die Furcht vor Fremden, die gewöhnlich bei menschlichen Babies nicht festzustellen ist, kann wahrscheinlich als Ergebnis ähnlicher Prozesse auftreten, wenn sie älter werden. Diese theoretischen Vorstellungen unterscheiden sich natürlich von den bei Watson und Rayner genannten Ursachen der Furcht. Allgemein muß alles, was wir über Explorations- und Erkundungsverhalten bei Tieren und Menschen in Verbindung mit neuen, ungewöhnlichen Reizen gesagt haben, durch die Feststellung modifiziert werden, daß die Neuigkeit und Überraschung nicht so groß sein darf, daß sie Furcht erzeugt. Furcht scheint mit dem Ausdruck von Exploration und Neugier unvereinbar zu sein, obwohl es nicht unmöglich ist, daß ein Explorationsverhalten durch nicht allzu große Furcht motiviert werden kann.

Man kann daher auch sagen, daß unstimmige, überraschende und informative Reize ihre Konsequenzen für das Verhalten haben, weil sie vom AN abweichen. Diese Abweichung darf allerdings nicht zu groß sein.

Eine derartige Theorie, wie wir sie gerade skizziert haben, unterscheidet sich merklich von einer Triebtheorie. Diese allgemeine Denkart charakterisiert heute die Vorstellungen vieler Forscher, die Explorationsverhalten, Neugier und Informationsverarbeitung als Prozesse von zentraler Wichtigkeit für das menschliche Handeln ansehen. Man kann diese Prozesse nicht durch die Begriffe und Konzepte der Triebtheorie verständlich machen. Es liegt jedoch eine gewisse Gefahr in dieser beschriebenen Art des Theoretisierens, weil Teilaspekte nur ungenau definiert sind und daher nachträglich zur Erklärung fast jedes Erlebnisses oder Phänomens verwendet werden können. Es wäre schwierig, ein Experiment zu entwickeln, um präzise Ableitungen aus dieser Theorie zu überprüfen, da genaue Ableitungen in den unbestimmten Begriffen dieser Theorie nur schwer empirisch zu konkretisieren sind.

6. Kapitel
Anreiz und Verstärkung

Die Trieb- und die Instinkttheorie betonten die Rolle innerer Anstöße oder Kräfte für die Determination des Verhaltens. Wir haben jedoch bei der Diskussion des Hungers und der Sexualität gesehen, daß äußere Reize oder Ereignisse eine große Bedeutung beim Hervorrufen der Verhaltensweisen haben, die oft einem Trieb oder Instinkt zugeordnet werden. Wie die Ethologen gezeigt haben, spielen äußere auslösende Reize eine wichtige Rolle für das Auftreten angeborener Verhaltensmuster. Im 4. Kapitel wurde gezeigt, daß Emotionen durch oder in Situationen aktiviert werden; das letzte Kapitel betonte die Rolle äußerer Faktoren bei Phänomenen wie Exploration, Manipulation und Neugier im allgemeinen. Offensichtlich spielen äußere Reize eine wichtige Rolle für motiviertes Verhalten, und man kann vielleicht sogar annehmen, daß alles motivierte Verhalten direkt oder indirekt die Folge äußerer Reize ist.
Dieser Standpunkt hat in den letzten Jahren zunehmend an Glaubwürdigkeit gewonnen; er führte zu Anreiztheorien der Motivation. Diese Theorien behaupten, daß äußere Ereignisse entweder durch Lernen oder angeborenermaßen bei ihrem Auftreten die Fähigkeit haben, bei Organismen Erregungszustände hervorzurufen, d.h. sie zu motivieren. Eine Aufgabe des vorliegenden Kapitels besteht darin, Anreize und Anreiztheorien der Motivation zu diskutieren.
Äußere Ereignisse haben jedoch auch noch eine andere Funktion, die mit der Motivation in Beziehung steht. Diese Funktion besteht darin, das Verhalten zu »stärken«, das dem Auftreten des äußeren Ereignisses vorausgegangen ist. Wenn ein hungriges Tier einen Hebel drückt und dem Hebeldruck die Zufuhr von Nahrung folgt, zeigt das Tier eine erhöhte Tendenz, in Zukunft den Hebel in dieser Situation zu drücken. Diese Steigerung einer Verhaltenstendenz ist mit dem Ausdruck »Zunahme der Stärke« gemeint.
Ein Ereignis, wie die Zufuhr von Nahrung, das die Stärke einer Reaktion steigert, wird Verstärker genannt, und die Operation, die zum Auftreten des Verstärkers führt, Verstärkung. Ein Grund für die Annahme, Verstärkung habe etwas mit Motivation zu tun, ist die Tatsache, daß viele Verstärker ihre stärkste Wirkung haben, wenn man das Tier zuvor depriviert.

Ein anderer Grund ist, daß einige Autoren (z. B. Bolles 1967) angenommen haben, daß vielleicht alle motivationalen Phänomene durch die Verstärkungstheorie erklärt werden können, d. h. daß die Begriffe Trieb und Anreiz durch das Verstärkungskonzept ersetzt werden können. Diese Vermutung führt zu einer Verstärkungstheorie der Motivation. Es ist die zweite Aufgabe dieses Kapitels, Verstärker und Verstärkung zu diskutieren und die Verstärkungstheorie der Motivation zu erörtern.
Anreize und Verstärker haben beide die Eigenschaft, daß sie zumeist äußere Ereignisse sind. Anreize führen zur Erregung, Verstärker zu Veränderungen in der Stärke von Verhaltensweisen. Eine interessante Tatsache ist nun, daß ein und dasselbe Ereignis ein Tier sowohl erregen als auch verstärken kann. So kann ein Tier dadurch, daß man ihm, *bevor* es durch einen Gang läuft, ein wenig Nahrung zu fressen gibt, so erregt werden, daß sich seine Laufgeschwindigkeit erhöht. Andererseits kann auch die Gewährung von Futter *nach* dem Laufen die Laufgeschwindigkeit beim folgenden Versuch erhöhen. Die vorhergehende Fütterung stellt einen Anreiz dar, die nachfolgende Fütterung eine Verstärkung. Es ist oft schwierig, Anreize und Verstärker zu unterscheiden, aber dennoch können sie unterschiedliche Wirkungen haben. Weil es diese Verbindungsglieder zwischen Anreizen und Verstärkern gibt, werden sie im gleichen Kapitel erörtert.

Anreize und Anreiztheorien

Wirkungen und charakteristische Eigenschaften von Anreizen

Die wirkungsvollste Art, den Wert von Anreizen aufzuzeigen, besteht darin, die Ergebnisse eines Experiments zu betrachten. Zeaman (1949) führte einen Versuch mit Ratten durch, der die Rolle von Anreizen auf zweierlei Weise illustriert.
Die Tiere wurden nach einer Nahrungsdeprivation trainiert, einen geraden Weg zu einer Futterkiste hinunterzulaufen. Das Maß, das Zeaman verwendete, war die Latenz oder Startzeit der Laufreaktion. Eine Gruppe der Tiere lief zu einer Belohnung von 2,4 Gramm Futter, die andere zu einer Belohnung von 0,05 Gramm Futter. Jede Gruppe erhielt zunächst 19 Versuchsdurchgänge; in diesem Versuchsstadium hatten sich die Latenzen für jede Gruppe auf ein konstantes Niveau einge-

pendelt. Die Durchschnittslatenzen der beiden Gruppen unterschieden sich jedoch. Wie Abb. 16 zeigt, hatte die Gruppe, die zur großen Belohnung lief, eine sehr viel kürzere Latenz als die Gruppe, die zur kleinen Belohnung lief. Dies ist ein Effekt der Anreize, d. h. die Größe des Anreizes wirkt sich auf das Verhalten aus. Beim nächsten Durchgang vertauschte Zeaman die Futterbelohnung, so daß die Gruppe, die vorher die kleine Belohnung erhalten hatte, jetzt die große bekam und umgekehrt. Abb. 16 zeigt deutlich, daß sich in dem Durchgang, der dem Vertauschen der Belohnungen folgte, die Latenzen sofort veränderten. Die Gruppe, die nun die große Belohnung bekam, reduzierte ihre mittlere Latenz drastisch, während die andere Gruppe ihre Latenz sehr stark steigerte. Zeamans Resultate stimmen mit denen, über die Crespi (1942) bereits früher berichtet hatte, überein; auch verschiedene andere Forscher bestätigten die rapiden Veränderungen in der Ausführung des Laufens, die dem Vertauschen der Belohnungen folgen. Diese Veränderung der Ausführung ist der zweite Effekt, der durch die Manipulation von Anreizen hervorgerufen wird.

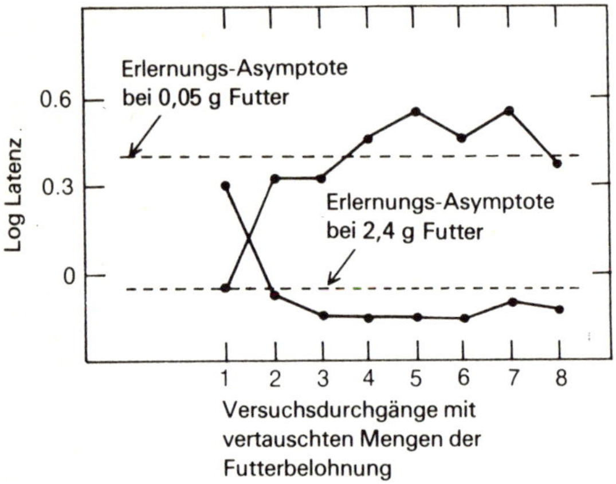

Abb. 16: Veränderungen in der Latenzzeit des Laufens als Funktion der Veränderung in der Menge der gewährten Belohnung, nachdem unter der vorherigen Belohnung eine Asymptote der Latenzzeit erreicht worden war. Nach Kimble, G. (Ed.): Hilgard and Marquis' conditioning and learning. (2. Aufl.) . Copyright 1961 von Appleton-Century-Crofts, Inc. Nachdruck mit Erlaubnis der Appleton-Century-Crofts, Educational Division, Meredith Corporation. Kimble bearbeitete diese Abb. nach Zeaman (1949).

Es ist wichtig, in bezug auf diese Resultate zwei Dinge festzuhalten. Zum einen trat die Annäherung an stabile Latenzen (Asymptoten) während des Trainings bei beiden Gruppen gleich schnell auf. Dies führt zu der Annahme, daß die Gewohnheitsbildung trotz der unterschiedlichen Asymptoten der Latenzzeiten in einer vergleichbaren Form fortschritt und daß die Gewohnheitsstärken beider Gruppen am Ende des Trainings gleich waren. Als zweites ist zu bemerken, daß die Veränderung der Ausführung sofort auf das Vertauschen der Belohnungen folgte. Unsere Konzeption von Gewohnheit und Gewohnheitsbildung ist mit solch rapiden Veränderungen unvereinbar. Das Lernen von Gewohnheiten erfolgt langsam. Daher sind die rapiden Veränderungen nicht auf Gewohnheitsänderungen zurückzuführen. Da der Trieb sich nicht mit den Anreizveränderungen ändert, müssen wir folgern, daß die Veränderung in der Ausführung aufgrund der Anreizveränderungen entstand.

Wenn man das eben dargestellte Argument vertritt, ist man zu der Schlußfolgerung gezwungen, daß Anreize bei der Kontrolle der Ausführung von Handlungen eine bedeutsame Rolle spielen können. In dem Fall, den wir diskutiert haben, geht es natürlich um die Größe des Anreizes. Gibt es andere Charakteristika der Anreize, die parallele Wirkungen haben?

Wir können diese Frage in bezug auf mehrere andere Merkmale von Anreizen positiv beantworten. So fand man z. B. in einer Studie (Simmons 1924), daß unterschiedliche Futterbelohnungen für die Förderung des Lernens bei Ratten nicht gleichwertig waren. Die effektivste Belohnung war eine Kombination aus Brot und Milch zusammen mit der Rückkehr in den heimatlichen Käfig; dann waren in der folgenden Reihenfolge am effektivsten: Brot und Milch allein, Sonnenblumenkerne, Rückkehr in den heimatlichen Käfig und Entkommen aus dem Labyrinth. Man weiß, daß Ratten Mengfutter aus Kleie Sonnenblumenkernen vorziehen. Elliot (1928) gab Ratten in den ersten neun Tagen eines Trainings im Labyrinth Belohnungen aus Kleie und stellte dann die Belohnung auf Sonnenblumenkerne um. Die Ausführung verschlechterte sich nach der Umstellung und wurde schlechter als die einer Kontrollgruppe, die durchgängig mit Sonnenblumenkernen belohnt worden war. Bei Affen wird die Ausführung gestört, wenn die Belohnung von einem Stück Banane auf ein weniger bevorzugtes Stück Salat umgestellt wird.

Die Laufgeschwindigkeit von Ratten auf eine Belohnung zu ist am schnellsten, wenn die Belohnung eine Zuckerlösung ist, etwas langsamer bei einer Weizenlösung und am langsamsten bei Casein (einem Protein). Das Umstellen der Ratten von Casein auf Zucker steigert ihre Laufgeschwindigkeit.

Anreize können auch das Verhalten motivieren, wenn das Tier vor dem Ausführen der Aufgabe eine Probe bekommt. Kleine Mengen von Futter oder Wasser (in jedem Falle entsprechend dem augenblicklichen Deprivationszustand), die vor der Ausführung auf einem Laufweg oder in einem Labyrinth verabreicht werden, verbessern die Ausführung. (Große Mengen würden natürlich die Effekte der Deprivation aufheben und die Ausführung verschlechtern, wenn sie vor dem Lauf gegeben werden.) Küken laufen schneller zu einem in vier Teile geteilten Popcornstück als zu einem ganzen Stück, obwohl die Mengen in diesem Fall gleich sind. Die Verzögerung der Belohnung verschlechtert die Ausführung im Vergleich zu einer unmittelbar folgenden Belohnung.

Diese Effekte von Anreizen sind am leichtesten in Situationen zu sehen, in denen die Zeit (Geschwindigkeit oder Latenz) die wichtigste abhängige Variable ist, die untersucht wird. Die Ergebnisse sind beträchtlich komplexer und weniger konsistent, wenn man falsche oder richtige Reaktionen als Maße verwendet. Wahrscheinlich liefern die Fälle, in denen die Geschwindigkeit oder die Latenz bei unkomplizierten Aufgaben beobachtet werden können, den besten Index für die Rolle von Anreizen als motivationale Faktoren. Bei komplexeren Maßen und Situationen können andere Faktoren die motivationalen Effekte der Anreize verbergen.

Auch bei der menschlichen Motivation sprechen wir gern von Anreizen. Eine plausible Möglichkeit, die menschliche Motivation zu charakterisieren, ist die Untersuchung ihrer Zwecke oder Ziele. Man kann auch von Trieben, Bedürfnissen oder Motiven sprechen, aber das Vorhandensein von Zielen oder Zielobjekten ist oft, wie wir im 7. Kapitel sehen werden, eine wichtige, wenn nicht gar die wichtigste Bedingung, die uns zu Begriffen wie Bedürfnis oder Motiv führt. Da Zielobjekte Anreize sind, können wir sagen, daß eine Darstellung der menschlichen Motivation, die auf Anreizen basiert, natürlich oder einleuchtend ist.

Im 7. Kapitel werden wir die Bedeutung von Anreizen für die menschliche Motivation diskutieren. Wir können jedoch schon

hier darauf hinweisen, daß viele Praktiken im Umgang mit menschlichem Verhalten die Manipulation von Anreizen beinhalten. Dies zeigen die folgenden Beispiele:
Noten für akademische Arbeiten; Lohnsysteme, die auf die Leistung bezogen sind; Preise für außergewöhnliche und verdienstvolle Leistungen; verschiedene Arten sozialer Anerkennung für Leistungen oder Dienste; Mitgliedschaft in exklusiven oder Elitegruppen und -organisationen; Diplome und Zeugnisse; Belobigungen für die Ausführung bestimmter Aufgaben. Dies sind positive Anreize. Man benutzt auch negative Anreize, von denen man hofft, daß sie ein Verhalten anregen, das nicht destruktiv, ineffektiv oder bösartig ist. Negative Anreize folgen Verhaltensweisen, die vermieden werden sollen; Drohungen, Bestrafungssysteme und ähnliches wirken wahrscheinlich als negative Anreize.
Diese kurze Abschweifung über die Rolle von Anreizen bei der menschlichen Motivation soll zeigen, daß die Arbeit mit Tieren nicht der einzige Bereich ist, in dem Anreize benutzt werden und sich als effektiv erweisen können. Wir werden die Verwendung von Anreizen bei Menschen im Zusammenhang mit menschlichen Motiven im 7. Kapitel noch näher besprechen.

Anreiztheorien

Es wurde bereits erwähnt, daß bei hungrigen Ratten die Aktivität als Reaktion auf Reizänderungen zunahm, wenn das Auftreten der Fütterung regelmäßig mit dieser Reizänderung verbunden war (Sheffield & Campbell 1954). Man kann annehmen, daß antizipatorische Freßreaktionen konditioniert werden und daß sie das Tier so erregen, daß es aktiv wird. Eine andere Möglichkeit ist, daß Frustration auftritt, wenn der Reizänderung, die antizipatorische Reaktionen hervorruft, nicht unmittelbar die Nahrung folgt. Man kann auf beiderlei Weise argumentieren, obwohl es einige Belege (Amsel 1962) dafür gibt, daß Frustration einer Freßreaktion tatsächlich die Ratte erregt. Amsel und Roussel (1952) ließen hungrige Ratten auf zwei verbundenen geraden Bahnen laufen, von denen jede zu einer Futterbelohnung führte. Das Tier lief zur ersten Zielbox (am Ende der ersten Bahn), wo es Futter bekam, und dann die zweite Bahn entlang zur zweiten Zielbox, wo es mehr Futter bekam. Nachdem dieses Verhaltensmuster gut eingeübt worden war, wurde das Futter aus der ersten Zielbox entfernt

(Frustration). Die Frustration in der ersten Zielbox führte zu einer Erhöhung der Laufgeschwindigkeit auf der zweiten Bahn. Amsel hat eine große Anzahl von Versuchen durchgeführt, die zeigen, daß das Fehlen erwarteter Belohnungen frustrierend ist und daß die Frustration erregende Wirkungen auf anderes Verhalten hat.

Die Reizänderung und die Effekte, die eine Frustration in dem von Sheffield und Campbell berichteten Experiment hervorrief, können als Beispiel für die Ereignisse dienen, die man als Anreiz bezeichnen kann, und als Beispiel für die Rolle von Anreizen bei der Motivation des Verhaltens. Wahrscheinlich können die Effekte der Merkmale von Anreizobjekten, über die wir im letzten Abschnitt berichtet haben, auf die Erregung zurückgeführt werden, die durch die Erwartungen hervorgerufen wird, die diese Anreize induzieren, oder auf die Frustration, die aus der Verzögerung oder dem Fehlen der erwarteten Belohnung entsteht.

Die Arbeit von Young (1959) liefert ein weiteres Beispiel dafür, wie Anreize wirken können. Young führte, wie wir früher erwähnt haben, Experimente mit Ratten durch, in denen er die entsprechende Laufgeschwindigkeit, um zu einem Anreiz zu gelangen, die Wahl zwischen Anreizen und die Menge des konsumierten Anreizes maß. Er fand z. B., daß Ratten, die zu einer Zuckerlösung laufen, dies schnell und ohne Zögern tun und die Nahrung sofort akzeptieren. Im Gegensatz dazu laufen Ratten langsamer auf Casein zu und erforschen dabei oft die nähere Umgebung, bevor sie das Casein akzeptieren. Young nimmt an, daß Zucker für die Ratte schmackhafter ist und daher im Vergleich zu Casein bevorzugt wird, d. h., er erzeugt größeren affektiven Genuß und daher stärkere Erregung als Casein.

Young vermutet, daß das Tier, wenn es Erfahrung mit dieser Situation gemacht hat, einen neuen Versuchsdurchgang mit einer »propriozeptiven Spannung« beginnt, wenn es das Zulaufen auf das Futter antizipiert. Die Situation aktiviert diese motivationale Spannung; sie entsteht »in den Muskeln, Sehnen und vielleicht den Gelenken« (Young 1959, S. 107) Young glaubt, daß die Spannung stärker ist, wenn das Tier zum bevorzugten Futter läuft. Übrigens waren die Tiere in Youngs Experimenten weder hungrig noch durstig; sie liefen wahrscheinlich zum Futter, weil das Probieren und Auffressen »affektiven Genuß«, d. h. Behagen hervorrief. Aus Youngs

Beschreibungen des Spannungszustands der Tiere scheint hervorzugehen, daß sie die Nahrung erwarteten. Es ist nicht klar, ob Frustration mitwirkte, obwohl der Zeitraum, in dem die Tiere zurückgehalten wurden, bevor man es ihnen gestattete loszulaufen, Frustration hervorgerufen haben könnte.

David C. McClelland und seine Mitarbeiter (1953) haben eine Motivationstheorie entwickelt, die der von Young ziemlich ähnlich ist, obwohl sie sich auf die menschliche Motivation bezieht. Ihre grundlegende Ansicht ist, daß motiviertes Verhalten entweder die Form der Annäherung an eine Situation bzw. einen Reiz oder die des Rückzugs von Reizen annimmt. Der fundamentale Mechanismus, der der Annäherung oder dem Rückzug zugrunde liegt, ist die Antizipation der Effekte des Verhaltens in der Situation. Bei der Antizipation von angenehmen Gefühlen wird eine Annäherung erfolgen, bei der Antizipation eines unangenehmen Affekts (z. B. Schmerz, Furcht oder Angst) jedoch der Rückzug.

Um diese Formulierung etwas anders auszudrücken, können wir folgendes Beispiel geben:

> Nehmen wir an, ein Mensch erlebt einen sehr angenehmen Affekt oder eine sehr angenehme Emotion. Während er dies erlebt, empfängt er verschiedene Reize oder Hinweise von seiner Umgebung, seinem Körper, seinen Gedanken und seinem emotionalen Zustand selbst. Durch dieses gleichzeitige Auftreten mit der Emotion können einer oder mehrere dieser Reize oder Hinweise mit dem emotionalen Zustand assoziiert werden; das bedeutet, sie können bei späteren Gelegenheiten einen Teil davon wieder aktivieren. Diese teilweise Reaktivierung des emotionalen Zustandes ist anscheinend motivierend; das bedeutet, der Mensch wird nun instrumentelle Aktivitäten aufnehmen, die ihn zur Annäherung an die Umstände führen werden, unter denen er den angenehmen Affekt oder die angenehme Emotion erlebte (Cofer & Appley 1964, S. 374 f.).

Es muß betont werden, daß der Hinweisreiz nur einen Teil des emotionalen Zustandes aktiviert und daß dies zu der Erwartung führt, der Eintritt in die Situation werde das Erleben der ganzen Emotion ermöglichen. Der Mensch ist also motiviert, das zu tun, was nötig ist, um die ganze Emotion wieder zu erleben. Wenn der Hinweisreiz mehr bewirken würde und die gesamte Emotion auslösen würde, gäbe es keine Motivation, instrumentelle Handlungen auszuführen, weil das Erleben der ganzen Emotion der Zielzustand ist.

Im Falle von Hinweisreizen, die beim Wiedererleben einer Situation eine Erwartung unangenehmer Gefühle hervorruft, wird die Erwartung natürlich instrumentelles Verhalten auslösen, das Kontakt mit der Situation vermeidet, also den Rückzug hervorruft.

Affektive Prozesse (angenehme und unangenehme Gefühle) werden als grundlegend für die Motivation angesehen; diese Prozesse können, wie wir im 4. Kapitel gesehen haben, im Sinne der Erregungstheorie interpretiert werden. Nach McClellands Ansicht sind alle Motive erlernt, weil sie von der Antizipation der affektiven Folgen abhängen. Diese Antizipationen werden durch Hinweisreize hervorgerufen, die aufgrund ihrer vorhergehenden Assoziation mit dem Erleben des vollständigen affektiven Zustands ihre Wirksamkeit entwickeln. Es handelt sich hier natürlich, wie bei Young, um eine Anreiztheorie der Motivation.

McClelland und seine Mitarbeiter entwickelten ihre Theorie unter anderem deswegen, weil sie mit dem Triebmodell unzufrieden waren. Ihre Wahl der Dimension angenehm — unangenehm als relevanten affektiven Variablen stimmt mit der langen Geschichte überein, die der Hedonismus in Analysen menschlichen Verhaltens gehabt hat. Die Darstellung, die sie für die Bedingungen geben, die die affektive Erregung determinieren, entspricht jedoch nicht der traditionellen hedonistischen Theorie.

Die Bedingung, die nach McClelland et. al. (1953, S. 28) für die Erregung des Affekts notwendig ist, ist eine Diskrepanz »zwischen Erwartung (Adaptationsniveau) und Wahrnehmung . . .«. Das bedeutet, daß das Erwartete, das Vorhersagbare, die Routine nicht emotional erregend sind. Mit der Zeit passen wir uns an einen bestimmten Stimulations- und Aktivitätsgrad an und erleben affektive Neutralität. Diese Vorstellung entspricht Helsons Annahme eines Adaptationsniveaus (AN), die im 5. Kapitel kurz beschrieben wurde. Abweichungen vom AN oder erwartete Abweichungen davon erzeugen Affektreaktionen. Der Hinweisreiz, der die Erwartung eines angenehmen (oder unangenehmen) Zustands durch das Zusammenwirken mit einer anderen Situation hervorruft, signalisiert eine Veränderung des Adaptationsniveaus. Diese Formulierung ist mit dem vergleichbar, was wir aus dem letzten Kapitel über die Bedingungen für das Auftreten von Neugier und Explorationsverhalten wissen.

Man nimmt an, daß das Ausmaß der Diskrepanz von der Erwartung oder vom AN bestimmt, ob das Erlebnis angenehm oder unangenehm ist. Wenn die Diskrepanz klein ist, treten angenehme Gefühle auf, wenn sie groß ist, unangenehme Gefühle. Es muß darauf hingewiesen werden, daß die Veränderungen in beiden Richtungen vom AN auftreten können, d. h., die Veränderung kann im Vergleich zum augenblicklichen AN eine Zunahme oder eine Abnahme der Stimulation darstellen. Welche Richtung die Veränderung auch immer annimmt, ihre Größe bestimmt, ob sie angenehme oder unangenehme Gefühle zur Folge hat.

Wenn man nur die Grundbegriffe der Theorie darstellt, scheint sie ziemlich einfach zu sein. Tatsächlich ist sie komplex, weil man, wenn man sie anwenden oder testen will, das augenblickliche AN kennen muß, um abzuschätzen, ob eine Situation eine Abweichung hervorruft und wie groß die Abweichung ist. Zusätzlich haben Ereignisse viele Dimensionen; eine Abweichung von der Erwartung kann in einer oder allen Dimensionen auftreten. Experimentelle Tests sind daher schwierig durchzuführen. Soweit mir bekannt ist, gibt es nur ein wichtiges Experiment, das den Anforderungen an einen geeigneten experimentellen Test entspricht. Die Ergebnisse dieses Tests bestätigen die grundlegenden Postulate der Theorie über die Bedingungen für das Auftreten positiver und negativer Affekte. Es handelt sich dabei um das von Haber (1958) durchgeführte Experiment, das weiter unten diskutiert wird. Mehrere andere Tests der Theorie in viel komplexeren Situationen, als sie Haber verwendete, haben sie nicht voll bestätigt (vgl. Verinis, Brandsma & Cofer 1968), aber es ist nicht ganz sicher, ob diese Experimente überhaupt geeignet waren, die Theorie zu überprüfen.

Auf der Basis der theoretischen Analyse sollte sich das Auftreten positiver und negativer Affekte und affektiver Indifferenz mit den Diskrepanzen vom Adaptationsniveau in der Art verändern, wie es Abbildung 17 zeigt. Habers Experiment führte zu Resultaten, die mit diesen Erwartungen übereinstimmten. Haber ließ seine Versuchsperson die Hände in Wasser mit einer bestimmten Temperatur halten; sie sollten die Hände so lange in das Wasser halten, bis sie das Wasser als neutral empfanden (AN). Dann hielt jede Versuchsperson ihre Hände zur gleichen Zeit in unterschiedliche Eimer mit unterschiedlich temperiertem Wasser. Daraufhin sollte sie die Hand aus dem Eimer zurückziehen, in dem sich das Wasser „weniger angenehm" anfühlte. Man erhielt eine Reihe von Beurteilungen für eine Anzahl von Temperaturen und ANs.

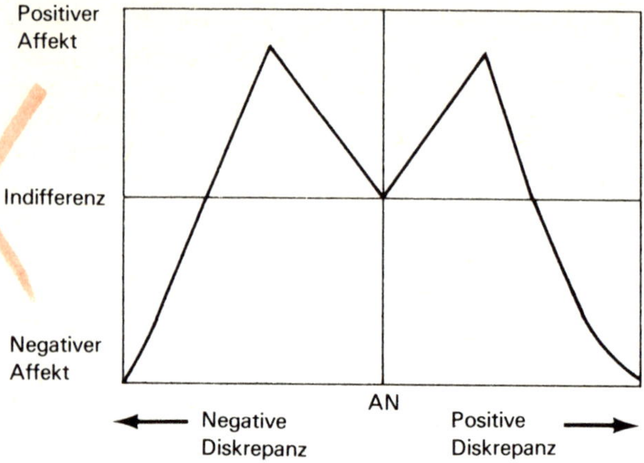

Abb. 17: Hypothetische Beziehungen zwischen Affektbeurteilungen zur Abweichung der Stimulation vom Adaptationsniveau, nach McClellands Theorie. Aus Haber, R. N.: Discrepancy from adaptation level as a source of affect, in: Journal of Experimental Psychology, 1958, Bd. 56, S. 371, Abb. 1. Mit Erlaubnis der American Psychological Association.

Die Vorliebe für Wassertemperaturen war für mäßige Abweichungen vom AN maximal und nahm auf beiden Seiten dieser Maxima ab: ein Ergebnis, daß die theoretische Analyse voraussagt. Daher kann man sagen, daß die Analyse der Bedingungen von angenehmen und unangenehmen Gefühlen in dieser Situation bestätigt wurde.

Wir haben bereits darauf hingewiesen, daß nach McClelland alle Motive erlernt sind. Der Leser mag sich aber gefragt haben, ob diese Behauptung überhaupt ernst zu nehmen ist. Wir wollen als Beispiel den Hunger betrachten. Anfänglich ist dieser Zustand nach der Theorie kein Motiv. Erst nachdem innere Hinweisreize, die durch den Deprivationszustand entstehen, und andere äußere Hinweisreize mit dem angenehmen Zustand der Nahrungsaufnahme assoziiert worden sind, können die Hinweisreize eine Erwartung hervorrufen, daß das Aufsuchen einer Eßsituation angenehm sein wird. Erst dann können wir sagen, daß es ein Hungermotiv gibt. Es ist ein verläßliches Motiv, weil die aus der Deprivation und die durch die Eßsituation entstehenden Hinweisreize mit großer Regelmäßigkeit auftreten, aber das Motiv selbst ist erlernt.

McClellands Theorie lehnt also die Triebvorstellung ab, nimmt aber an, daß innere oder äußere Hinweisreize affektive Reaktionen auslösen können, die die Energie für die Ausführung von Verhaltensweisen liefern. Die Hinweisreize bestimmen natürlich im Fall dieser »motivationalen Assoziationen« die Richtung des Verhaltens. Es gibt andere Assoziationen nicht-motivationalen Charakters, die keine affektive Erregung hervorrufen, so daß affektive Erregung das Kennzeichen von Motiven zu sein scheint. Die Theorie ist wegen ihrer Ablehnung von Trieben und ihrer Annahme eines Mechanismus, nach dem Hinweisreize zur Erregung führen, eine Anreiztheorie der Motivation. Wie Youngs Theorie behauptet sie, daß die Wirkung von Anreizen in der positiven oder negativen affektiven Erregung liegt.

Es gab mehrere Formulierungen von Anreiztheorien, von denen die meisten eine begrenztere Perspektive als die Theorie McClellands hatten. Diese Formulierungen schließen Ansichten ein, die antizipatorische Zielreaktionen, wie z. B. Freßreaktionen, betonen. Wir erwähnten diese Vorstellungen kurz in der Diskussion von Sheffields und Amsels Formulierungen, die die Frustration antizipatorischer Freßreaktionen als die Grundlage für die Motivation in bestimmten Situationen betonten.

Cofer und Appley (1964, Kapitel 16) haben diese Gesichtspunkte in einer Theorie motivierten Verhaltens verarbeitet, die von Reaktionen auf Anreize ausgeht. Sie gingen von der Ansicht aus, daß der Kern des Motivationskonzepts in seiner Rolle liegt, die Intensität von Verhaltensweisen zu regulieren, d.h., die Motivation dient dazu, das Verhalten zu intensivieren. Indem die Autoren diese Ansicht äußern, haben sie die Vorstellung akzeptiert, daß es die einzige Funktion der Motivation ist, Reaktionen durch Erregungszustände mit Energie zu versorgen; die Steuerung des Verhaltens, d.h. seine Richtung, wird anderen Faktoren zugeschrieben (siehe 2. Kapitel).

Die Erregung wird durch innere oder äußere Reize ausgelöst. Cofer und Appley nehmen an, daß zwei Mechanismen notwendig sind, um die Auslösung von Erregung durch Reize zu erklären. Der eine Mechanismus hängt vom Lernen ab und wird Antizipations-Intensivierungs-Mechanismus (AIM) genannt (anticipation-invigoration mechanism). Der andere Mechanismus erfordert keine Lerngeschichte und wird Sensibilisierungs-Intensivierungs-Mechanismus (SIM) genannt (sensitization-invigoration mechanism). Es ist möglich, daß die beiden Mechanismen oft harmonisch zusammenwirken, da die Erregung in vielen Situationen das Ergebnis sowohl von erlernten als auch von ungelernten Prozessen sein kann. Bei der weiteren Diskussion werden wir den AIM und den SIM jedoch getrennt betrachten.

Der AIM wird im Blick auf die Forschungsergebnisse postuliert, die viele Autoren dazu veranlaßt haben, einen erlernten Anreizmechanismus der Motivation anzunehmen. Wahrscheinlich war der Hauptgrund, der Cofer und Appley veranlaßte, diesen Mechanismus zu postulieren, der Nachweis, daß Aktivität als Reaktion auf Nahrungsdeprivation entsteht, wenn Reize regelmäßig mit der Fütterungszeit verbunden worden sind. Diese Reize rufen Erwartungen hervor, daß die Fütterungszeit gekommen ist; die Erwartungen selbst oder ihre Frustration erregen das Tier und intensivieren seine Reaktionen. Viele Beobachtungen, die sich nicht auf Aktivität beziehen, stimmen ebenfalls mit dieser Formulierung überein. Zu ihnen gehören die Effekte der Vorfütterung, der Eigenschaften von Zielobjekten, die Beständigkeit motivationaler Phänomene beim Fehlen lokaler Reizung, die Notwendigkeit der Deprivationserfahrung, um Deprivation motivierend zu machen, und der appetitähnliche Charakter des sexuellen Verhaltens. In all diesen Fällen erregt der Anreiz den Organismus sofort oder allmählich. Komplexe motivationale Phänomene beim Menschen scheinen, wie es im 7. und 8. Kapitel zum Ausdruck kommt, eine Interpretation zu erfordern, in der Anreize eine Hauptrolle spielen.

Cofer und Appley geben in bezug auf die Frage, welche Mechanismen der Antizipation zugrunde liegen könnten, keine spezifische Antwort, obwohl sie mit der Vorstellung sympathisieren, daß Komponenten der Zielreaktionen die Grundlage für die Antizipation bilden könnten.

Nach Cofer und Appley wird der Richtungsaspekt des Verhaltens durch die Reize der Situation bestimmt. Dazu gehören auch die Reize, die die Erregung hervorrufen. Anreiztheorien binden im allgemeinen Erregung an Situationen; Situationen enthalten natürlich viele Reize, mit denen Reaktionen der Annäherung oder Vermeidung assoziiert worden sind. Was das Tier tut, wird der Kontrolle, die solche Reize über seine Reaktionen haben, zugeschrieben. Entscheidungen, Bevorzugungen, zuvor gelernte Bewegungsmuster und die Annäherung oder Vermeidung von Situationen hängen von diesen kontrollierenden Reizen ab. Die motivationale Komponente—die

Erregung — steuert nur die Intensität, mit der solche gelernten Reaktionen auftreten.

Die vorangehende Darstellung weist darauf hin, daß Anreize in relativ spezifischen Situationen wirken. Man könnte sich nun fragen, wie diese Formulierung allgemeinere Motive, deren Vorhandensein wir beim menschlichen Organismus oft unterstellen, erklärt. Wir nehmen an, daß allgemeine Motive entstehen, weil viele und verschiedene Reize die Fähigkeit erlangt haben, Erregung zu erzeugen, und daß dieselben Reize (und vielleicht auch andere) aufgrund von Lernvorgängen in gleicher Weise bestimmte Verhaltensbereiche kontrollieren können, z.B. Handlungen, die auf Leistung, Aggression oder Angst bezogen sind.

Der Sensibilisierungs-Intensivierungs-Mechanismus (SIM) wurde von Cofer und Appley postuliert, um den Sachverhalt zu erklären, daß einige Reize anscheinend die Fähigkeit besitzen, Erregung auch ohne vorhergehendes Lernen hervorzurufen. Bei den Beispielen für den SIM handelt es sich um Aktivitäten auf hormonaler Grundlage, wozu auch die auslösenden Reize gehören, die die Ethologen bei Tieren mit einem entsprechenden Hormonspiegel untersuchten.

Das Modell für den SIM wurde von dem von Beach (1956) vermuteten sexuellen Erregungsmechanismus entlehnt. Es unterscheidet sich vom AIM nur darin, daß bestimmte Reize anscheinend Erregung auslösen können, ohne daß Lernvorgänge notwendig sind. So erregen z.B. die von einem sexuell empfänglichen Weibchen ausgehenden Reize eine hormonell ausgereifte männliche Ratte, ohne daß dabei Lernprozesse eine Rolle spielen. In ähnlicher Weise wird die männliche Ratte das Weibchen erregen, aber nur wenn dieses aufgrund ihres Hormonzustands empfänglich ist. Diese Art von Mechanismus scheint einer Anzahl von Verhaltensweisen zugrunde zu liegen; z.B. sind Rattenbabies gerade nach der Geburt für das Weibchen als Reize für mütterliches Verhalten höchst wirksam; hormonale Faktoren wirken (neben anderen Faktoren) beim Nestbauen mit; sie scheinen ebenso bei den Wanderungen von Zugvögeln beteiligt zu sein.

Es ist nicht bekannt, welche Mechanismen bewirken, daß die männliche Ratte z. B. zu bestimmten Zeiten für das Weibchen einen erregenden Reiz darstellt und zu anderen Zeiten nicht. Irgendeine Veränderung in der Sensibilität des Weibchens spielt vielleicht eine Rolle, aber Details sind nicht be-

kannt. Die Grundlage dieser selektiven Sensibilisierung für Reize muß erst noch erforscht werden.
Auf jeden Fall tritt die Erregung auf; wie bei dem AIM liefert die Situation viele Hinweisreize für das auftretende Verhalten. In diesen Fällen enthält die angeborene Struktur des Tieres die Mechanismen, die dem Verhalten zugrunde liegen. Das Lernen braucht überhaupt nicht mitzuwirken oder, wenn es mitwirkt, trägt es wahrscheinlich beim SIM sehr viel weniger als beim AIM zu dem Verhaltensmuster bei. Wie Beach beobachtet hat, können Situationen bei der männlichen Ratte aufgrund von Erfahrungen sexuelle Erregung hervorrufen, aber dieser Prozess erweitert nur die Anzahl der Situationen, in denen sie auftritt. Bei Ratten scheint Lernen jedenfalls weder für das Auftreten von Erregung bei bestimmten hormonalen Zuständen und adäquaten Reizen noch für das ausgelöste Verhaltensmuster wesentlich zu sein. Natürlich spielt das Lernen bei anderen Arten eine viel größere Rolle.
Nach der Hypothese von Cofer und Appley werden die Episoden motivierten Verhaltens beendet, wenn die erregende Wirkung der Anreize vermindert wird. Dies erfolgt wahrscheinlich wegen des konsumatorischen oder des Fluchtverhaltens, die das Erregungspotential der Reize oder die Kapazität des Reaktionsmechanismus, der das Verhalten aufrecht erhält, ändern. In manchen Fällen, z.B. bei einer nicht hungrigen Ratte, die zu einer Zucker- oder Saccharinlösung läuft, wird die Reaktion des Tieres jedoch über sehr viele Versuchsdurchgänge aufrechterhalten.

Verstärker und Verstärkungstheorie

Wie wir schon gesehen haben, bezog sich der Motivationsbegriff historisch auf innere Faktoren, die das Verhalten steuern und die mit einem Anstoß verglichen werden können, d.h., das Verhalten entspringt inneren »Anstößen«. Die vielen Schwierigkeiten bei dieser Vorstellung haben zu einer alternativen Interpretation in Begriffen von Anreizen geführt, die wir gerade besprochen haben; von Anreizen kann man fast sagen, daß sie das Verhalten auf sich zu (oder von sich weg) »ziehen«. Aber es wurde auch der Standpunkt vertreten, es sei vielleicht möglich, überhaupt ohne alle Motivationskonzepte auszukommen. Eine solche Position wird vor allem von den Vertretern der Verstärkungstheorie eingenommen. Bevor wir diese Theorie besprechen, soll noch etwas näher erläutert werden, was man unter Verstärkung versteht.

E.L. Thorndike formulierte 1911 auf der Grundlage der von ihm durchgeführten Forschungsarbeiten das sogenannte Gesetz des Effekts. Dieses Gesetz behauptet, daß die Reaktionen, die in einer Situation auftreten und zur »Befriedigung« führen, gewöhnlich wiederholt werden, wenn die Situation wieder eintritt, während die Reaktionen, die nicht zur Befriedigung führen, nicht gestärkt werden. Thorndike definierte Befriedigung als alles, ». . . was das Tier nicht vermeidet, sondern für das es oft etwas tut, um es zu erreichen und zu bewahren« (1911, S. 245). Er glaubte, daß Strafe die Reaktionen, die in einer Situation ausgeführt werden, schwächt, aber er gab diese Vorstellung auf, weil seine Daten sie nicht unterstützten.

Das Gesetz des Effekts besitzt eine ziemlich große beschreibende Gültigkeit, obwohl es wahrscheinlich ist, daß es Fälle von Lernen gibt, auf die es nicht so einfach anzuwenden ist. Der größte Teil der theoretischen Diskussion konzentrierte sich stärker auf die Mechanismen des Gesetzes als auf seine empirische Validität.

Obwohl Begriffe wie Befriedigung und Genuß in frühen Formulierungen des Gesetzes manchmal benutzt wurden, wurden sie schließlich durch alternative Darstellungen ersetzt, die Triebreduktion, Bedürfnisreduktion oder Reduktion der Triebreize als den Prozeß ansahen, der für das Auftreten der Verstärkung wesentlich ist. Für unsere augenblicklichen Zwecke genügt es, einfach von Triebreduktion als Basis der Verstärkung zu sprechen, ohne auf die Frage einzugehen, wie sich dieser Begriff von der Bedürfnis- oder Triebreiz-Reduktion unterscheidet.

Die systematische Verhaltenstheorie von Clark L. Hull (1943, 1952) machte vom Konzept der Triebreduktion ausgedehnten Gebrauch. Hull nimmt an, daß die Verstärkung darauf beruht, daß der Verstärker in einem bestimmten Ausmaß den vorherrschenden Triebzustand vermindert, z.B. wenn ein hungriges Tier Futter erhält.

Dieses Prinzip war mehrere Jahre lang beliebt, aber es trat eine Reihe von Schwierigkeiten auf. Es ist eine der Implikationen dieses Prinzips, daß die Reduktion eines vorherrschenden Triebs zu einer Verminderung der Stimulation, d.h. zu einer Spannungsreduktion führt. (In dieser Implikation scheint es mit einigen Vorstellungen Freuds vergleichbar zu sein). Gerade dieser Aspekt wurde angegriffen: Verstärkung kann nicht mit Trieb- oder Reizreduktion gleichgesetzt werden.

Das Konzept der Triebreduktion ist nicht mit den im 5. Kapitel besprochenen Arbeiten vereinbar, in denen es deutlich wurde, daß neue Reize motivierend sein können und daß Bedingungen sensorischer Isolation oder Deprivation anscheinend unangenehm sind. Weiterhin treten Lernprozesse auch auf, wenn eine Reaktion zu verstärkter Reizung führt, wie in der folgenden Diskussion gezeigt wird.

Ratten lernen es, in den Arm eines Y-förmigen Labyrinths zu laufen, das zu einem anderen komplexen Labyrinth führt, das sie erforschen können, und nicht in den Arm, der zu einer gewöhnlichen Zielbox führt (Montgomery 1954). Affen lernen es, eine bestimmte Platte an der Seite einer Box zu drücken, die sich öffnet, wenn man sie anstößt, und die ihnen einen Ausblick auf das Labor gewährt. Diese Umgebung ist wahrscheinlich stimulierender als die in der Box, in die sie eingeschlossen sind (Butler 1953). Akustische Reizung wirkt auf Affen ebenfalls verstärkend (Butler 1957). Wenn eine Zielbox neue Objekte enthält, lernen es Ratten, zu dieser Zielbox und nicht zu einer leeren zu laufen (Berlyne & Slater 1957). Das Aufleuchten eines relativ schwachen Lichts wirkt bei Ratten als Belohnung (Roberts, Marx & Collier 1958). Anscheinend kann die Bewegung in einem Teil eines Apparats auf Ratten verstärkend wirken. Wenn Ratten in eine Umzäunung gesetzt werden, wo sich in jeder Ecke eine Plattform befindet, verbringen sie einen zunehmenden Anteil ihrer Zeit auf derjenigen von vier Plattformen, die sie durch ihr Gewicht bewegen können (Kish 1955; Barnes & Kish 1957).

Auch andere Belohnungsarten sind wirksam, obwohl sie nicht zur Triebreduktion führen. So lernen Ratten in einem T-Labyrinth die richtige Reaktion, wenn die Belohnung Saccharin ist (das für den Menschen einen süßen Geschmack hat), eine Substanz ohne Nährwert (Sheffield & Roby 1950). Saccharin war ein wirkungsvollerer Verstärker als Dextrose, eine nahrhafte Substanz, die nicht so süß wie Saccharin schmeckt. Männliche Ratten lernen, ihre Laufgeschwindigkeit auf einer Bahn zu erhöhen, wenn die Belohnung die unvollständige Paarung mit einem empfänglichen Weibchen ist (Sheffield, Wulff & Backer 1951). Die Ratten waren sexuell unerfahren; die Tatsache, daß die Paarung unvollständig war, sollte den Stimulationsgrad eher gehoben als gesenkt haben. Alle diese Funde unterstützen deutlich die Annahme, daß Triebreduktion keine notwendige Bedingung für Verstärkung ist, obwohl Triebreduktion natürlich auch verstärkend wirken kann.

Es wurden einige Versuche gemacht, einen zur Triebreduktion alternativen Verstärkungsmechanismus zu finden, der allgemein genug sein würde, um die Wirkungsweise einer großen Anzahl von Verstärkern zu erklären.

Ein vielversprechender Ansatz stammt von Premack (1959, 1965). Im wesentlichen beinhaltet seine Vorstellung, daß eine verstärkende Aktivität für den Organismus einen höheren Wert hat als die verstärkte Aktivität. Man würde z.B. von diesem Standpunkt aus argumentieren, daß Trinken für eine durstige Ratte einen höheren Wert als Laufen hätte. Wir wissen, daß das Trinken von Wasser die Handlung, zum Wasser zu laufen, verstärkt. Aber angenommen, Laufen hätte einen höheren Wert als Trinken: Würde es dann das Trinken verstärken? Premack (1962) machte einen Test dieser Ableitung aus seiner Theorie, bei dem er in einem Fall Wasserdeprivation benutzte, um den Wert des Trinkens zu erhöhen, und im anderen Fall Deprivation von Laufen in einem Laufrad. Wenn man das Tier durch eine Gelegenheit zu laufen (im deprivierten Zustand) für das Trinken (im gesättigten Zustand) verstärkte, lernte es trotz fehlender Wasserdeprivation zu trinken. Als man die Bedingungen umkehrte, lernte es zu laufen, wenn seiner Aktivität das Trinken folgte. Diese Ergebnisse unterstützen Premacks Voraussage; und andere Befunde über das Verhalten von Kindern und Affen sowie von Ratten unterstützen sie ebenfalls.

Premacks Analyse führt natürlich zu einer relativen Konzeption der Verstärkung (Hilgard & Bower 1966, S. 486). Dies bedeutet, daß eine bestimmte Aktivität eine andere, weniger bevorzugte verstärkt, selber aber von einer Aktivität mit größerem Wert verstärkt werden kann. Ebenso kann sich der Wert einer bestimmten Aktivität ändern, was in dem eben erwähnten Beispiel bei Trinken und Laufen der Fall war. Aktivitätswerte können sich ebenso mit der Erfahrung und vielleicht mit dem Wachstum und der Reifung verändern. Diese Variationen weisen auf Schwierigkeiten bei der Anwendung von Premacks Modell hin, weil geeignete Mittel vorhanden sein müssen, um die relativen Bevorzugungen von Aktivitäten zu einer bestimmten Zeit zu bewerten, damit man entscheiden kann, wel-

che als Verstärker verwendet werden können. Es kann oft schwierig sein, Aktivitäten zu vergleichen, wenn die Einheiten der Ausführung von Handlungen nicht die gleiche Dauer haben. Nichtsdestoweniger kann dieses Konzept viele Probleme überwinden, auf die die Triebreduktions-Interpretation der Verstärkung gestoßen ist; es paßt auch gut zu dem, was wir in diesem und in früheren Kapiteln über das Adaptationsniveau gesagt haben. Eine Abweichung vom Adaptationsniveau scheint viele der motivationalen Effekte äußerer Reize zu charakterisieren (siehe Berlyne 1967). Wie wir gerade gesehen haben, hat man oft festgestellt, daß äußere Reizänderungen Verstärkungswert haben. Es ist möglich, daß die Veränderungen der Stimulation, die Fortbewegung, Manipulation und Neugier im allgemeinen hervorrufen, auch auf das Verhalten verstärkend wirken. Daher ist es nötig, die Beziehung zwischen Motivierung und Verstärkung in diesen Fällen zu überprüfen.
Man stellte fest, daß eine Art der Stimulation, die sich von äußeren Reizänderungen ziemlich unterscheidet, ebenfalls ein wirkungsvoller Verstärker ist. Die Wirksamkeit dieser Verstärker wurde als Widerlegung der Triebreduktions-Interpretation der Verstärkung aufgefaßt. Es handelt sich um die Stimulation bestimmter Zonen des Gehirns durch eine kurze elektrische Reizung. Olds und Milner (1954) berichteten, daß Ratten lernten, einen Hebel zu drücken, wenn das Hebeldrücken zu dieser Reizung führte, und daß das Verhalten der Tiere annehmen ließ, daß die Stimulation angenehm war, was die Vorstellung unterstützt, daß es im Gehirn »Lustzentren« gibt. Es wurde ebenso berichtet (Delgado, Roberts & Miller 1954), daß es im Gehirn Zonen gibt, deren elektrische Reizung aversiv ist (siehe Abb. 18).
Bei diesen Experimenten wurden Elektroden dauerhaft in das Gehirn der Ratten eingepflanzt; ein Stromkreis wurde hergestellt, so daß das Tier die elektrische Reizung im Gehirn erhielt, wenn es den Hebel drückte. Bei verschiedenen Tieren (Katzen, Affen, Delphine) berichtete man von positiven Effekten der Gehirnreizung. Bei menschlichen Patienten wurde über Lustgefühle berichtet, die bei der elektrischen Reizung mehrerer Zonen des Gehirns auftraten; in einer Studie lernten Patienten, einen Hebel zu drücken, der zu einer elektrischen Reizung ihres Gehirns führte; durch diese Verstärkung wurde ihre Reaktion aufrechterhalten (Sem-Jacobsen & Torkildsen 1960).

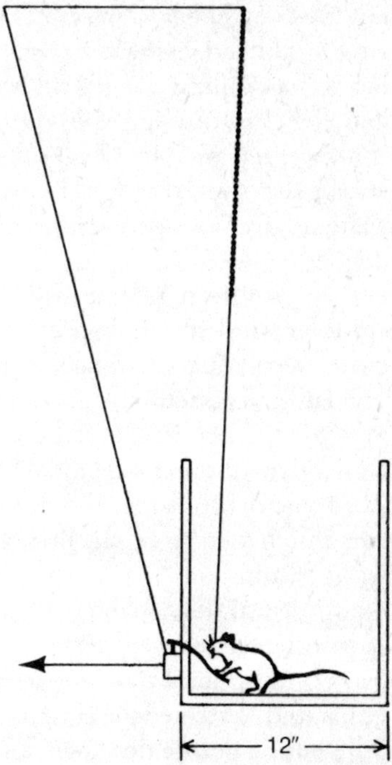

Abb. 18: Skizze der Vorrichtung zum Drücken eines Hebels, mit dem eine Ratte dem eigenen Gehirn eine elektrische Reizung zufügen kann. Das Herunterdrücken des Hebels schließt einen Stromkreis, so daß der Strom durch eingepflanzte Elektroden das Gehirn reizt. Nach Olds, J.: Self-stimulation of the brain, in: Science, Bd. 127, S. 315 - 324, Abb. 1, 14. Februar 1958.

Man hat die Lage von Teilen des Gehirns, wo diese belohnenden und aversiven Effekte erzeugt werden, bei Ratten ausführlich untersucht. Die Reizung vieler Zonen des Gehirns führte weder zu belohnenden noch zu aversiven Effekten; ungefähr 60 Prozent der Plazierungen der Elektroden hatten keinen Effekt, wobei sich viele dieser Plazierungen in dem Neocortex und dem größten Teil des Thalamus befanden. Viel mehr Plazierungen führen zu belohnenden Effekten (35 Prozent) als zu aversiven Effekten (5 Prozent). Die aversiven Plazierungen liegen meistens in der Nähe der Regionen, die zu positiven Effekten führen (siehe Grossman 1967, S. 569).

Zu den Strukturen, deren Reizung belohnend wirkt, gehören das Rhinenzephalon, der Hypothalamus, Teile des Thalamus und des Tegmentum. Die Geschwindigkeit des Hebeldrückens für elektrische Stimulation variiert sehr zwischen und in diesen Strukturen, wobei die höchste Geschwindigkeit für Reizungspunkte im hinteren Hypothalamus, dem medialen Tegmentum, den praeoptischen und septalen Zonen auftritt (Grossman 1967, S. 569).

Die Reizung einiger Zonen des Gehirns als Verstärkung führt zu sehr hohen Geschwindigkeiten beim Hebeldrücken. Wenn der Schockapparat ausgestellt wird, hört das Tier sofort auf, den Hebel zu drücken. Olds (1958a) berichtete von 50 großen Häufigkeiten wie 7000 Reaktionen pro Stunde und von einer Häufigkeit von 2000 Reaktionen pro Stunde bei einer Ratte während der Wachperioden über einen Zeitraum von 48 Stunden.

Als die positiven Effekte der direkten Reizung des Gehirns entdeckt wurden, sah man das Phänomen als unvereinbar mit einer Triebreduktions-Theorie der Belohnung an; man nahm an, daß es »Lustzentren« im Gehirn gibt (Olds & Milner 1954, S. 425). Bei den frühen Experimenten war kein Triebzustand vorhanden; die belohnenden Effekte entstanden durch eine Zunahme der Reizung, die durch den elektrischen Strom hervorgerufen wurde. Es tauchten aber auch alternative Interpretationen auf.

So wurde z.B. die Unabhängigkeit des Belohnungssystems von Motivationssystemen in Frage gestellt. Nach Grossman (1967, S. 575) ist es eine Tatsache, daß »Hunger, Durst, sexuelle Erregung und verschiedene emotionale Triebe durch elektrische Stimulation gerade der Regionen angeregt oder gehemmt werden können, die ganz direkt bei Belohnungs- und Bestrafungsphänomenen mitwirken«.

Weiterhin ist es oft der Fall, daß die Geschwindigkeiten der Selbststimulation, die man für bestimmte Zonen des Gehirns gefunden hat, sich mit der Nahrungsdeprivation und der Injektion von Androgen (einem Sexualhormon) verändern. So fand Olds (1958b), daß je nach der Plazierung der Elektroden entweder der Hunger oder der Androgenspiegel mit hohen Reaktionsraten zusammenhing, verglichen mit den Reaktionsraten, die man erhielt, wenn die Tiere nicht hungrig waren oder ihr Androgenspiegel niedrig war. Brady und seine Mitarbeiter (1957) berichteten über ein Tier, das einen von zwei Hebeln drücken konnte. Wenn es den einen Hebel (A) drückte, erhielt es Wasser, wenn es den anderen (B) drückte, wurde sein Gehirn elektrisch gereizt. Das Tier war zuvor einer Wasserdeprivation ausgesetzt worden. Da es jedesmal, wenn es Hebel A drückte, mit Wasser belohnt wurde, war es schnell mit Wasser übersättigt, und das anfängliche häufige Drücken von Hebel B fiel ab. Dies führt zu der Vermutung, daß die Wasserdeprivation das Drücken von Hebel B motivierte. Man gab dann dem

Tier nur manchmal beim Drücken von Hebel A Wasser (nach einem variablen Intervallplan); dieses Programm führte nicht zu einer Übersättigung an Wasser, und das Drücken von Hebel B ließ nicht nach. Daher hängt hier die Häufigkeit des Hebeldrückens für elektrische Reizung des Gehirns vom Vorhandensein einer Wasserdeprivation ab. Eine große Häufigkeit der Selbststimulation tritt auch bei Plazierungen in Zonen auf, die zuverlässig Eßverhalten anregen, wenn sie elektrisch gereizt werden (Margules & Olds 1962). Man könnte auch noch andere Ergebnisse zitieren; der allgemeine Befund ist jedenfalls, daß es eine enge, wenn nicht eindeutige Beziehung zwischen dem Auftreten von Selbststimulation in einer Zone des Gehirns und der Rolle dieser Zone beim Hervorrufen von Verhaltensweisen wie Essen, Trinken und sexueller Erregung gibt. Grossman (1967, S. 591) nimmt an, daß diese Beziehungen bedeuten können »daß der Belohnungseffekt durch die Anregung hemmender (oder in manchen Fällen erregender) Mechanismen verursacht wird, die zur zentralen Steuerung spezifischer Triebe beitragen. Man kann annehmen, daß die Selbststimulation zur Pseudosättigung eines vorherrschenden Triebs (oder in manchen Fällen zur Anregung spezifischer Triebe) führt«.

Eine solche Interpretation ist zumindest teilweise mit einer allgemeinen Triebreduktions-Vorstellung vereinbar. Mit anderen Worten, die elektrische Selbststimulation stellt vielleicht keine geeignete Grundlage dar, auf der ein Spannungsreduktions-Konzept der Verstärkung widerlegt werden kann, wie Olds und Milner ursprünglich glaubten. Andererseits bietet die Untersuchung der Selbststimulation einen interessanten Weg, um Aspekte der Belohnung zu untersuchen, ein Konzept, das für viele unserer Vorstellungen über das Verhalten eine zentrale Stellung hat.

Trowill, Panksepp und Gandelman (1969) interpretierten die Belohnungseffekte elektrischer Gehirnstimulation im Sinne der Anreiztheorie. Ihr Standpunkt, den sie durch mehrere in der Literatur berichtete und eigene Beobachtungen belegen, ist, daß die belohnenden Effekte elektrischer Gehirnstimulation keine spezielle Interpretation erfordern, die sich von der Interpretation für die Effekte anderer Belohnungen unterscheidet. Da man im allgemeinen jedoch nicht annimmt, daß die Effekte von Anreizen auf Triebreduktion beruhen, unterstützt die Interpretation der belohnenden Effekte elektrischer Gehirnstimulation im Sinne der Anreiztheorie nicht die Triebreduktions-Theorie der Verstärkung. In unserer früheren Diskussion haben wir bereits festgestellt, daß es eine ganze Menge von Ergebnissen gibt, die diese Theorie widerlegen.

Die Frage bleibt aber, ob der Prozeß der Verstärkung, wie auch immer sein Mechanismus oder seine Mechanismen beschaffen sind, im allgemeinen die Verhaltensmerkmale erklären kann, die zur Ausarbeitung von Motivationskonzepten geführt haben. Robert Bolles (1967, Kapitel 15) hat darauf hingewiesen, daß Verstärkungstheorien eine alternative Erklärungsmöglichkeit darstellen. Wir werden diese Frage im folgenden Abschnitt diskutieren.

Wir haben schon gesehen, daß das Auftreten der Verstärkung keinen Deprivationszustand erfordert, obwohl bei vielen Verstärkern wie Nahrung oder Wasser deren Effektivität bei einem geeigneten Deprivationszustand viel größer ist als ohne diesen Zustand. Eine Möglichkeit, um zu beurteilen, ob ein Ereignis wahrscheinlich als Verstärkung wirkt, besteht darin, seinen Bevorzugungswert für das Tier oder den Menschen zu bestimmen, mit dem man sich befaßt. Beim Fehlen anderer Kenntnisse kann man systematische Beobachtungen darüber anstellen, was ein Individuum während seiner freien Zeit tut, d.h., was es tut, wenn es keiner Leitung oder Führung und keinem Zwang unterliegt, uns was es augenscheinlich interessiert und ihm Freude bereitet.

Man kann dann Situationen so gestalten, daß die Möglichkeit, das Bevorzugte zu tun, davon abhängt, daß zuvor etwas anderes getan wurde. So kann man bei einem Jugendlichen, der sich sehr stark für Gitarrespielen interessiert und dies bei jeder Gelegenheit tut, die Tendenz verstärken, andere Dinge — z.B. Lernen — zu tun, indem man die Möglichkeit, Gitarre zu spielen, vom Ausführen der weniger bevorzugten Tätigkeit (Lernen) abhängig macht. Wenn es einen hochwertigen Verstärker gibt und wenn sein Einsatz effektiv geplant werden kann, kann ein hoher Grad an Kontrolle über das Auftreten der weniger bevorzugten Aktivität erreicht werden. (Es ist jedoch im täglichen Leben oft schwierig, das Auftreten des Verstärkers gerade zur richtigen Zeit und am richtigen Ort einzurichten).

Es ist eine theoretisch interessante Frage, ob die Verwendung eines motivationalen Begriffs wie *Anreiz* etwas zu der Art der Beschreibung von Verstärkern hinzufügt, die wir gerade gegeben haben. Wenn wir wissen, wodurch das Verhalten verstärkt wird, und die Umstände kennen, unter denen der Verstärker aufgetreten ist, wissen wir vielleicht alles Wesentliche, und die Einführung motivationaler Begriffe steuert nichts weiter zu unserem Verständnis bei.

Bolles hat das Triebkonzept als nicht hilfreich abgelehnt. Er würde es jedoch im Gegensatz zum Autor dieses Buches vorziehen, auf das Anreizmodell so lange zu verzichten, wie ein Verstärkungsmodell ausreichend ist. Bolles lehnt die Anreiztheorie aus den folgenden Gründen ab:

Erstens nimmt er an, daß es unnötig ist, für bestimmte Phänomene, die man gewöhnlich für motiviert hält, irgendwelche Motivationskonzepte wie Anreiz oder Trieb zu verwenden (1967, S. 440). Er weist darauf hin, daß das sexuelle Verhalten der männlichen Ratte (vgl. 3. Kapitel) Gesetzmäßigkeiten unterliegt, weil es durch die Kastration des Tieres oder dadurch, daß ihm ein unfruchtbares Weibchen gegeben wird, oder durch die Manipulation anderer Variablen verändert werden kann. Daher kann das Verhalten im Sinne von antezedenten oder notwendigen Bedingungen erklärt werden. »Aber«, sagt Bolles (1967, S. 440), »die Erklärung hat keinen motivationalen Charakter, weil keine der antezedenten Bedingungen motivational ist; sie stellen die Bedingungen dar, bei deren Vorhandensein das Verhalten auftritt. Daher sind wir nicht geneigt, das Verhalten als motiviert zu betrachten«. Es wird dem Leser deutlich sein, daß sich diese Sichtweise weitgehend von dem Standpunkt von Cofer und Appley (1964) unterscheidet, die das motivationale Konzept des Sensibilierungs-Intensivierungs-Mechanismus (SIM) entwickelten, um beispielsweise sexuelle Verhaltensweisen von Tieren zu erklären. Ihr Grund für diese Annahme war, daß das männliche Sexualverhalten der Ratte von einer Wechselwirkung zwischen dem Anreiz (dem Weibchen) und dem Hormonzustand abhängt. Bolles möchte diese Wechselwirkung anscheinend nicht motiviert nennen, aber Cofer und Appley halten es wie viele andere Autoren für nützlich, bestimmte Arten von antezendenten Faktoren und ihre Wechselwirkungen mit einem motivationalen Begriff zu bezeichnen.

Bolles sagt weiter, daß Veränderungen im Verhalten des Tieres — so wie Abnahme der Latenzzeit, erhöhte Stereotypie und Voraussagbarkeit, Beständigkeit, Erregung und die Verminderung konkurrierender Verhaltensweisen — bei wiederholten sexuellen Begegnungen in der Situation auftreten. Er nimmt jedoch an, daß diese Veränderungen entstehen, weil »sexuelles Verhalten verstärkend ist« (S. 440). Ein weiterer Beleg dafür, daß es verstärkend ist, besteht darin, daß das Tier lernt, einen Weg entlang zu laufen oder andere instrumentelle Handlungen auszuführen, die von ihm verlangt werden, um zum Weibchen zu gelangen. Bolles behauptet, dies zeige jedoch, daß »die Belege, die wir zur Unterstützung des Motivationskonzepts in Anspruch nehmen, wieder genau dieselben sind, die wir zitieren, um zu zeigen, daß das konsumatorische Verhalten verstärkend ist« (S. 441). Schließlich glaubt er, daß Motivation und Lernen (der Effekt der Verstärkung) »bloß zwei Arten sind, um einen einzigen Satz von Phänomenen zu betrachten«. Was er postuliert, ist, »daß es nur einen Satz von Phänomenen gibt, die erklärt werden müssen, und daß sie am besten als ein Effekt der Verstärkung erklärt werden können. Dies ist mit der Bezeichnung 'Verstärkungstheorie der Motivation' gemeint« (S. 441). Wenn eine Verstärkungstheorie entwickelt und bestätigt werden kann, würden wir nicht danach fragen, was menschliches Verhalten motiviert, sondern welche Verstärkungsbedingungen seiner Entwicklung und Aufrechterhaltung zugrundeliegen (S. 451).

Bolles beschäftigt sich auch (S. 442f.) mit dem Problem, daß Verhalten durch Deprivationsbedingungen mit Energie versorgt (intensiviert) zu werden scheint; er glaubt jedoch, daß dieses Problem für eine Verstärkungstheorie der Motivation durch einen Anreizmechanismus gehandhabt werden kann. »Die Energetisierung instrumentellen Verhaltens kann dann auf einen Effekt der Energetisierung der vermittelnden oder anreizenden Reaktion reduziert werden« (S. 443). Vielleicht gleicht diese Auffassung dem Antizipations-Intensivierungs-Mechanismus (AIM) von Cofer und Appley, aber Bolles' Diskussion ist so kurz und auch die Darstellung von Cofer und Appley ist nicht sehr vollständig, so daß ein Vergleich unmöglich ist. Bolles bezeichnet diesen Anreizmechanismus als einen des assoziativen Typs, aber dem Autor dieses Buches ist, obwohl ihm der Kontext dieser Feststellung bekannt ist, einfach nicht klar, was damit gemeint ist.

Ein Versuch, Begriffe und Konzepte aus einer Disziplin zu entfernen, wenn sie nicht länger nützlich sind, ist lobenswert und sollte ermutigt werden. Nach meiner Auffasung ist Bolles' Versuch, Motivationskonzepte zu eliminieren (besonders das Anreizmodell, das er eliminiert, indem er es einen assoziativen oder Gewohnheitsfaktor nennt) jedoch verfrüht. Dafür gibt es drei Gründe.

Erstens ist das Konzept einer Verstärkungstheorie der Motivation noch nicht gut ausgearbeitet. Man muß daher gegenwärtig das Urteil über ihre Möglichkeiten aufschieben.

Zweitens scheint Bolles diejenigen Phänomene aus dem Bereich der Motivation eliminieren zu wollen, für die Cofer und Appley das Modell des SIM entwickelt haben. Diese Phänomene gehörten traditionsgemäß zum Gebiet der Motivation. Sie sind ein bedeutsames Teilgebiet, wie z.B. die Rolle der Sexualität in Freuds Theorie und die Rolle angeborener Motivationsfaktoren in den Theorien der Ethologen zeigen. Diese Phänomene können nicht allein durch die Begriffe Reiz und Verstärkung erklärt werden. Es scheint keinen Grund dafür zu geben, sie aus dem Gebiet der Motivation auszuschließen, nur weil wir in gewissem Umfang ihre antezedenten Bedingungen spezifizieren können. Die Logik, sie nicht-motiviert zu nennen, nur weil etwas über ihre vorhergehenden Umstände bekannt ist, entzieht sich meinem Verständnis.

Drittens impliziert die Betonung der Verstärkung, daß wir eine Menge darüber wissen und daß es nicht nötig ist, in bezug auf Verstärkung von motivationalen Variablen zu sprechen. Es stimmt, daß wir Verstärker durch empirische Beobachtungen identifizieren können (wie im vorher genannten Beispiel des Gitarrenspielens) und daß daher vielleicht für praktische Zwekke keine Verstärkungstheorie notwendig ist.

Wenn wir aber über das nur praktische Interesse hinausgehen, möchten wir die Mechanismen von Verstärkungseffekten verstehen. Es ist keineswegs sicher, daß Verstärker selbst nicht zu motivationalen Bedingungen wie dem Anreizwert in Beziehung stehen. Einige Verstärker sind offensichtlich nur dann wirksam, wenn es einen Deprivationszustand gibt; sie scheinen das Verhalten sowohl zu intensivieren als auch zu verstärken. Wir haben erwähnt, daß Ereignisse und Aktivitäten Verstärker für andere Aktivitäten sein können, wenn die verstärkenden Aktivitäten einen größeren Wert als die verstärkten haben, der durch die Bevorzugung, die Häufigkeit des Auftretens, die Beständigkeit und ähnliche Maße angezeigt wird. Wir fragen uns, was die Ursprünge und die Mechanismen sind, die diesem Wert zugrundeliegen. Es ist nicht unmöglich, daß dieser Wert in der Intensivierung des Verhaltens liegt und daß ein volles

Verständnis der Verstärker nur erreicht werden kann, wenn man die Mechanismen dieser Intensivierung versteht. Die Anreiztheorie ist, wie früher in diesem Kapitel dargestellt wurde, ein Versuch, die Intensivierung zu verstehen. Die Entwicklung der Anreiztheorie ist noch zu jung, um sie jetzt bereits für den Verstärkungsmechanismus aufzugeben, bei dessen Erklärung die Anreiztheorie eine bedeutende Rolle spielen könnte (siehe Bindra 1969). Eine weitere Diskussion der Unterschiede zwischen Anreiz und Verstärkung ist im 9. Kapitel zu finden.

7. Kapitel
Einige Motivationssysteme beim Menschen

Vor 20 Jahren hätte man diesem Kapitel den Titel »erworbene Triebe« oder eine ähnliche Überschrift wie etwa »erlernte Triebe«, »sekundäre Triebe« oder »erlernte Motive« gegeben. Der Ausdruck »Motivationssysteme« soll das gleiche Gebiet abdecken, das solche älteren Titel bezeichnen, aber die Wahl dieses Ausdrucks spiegelt die vielen Veränderungen in unserem Denken über das Motivationskonzept in der Zeit seit 1950 wider. Ein Grund für die Ablehnung des Titels »erworbener Trieb« liegt natürlich in den Schwierigkeiten mit dem Begriff *Trieb* selbst, aber ein anderes Problem ist die Frage, ob der Begriff *Trieb* überhaupt eine geeignete Bezeichnung für erworbene motivationale Faktoren ist. Weiterhin ist es offensichtlich, daß Motivation beim Menschen ein komplexer Sachverhalt ist, so daß *System* ein Begriff ist, den man anderen vorziehen sollte, die nicht auf diese Komplexität hinweisen. Lernen oder Erfahrung spielen zweifellos bei der menschlichen Motivation eine wichtige Rolle, aber in welcher Weise die Erfahrung bei der Entstehung von Motivationssystemen mitwirkt, ist heute weniger klar, als es vor 20 Jahren zu sein schien. Aus allen diesen Gründen, die in diesem Kapitel weiter diskutiert werden sollen, wurde der Begriff *Motivationssysteme* gewählt.

In diesem Kapitel werden einige Motivationssysteme beschrieben. Sie werden an dieser Stelle besprochen, weil man sie oft als erworbene Triebe ansah. Andererseits hätte man sie im 6. Kapitel einordnen können, weil das Konzept eines erworbenen Triebes, wie wir sehen werden, in Wirklichkeit eher die Form einer Anreiztheorie hatte. Außerdem spielen bei allen hier behandelten Motivationssystemen Anreize eine wesentliche Rolle. Diese Systeme hätten auch in dem nächsten Kapitel behandelt werden können, weil sie viel mit sozialer Motivation zu tun haben. Aber die Gleichgewichtstheorien haben einen anderen historischen Hintergrund als die Motivationssysteme, die in diesem Kapitel behandelt werden. Unsere Diskussion erworbener Triebe wird diesen Hintergrund erläutern. Anschließend werden wir eine Anzahl von Motivationssystemen beschreiben, die man bei Menschen postuliert hat und die untersucht wurden.

Die Diskussion der Triebtheorie, die im 2. Kapitel erfolgte, enthielt eine kurze Darstellung von Furcht als einem erworbenen Trieb sowie die Annahme, daß man sich die Entwicklung anderer erworbener Triebe in ähnlicher Weise vorstellen könnte. Wir diskutieren nun die Bedeutung und die Natur erworbener Triebe und die Schwierigkeiten, auf die dieses Konzept stößt.
Die Triebtheorie betrachtete als Musterbeispiel für Motivationen die sogenannten primären oder biologischen Triebe, wobei es allerdings schon immer klar war, daß solche Triebe für die Erklärung der komplexen menschlichen Motivation nur eine unzulängliche Grundlage darstellen. Es ist offensichtlich, daß Menschen auch beim Fehlen von Motivationszuständen wie Hunger, Durst oder Sexualität weiterhin motiviertes Verhalten zeigen. Angefangen mit Woodworth (1918) wurde behauptet, daß es andere Ursprünge der Motivation als Hunger, Durst oder Sexualität geben muß. Woodworth wies z.B. darauf hin, daß Fertigkeiten, die man einmal in einem bestimmten Ausmaß erlernt hat, ihre eigene Motivkraft besitzen können, die den Beginn oder die weitere Ausführung dieser Handlung bewirkt: ». . . die Kraft, neue Mechanismen zu erwerben, die der menschliche Geist besitzt, ist gleichzeitig eine Kraft, neue Triebe zu erwerben«. Wenn eine Fertigkeit oder eine Gewohnheit ein bestimmtes Ausmaß der Vervollkommnung erreicht hat, aber noch nicht automatisch geworden ist, ist »sie selbst ein Trieb und fähig, Aktivitäten zu motivieren, die außerhalb ihres unmittelbaren Zwecks liegen«, sagte Woodworth (1918, S. 104). Woodworth wies auf die Beständigkeit und den Drang zur Ausführung einiger Aktivitäten hin, z.B. der Aktivitäten, die mit dem Verdienen des Lebensunterhalts zusammenhängen und die auch ausgeführt werden, wenn das Bedürfnis nach Geld befriedigt ist. Gordon Allport (1937) formulierte eine ganz ähnliche Idee, als er von der »funktionalen Autonomie« sprach, die viele Aktivitäten besitzen. Allport nahm an, daß sich eine Aktivität aufgrund der Kraft eines biologischen Triebes entwickelt haben könnte, daß sie aber von diesem Ursprung (und allen anderen biologischen Ursprüngen) unabhängig werden und als ein eigenständiges Motiv bestehen könnte. In diesen Formulierungen haben sowohl Woodworth als auch Allport bedeutsame Aspekte der mensch-

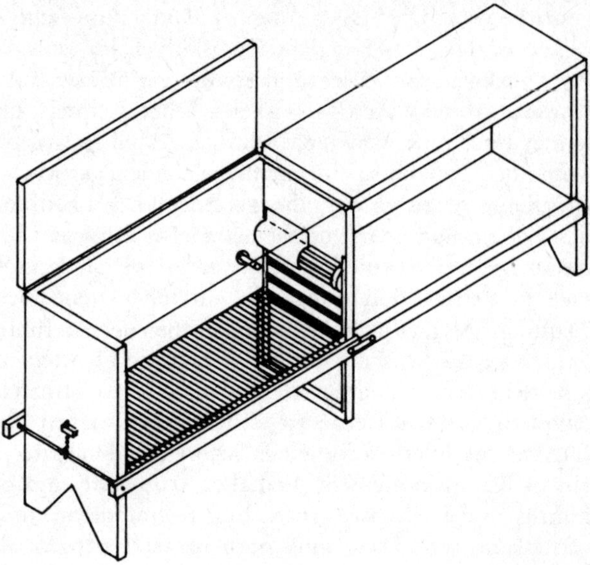

Abb. 19: Apparat, der bei der Untersuchung von Furcht als einem erworbenen Trieb benutzt wurde. Das linke Abteil ist weiß, das rechte schwarz gestrichen. Durch den Gitterboden im linken Abteil können Elektroschocks verabreicht werden. Die Tür zwischen den Abteilen ist mit horizontalen schwarzen und weißen Streifen bemalt und kann je nach den Versuchsbedingungen geöffnet werden, wenn der Versuchsleiter einen Knopf drückt oder wenn die Ratte den Hebel drückt oder das Rad (über den Streifen) dreht. Von Miller, N. E.: Learnable drives and rewards, in: S. S. Stevens (Ed.): Handbook of experimental psychology, 1951, S. 437, Abb. 1. Mit Erlaubnis von John Wiley & Sons, Inc.

lichen Motivation berücksichtigt; sie sagten aber nicht viel über die Prozesse oder Mechanismen aus, die bestimmen, welche Aktivitäten in funktioneller Hinsicht autonom werden oder wie Aktivitäten diesen Status erreichen.

Das Konzept der erworbenen Triebe ist in gewisser Hinsicht eine Theorie, die entwickelt wurde, um funktional autonom motiviertes Verhalten zu erklären; im Prinzip handelt es sich um die Annahme, daß es erlernte Ursprünge der Motivation gibt, die den anscheinend funktional autonomen Aktivitäten zugrunde liegen. Das Paradigma für einen erworbenen Trieb ist Millers (1948, 1951) Konzept der Furcht. Um Furcht zu untersuchen, benutzte Miller einen Apparat mit zwei Abteilen (siehe Abb. 19), von dem ein Abteil weiß, das andere schwarz gestrichen war. Die beiden Abteile konnten durch eine Tür getrennt werden. Das Tier (eine Ratte) erhielt im weißen Abteil einen elektrischen Schock und konnte bei offener Tür in das schwarze Abteil laufen, wo es keine Schocks erhielt. Das Tier lernte, aus dem weißen in das schwarze Abteil zu laufen. Dann wurde der Apparat so eingerichtet, daß die Tür zwischen den Abteilen geschlossen war, aber geöffnet werden konnte, wenn das Tier ein Rad drehte oder einen Hebel drückte. Die Tiere, die in das weiße Abteil gesetzt worden waren, lernten über mehrere Versuchsdurchgänge, die Tür durch Drehen des Rades zu öffnen. Als dies nicht mehr zum Öffnen der Tür führte, verlernten sie die Reaktion des Raddrehens und lernten stattdessen, den Hebel zu drücken, um die Tür zu öffnen. Miller nahm an, daß das Tier lernte, sich vor dem weißen Abteil zu fürchten, nachdem es dort einen Schock erhalten hatte, daß die Furcht das instrumentelle Verhalten motivierte und daß der Eintritt in das schwarze Abteil furchtvermindernd und daher verstärkend war. Dazu muß noch bemerkt werden, daß der Schock nur bei den anfänglichen Versuchen im Apparat gegeben wurde, nicht während der Periode, als die Tiere das Drehen des Rades und das Drücken des Hebels lernten. Man stellte fest, daß eine auf Furcht beruhende Gewohnheit des Hebeldrückens ohne zusätzliche Schocks über Hunderte von Versuchen anhielt und daß die Lerngeschwindigkeit eine Funktion der Intensität der Schocks ist, die bei den anfänglichen Versuchen im Apparat verabreicht wurden.

Miller nahm an, daß erworbene Triebe auf die gleiche Art entwickelt werden könnten, wenn der Ausgangspunkt der Motivation nicht die Vermeidung von Schocks, sondern andere Triebe wie Hunger, Durst oder Sexualität sind. Eine Reihe von Experimenten, unter anderem auch eines von Myers und Miller (1954), wurde durchgeführt, um diese Annahme zu verifizieren. Obwohl gelegentlich ein Experiment erfolgreich war, konnten aber bei der Mehrzahl der Studien keine erworbenen Triebe auf der Grundlage dieser Appetenztriebe entwickelt werden (siehe Cofer & Appley 1964, S. 580 — 582; Brown & Farber 1968, S. 106f.; Appley 1970, S. 486f., S. 505 — 509). Diese Mißerfolge haben natürlich das Konzept der erworbenen Triebe ernsthaft in Frage gestellt, weil man im allgemeinen annimmt, daß es auch andere Ursprünge für erworbene Triebe als nur Furcht geben muß. Man kann die Vorstellung des erworbenen Triebes natürlich in gewisser Weise retten, wenn man bereit ist, mit Brown (1961) vorauszusetzen, daß Furcht oder Angst den meisten, wenn nicht allen motivierten Verhaltensweisen des Menschen zugrunde liegen.

Es ist allerdings fraglich, ob die von Miller untersuchte Furcht den Stellenwert eines Triebes hat. Diese Frage stellt sich, weil die von Miller experimentell ausgelöste Furcht durch die Situation hervorgerufen wird, d.h., sie wird anscheinend durch den Reizkomplex des weißen Abteils erregt. Dieses Abteil ist für die Ratte natürlich eine äußere Bedingung und sollte daher als ein Anreiz bezeichnet werden. In diesem Fall ist es ein negativer Anreiz, vor dem das Tier zu fliehen oder den es zu vermeiden lernt. Daher war der Begriff *erworbener Trieb* niemals für Millers Darstellung wirklich geeignet. Man sollte sagen, daß die Triebtheorie eher durch die Vorstellung von positiven und negativen Anreizen als durch die von erworbenen Trieben ergänzt wurde. Wie wir schon erwähnten, konnten aber nur die Wirkungen von negativen Anreizen angemessen experimentell nachgewiesen werden.

Die Aussagen über positive Anreize müssen aber etwas abgeschwächt werden. Es war nicht möglich, positive Anreize bei Tieren in Situationen zu entwickeln, die der paradigmatischen Situation ähnlich waren, in der Miller die Wirkung des furchtauslösenden negativen Anreizes demonstrierte. Dies bedeutet aber nicht, daß nicht in anderen Situationen die Wirkungen positiver Anreize demonstriert werden können oder demonstriert worden sind. Die Darstellungen im 6. Kapitel beziehen sich meist auf Versuche mit Tieren. Es gibt eine Menge Belege dafür, daß Menschen von Situationen oder anderen Personen angezogen werden, die mit Belohnungen oder Lob assoziiert werden (siehe Berkowitz 1969b, S. 55 — 59). Diese Wirkungen treten nicht automatisch auf, aber im großen und ganzen wird ein Mensch Individuen, die ihn gelobt oder belohnt haben, positiv bewerten und bevorzugen; er wird mit den Personen zusammenarbeiten, mit denen er zuvor erfolgreich gearbeitet hat; er wird Aufgaben auswählen, die denjenigen ähnlich sind, bei denen er in der Vergangenheit einen positiven Ausgang erlebt hat.

Es hat viele Versuche gegeben, die Hauptmotive gelernter oder sekundärer Art beim Menschen zu registrieren; einige dieser Motive wurden intensiv untersucht. Eine Liste von Motiven wurde von Murray (1938) aufgestellt, der von psychogenen (erlernten) Bedürfnissen sprach; einige der von ihm aufgeführten Bedürfnisse gehören zu denen, denen man im Laboratorium viel Aufmerksamkeit geschenkt hat, und man kann mit Recht sagen, daß Murray einen großen Einfluß auf diese Untersuchungen der menschlichen Motivation gehabt hat. Murrays Denken wurde stark von der Psychoanalyse und von der Triebtheorie im allgemeinen beeinflußt; der von ihm verwendete Begriff »Bedürfnis« (need) hatte vieles mit der Triebvorstellung gemeinsam. Wie wir sehen werden, hängt die Erregung der menschlichen Motivationssysteme, mit denen wir uns hier beschäftigen, zu einem Großteil von situativen Faktoren ab, was auf die Bedeutung von Anreizmechanismen für ihr Funktionieren hinweist. Die meisten Arbeiten auf diesem Gebiet benutzten jedoch die Begriffe Bedürfnis oder Motiv, die sich zu einem großen Teil aus dem traditionellen Denken über Motivation herleiten, für das die Triebtheorie repräsentativ war.

Probleme bei der Aktivierung und Messung von Motiven

Bei einem Motiv oder einem Bedürfnis handelt es sich um ein dauerhaftes Merkmal oder Kennzeichen von Personen. Weiterhin ist impliziert, daß sich die Stärke des Motivs bei einem bestimmten Individuum zu verschiedenen Zeiten und bei verschiedenen Individuen unterscheidet. Wenn wir uns ernsthaft mit menschlichen Motiven beschäftigen, brauchen wir Techniken, die uns einerseits erlauben, das Niveau oder die Stärke eines Motivs zu einer bestimmten Zeit zu erfassen und uns andererseits befähigen, das Niveau der Aktivierung des Motivs für experimentelle Zwecke zu manipulieren. Dies soll am Beispiel des Hungers erläutert werden. In diesem Fall verändern wir das Ausmaß des Hungers, indem wir dem Individuum für einen bestimmten Zeitabschnitt (oder solange, bis sich sein Körpergewicht um einen bestimmten Prozentsatz vermindert hat) die Nahrung entziehen. Der Hunger kann mit unterschiedlichen Techniken gemessen werden, z.B. der Menge der aufgenommenen Nahrung, der Latenzzeit bis zum Beginn des Essens oder mit dem Ausmaß von Schocks, das ein Individuum bei der Annäherung an einen Anreiz erduldet. Dies sind relativ objektive Verfahren; sie scheinen geeignete Techniken zur Aktivierung und Messung des Hungers zu sein. Ein Hauptproblem bei der Untersuchung der menschlichen Motivation ist es, parallele Aktivierungs- und Meßmethoden zu finden.

Manchmal wird die Aktivierung experimentell erzeugt, wie z.B. bei dem Leistungsmotiv, das in diesem Kapitel besprochen wird. Dabei besteht natürlich die Schwierigkeit darin, zu erreichen, daß die Technik tatsächlich das Motiv erregt, an dem wir interessiert sind, und nur dieses Motiv. Eine andere Technik, um das Aktivierungsniveau zu variieren, besteht darin, Menschen auszuwählen, von denen man sagen kann, daß sie sich in dem untersuchten Motiv unterscheiden. Das Motiv wird also nicht experimentell aktiviert, die untersuchten Personen unterscheiden sich jedoch in bezug auf das interessierende Motiv. Wenn wir uns z.B. für Angst interessieren, können wir psychiatrische Patienten als Individuen mit starker Angst und »normale« Menschen als Individuen mit geringer Angst auswählen. Allerdings gibt es auch dabei Probleme, unter anderem das, daß sich die Personen auch in anderen Merkmalen als in dem betreffenden Motiv unterscheiden können.

Der größte Teil der Untersuchungen hat im wesentlichen verbale Methoden angewendet, um die Stärke von Motiven einzuschätzen. Wie wir sehen werden, sind z.B. Fragebögen, Einschätzskalen und Geschichtenerzählen allgemein angewandte Verfahren. Solche Techniken müssen gültige Maße der Motive sein, die untersucht werden; es ist aber schwierig, ihre Validität sicher zu beurteilen. Man kann z.B. einen Fragebogen entwerfen, der Angst messen soll. Es werden Fragen ausgewählt, die sich auf Erfahrungen oder Symptome beziehen, von denen man allgemein annimmt, daß sie bei Angstzuständen auftreten; die Fragen können validiert werden, indem man die Reaktionen von ängstlichen Patienten mit denen von normalen Personen vergleicht. Geschichten müssen ausgewertet werden, um ein Maß für ein Motiv zu erhalten; man kann Einheiten aus Geschichten auswählen, die ausgewertet werden, indem man die Geschichten von Personen, bei denen experimentell versucht wurde, das Motiv zu aktivieren, vergleicht mit den Geschichten von Personen, bei denen keine Anstrengungen gemacht wurden, um das Motiv zu aktivieren.

Andere Techniken wie physiologische Messungen der Erregung wurden nicht oft benutzt. Es ist nämlich schwierig, sie anzuwenden, und ihre Interpretation stößt auf viele der gleichen Probleme, die bei verbalen Maßen vorhanden sind.
Diese Bemerkungen über Probleme der Aktivierung und Messung von Motiven zeigen, daß die Untersuchung der menschlichen Motivation eine schwierige Aufgabe ist, deren Ergebnisse nicht immer klar oder befriedigend sind. Dies sollte immer berücksichtigt werden, wenn wir auf den folgenden Seiten die Motivationssysteme besprechen, die ernsthaft untersucht wurden.

Leistungsmotivation und Furcht vor Mißerfolg

Ende der vierziger Jahre begannen David C. McClelland und seine Mitarbeiter eine Serie von Studien, um ein wichtiges menschliches Motiv, das Bedürfnis nach Leistung, mit Hilfe von Geschichten, die zu bestimmten Bildern erzählt werden sollten, zu erfassen. Das Leistungsmotiv (need for achievement) ist als Auseinandersetzung mit einem Gütemaßstab definiert. Die ersten Experimente (Atkinson & McClelland 1948) befaßten sich jedoch mit Hunger. Der Grund dafür war, daß man zunächst feststellen wollte, ob unterschiedliche Ausmaße von Hunger einen Einfluß auf das Fantasiematerial haben. Wenn eine solche Beziehung aufgezeigt werden konnte, erschien es sinnvoll, auch eine Auswertungsmethode für Geschichten zu entwickeln, um die Leistungsmotivation (LM) zu registrieren.
Das Verfahren zur Messung der Motivation war eine modifizierte Form des Thematischen Apperzeptions-Tests (TAT), den Morgan und Murray (1935) einführten. Die Versuchsperson wird gebeten, zu jedem von mehreren Bildern eine passende Geschichte zu schreiben. Die Geschichte soll vier Fragen beantworten: Was geschieht auf dem Bild, und wer sind die Personen auf dem Bild? Was ist in der Vergangenheit geschehen, das zu der im Bild dargestellten Situation führte? Was passiert auf dem Bild; was denken die Personen? Was wird geschehen? Die Verwendung dieser Fragen gibt den Geschichten in stärkerem Maße eine bestimmte Richtung als das von Morgan und Murray benutzte Verfahren.
Wenn Geschichten vorliegen, ist es notwendig, sie in bezug auf das Vorhandensein und das Ausmaß der Leistungsmotivation auszuwerten. Um Elemente der Geschichten zu finden,

die die Leistungsthematik widerspiegeln, untersuchten McClelland et al. (1949) Gruppen von männlichen Collegestudenten. Im allgemeinen wurden die Gruppen zuerst einer Reihe von Tests unterzogen, dann schrieben sie die Geschichten, die Gruppen wurden in Verbindung mit der Ausführung der Tests, die dem Geschichtenschreiben vorangingen, unterschiedlich behandelt, um unterschiedliche Ausmaße der Aktivierung des Leistungsmotivs zu schaffen. Der sogenannten entspannten Gruppe wurde der Test mit der Information gegeben, daß die Tests erprobt würden, daß also die Tests, nicht die Studenten bewertet würden; in der neutralen Gruppe wurden die Versuchspersonen gebeten, ihr bestes zu leisten, da Testnormen entwickelt würden. In einer dritten, der leistungsorientierten Gruppe, bewerteten die Versuchspersonen ihre Tests, nachdem sie sie beendet hatten; man sagte ihnen, die Tests würden Intelligenz, Führungseigenschaften und ähnliches messen. Wenn man diese drei Gruppen betrachtet, würde man in der ersten Gruppe eine geringe Aktivierung des Leistungsmotivs erwarten, eine etwas stärkere in der zweiten Gruppe und ein großes Ausmaß in der dritten Gruppe. (Es wurden auch Versuche mit verschiedenen anderen Gruppen mit den Bedingungen Versagen, Erfolg sowie Erfolg und Versagen durchgeführt, die wir hier aber nicht beschreiben wollen). Die Geschichten wurden daher nach unterschiedlich starker Aktivierung des Leistungsmotivs geschrieben.

Dann untersuchte man die Geschichten, um Elemente zu bestimmen, die die leistungsmotivierte Gruppe von den anderen unterschied. Man fand einige Unterschiede. Die motivierte Gruppe drückte mehr leistungsbezogene Vorstellungen und ein stärkeres Leistungsbedürfnis aus; sie beschrieb mehr Aktivitäten, die auf die Erreichung eines Leistungsziels ausgerichtet waren; sie beschrieb öfter als die anderen Gruppen affektive Zustände, wenn das Ziel nicht erreicht wurde. Diese Elemente liefern zusammen mit verschiedenen anderen die Indikatoren für die Ausprägung des Leistungsmotivs. Die Auswertung einer Geschichte basiert auf der Anzahl leistungsbezogener Elemente, die in der Geschichte auftauchen; der Gesamtwert für das Leistungsmotiv ist die Summe der Werte für alle geschriebenen Geschichten.

Die experimentelle Manipulation der Aktivierung des Leistungsmotivs war zu dem Zweck durchgeführt worden, um gültige Elemente für die Auswertung zu erhalten. In der Praxis

würde man das Leistungsmotiv ohne diese Manipulationen für eine Gruppe erheben, d.h., man läßt nur die Geschichten schreiben. Unter diesen nicht aktivierten Bedingungen unterscheiden sich die LM-Maße zwischen den Versuchspersonen erheblich.
Wichtig ist dabei, daß die verwendeten Bilder eine bedeutende Varianzquelle für die erhaltenen Ergebnisse darstellen. Man kann also nicht irgendein beliebiges Bild verwenden; die typischen Bilder, die verwendet wurden, zeigen eine oder mehrere Personen bei einer leistungsbezogenen Aktivität, so etwa bei einer Arbeitsszene (z.B. zwei Männer an einer Maschine; ein Junge mit einer Geige) oder einen Sportwettkampf (z.B. ein Mann, der beim Basketball ein Tor zu werfen versucht). Die Bilder können nach der Anzahl der Hinweise auf Leistung oder andere Themen eingeschätzt werden; die Werte für die Leistungsthematik der dazu geschriebenen Geschichten variieren mit dieser Einschätzung. Wahrscheinlich enthalten die optimalen Bilder eine mittlere Anzahl von Hinweisen auf Leistung, wenn das Verfahren unter neutralen Bedingungen durchgeführt werden soll; Bilder mit wenigen oder fehlenden Leistungsbezügen regen bei zu wenigen Versuchspersonen eine Geschichte mit Leistungsthematik an, während Bilder mit vielen Hinweisen auf Leistung wahrscheinlich bei fast jedem Geschichten mit Leistungsthematik anregen. Die Instruktionen haben ebenfalls einen bedeutsamen Einfluß auf die erhaltenen LM-Werte (Cofer & Appley 1964, S. 734 — 737).
Wir haben nun die Verfahren zur Messung des Leistungsmotivs beschrieben; ein bedeutsamer Punkt, den wir dabei aber bisher nicht erwähnt haben, ist die Übereinstimmung unterschiedlicher Auswerter, die die gleichen Geschichten bewerten. Untersuchungen zeigen, daß die Übereinstimmung zwischen verschiedenen Auswertern relativ gut ist. Bevor die Beurteiler Geschichten auswerten, müssen sie natürlich mit den vorhandenen Bewertungsprinzipien vertraut gemacht werden (siehe McClelland et al. 1953) und die Auswertung von Mustergeschichten üben. Leider stimmen die LM-Werte, die man von den gleichen Versuchspersonen zu unterschiedlichen Zeiten und ohne einen besonderen Grund für eine Veränderung der Werte erhalten hat, nicht besonders gut überein. Trotz dieser Tatsache gibt es aber genügend Übereinstimmungen zwischen LM-Werten und anderen Verhaltensweisen; man kann daher folgern, daß das LM-Bewertungs-System brauchbar ist.

Wir wenden uns nun dem Verhältnis zwischen LM-Werten und anderen Verhaltensweisen zu. Diese Beziehungen sind sehr wichtig, weil die ganzen Untersuchungen wenig Sinn haben, wenn solche Beziehungen schwach sind oder fehlen. Dies bedeutet, daß es möglich sein kann, ein Maß auf der Basis unterschiedlicher Anregungsbedingungen zu entwickeln, aber daß solch ein Maß wenig interessant ist, solange man nicht zeigen kann, daß es zu anderen Aspekten des menschlichen Handelns in Beziehung steht. Man hat der Untersuchung dieser Beziehungen und der Hintergründe von hohen und niedrigen LM-Werten ein beträchtliches Maß an Forschungsarbeit gewidmet. Bevor wir uns aber diesen Befunden zuwenden, sollte noch erwähnt werden, daß LM-Maße, die mit Fragebogenmethoden gewonnen wurden, nicht gut mit dem auf Fantasie beruhenden Maß übereinstimmen. Wenn man von LM spricht, ist es daher immer wichtig, im Auge zu behalten, welche Art der Messung angewandt wurde. Wir werden uns mit der Fantasie-LM beschäftigen.
Es gibt einige relativ direkte Beziehungen zwischen LM und dem Verhalten. Lowell (1952) verglich z.B. die Testleistungen von Versuchspersonen mit hohen oder niedrigen LM-Werten bei einem Rechentest und bei einem Wortbildungstest. Die beiden Gruppen begannen bei dem Wortbildungstest (bei dem aus durcheinandergewürfelten Buchstaben Wörter gebildet werden sollten) ungefähr auf dem gleichen Niveau, aber die Gruppe mit hohen LM-Werten verbesserte sich im Verlauf des Tests bedeutsam, während sich die Gruppe mit niedrigen LM-Werten kaum verbesserte. Die Versuchspersonen mit einer starken LM hatten übereinstimmend höhere Werte bei den Rechenaufgaben als die Gruppe mit niedrigen LM-Werten. Im allgemeinen hat die Erforschung der Verhaltenskorrelate der LM jedoch gezeigt, daß die Beziehungen komplex sind. Die erste Komplexität entsteht aus dem Maß selbst; die zweite besteht darin, daß die Ausführung von Aufgaben nicht nur von LM, sondern auch von anderen Variablen abhängt. Da es wahrscheinlich ist, daß einander beeinflussende Variablen in allen oder den meisten Situationen mitwirken, in denen menschliche Motive beteiligt sind, wird es sich lohnen, diese zweite Komplexität im Detail zu besprechen.
Die erste Komplexität wurde in einer Studie von McClelland und Liberman (1949) bemerkt, die ihre Versuchspersonen baten, Wörter zu identifizieren, die ihnen nur für sehr kurze

Zeit gezeigt wurden; die Zeit für das richtige Erkennen der Wörter wurde gemessen. Unter den dargebotenen Wörtern befanden sich Wörter wie Erfolg und Versagen, die sich auf Leistung bezogen. Die Versuchspersonen mit hohen LM-Werten erkannten Wörter, die eine positive Leistung bezeichneten, schneller als Versuchspersonen mit niedrigeren Werten. Das interessanteste Ergebnis war aber, daß das Erkennen von Wörtern, die negative Leistungen oder Versagen bezeichnen, bei der Untergruppe mit mittleren LM-Werten langsamer war als bei den Untergruppen mit hohen oder niedrigen LM-Werten. Die Befunde weisen darauf hin, daß die Versuchspersonen mit mittleren Werten eher Mißerfolge fürchten als Erfolge erhoffen.

Eine Studie von Atkinson (1953) bestätigte diese Annahme. Er bat die Versuchspersonen, eine Serie von Aufgaben auszuführen, und richtete es so ein, daß nur eine Hälfte der Aufgaben beendet werden konnte. Die Aufgaben wurden unter einer der folgenden Bedingungen durchgeführt: entspannt, aufgabenorientiert oder mit Ich-Beteiligung. Dann wurden die Versuchspersonen gebeten, sich an die Aufgaben zu erinnern. Versuchspersonen erinnern sich normalerweise an mehr unbeendete als beendete Aufgaben (der Zeigarnik-Effekt; weitere Diskussion siehe 8. Kapitel). Bei der Bedingung mit Ich-Beteiligung (den Versuchspersonen wurde gesagt, daß die Aufgaben Fähigkeiten messen) verhielten sich die Versuchspersonen mit hoher LM wie erwartet, sie erinnerten sich an mehr unbeendete Aufgaben. Dies war bei den Versuchspersonen mit hoher LM bei den anderen Bedingungen (entspannt, aufgabenorientiert) jedoch nicht der Fall. Die Versuchspersonen mit niedrigen LM-Werten erinnerten sich jedoch unter der Bedingung mit Ich-Beteiligung an mehr beendete als unbeendete Aufgaben und unter den anderen Bedingungen an mehr unbeendete Aufgaben. Diese Ergebnisse sind mit der Vorstellung vereinbar, daß Versagen für Versuchspersonen mit niedrigen LM-Werten beunruhigend ist. Da die unbeendeten Aufgaben ein Versagen darstellten, konnten sie sich an diese Aufgaben nicht erinnern. Diese Befunde weisen darauf hin, daß die LM-Skala nicht eindimensional ist, sondern daß mittlere und niedrige Werte Furcht vor Mißerfolg darstellen können, während hohe Werte eine positive Einstellung zum Erfolg darstellen und die Bereitschaft zeigen, eine Herausforderung anzunehmen, um Erfolg zu haben; hohe LM-Werte zeigen also Hoffnung auf Erfolg an.

Man hat mehrere Versuche gemacht, um Maße zu entwickeln, die Personen mit Hoffnung auf Erfolg von Menschen mit Furcht vor Mißerfolg unterscheiden. Zu diesem Zweck wurden projektive Maße entwickelt und man benutzte einen Ängstlichkeitsfragebogen (siehe Atkinson 1964; Birney, Burdick & Teevan 1969). Bei der weiteren Diskussion der Leistungsmotivation folgen wir Atkinson (1964), der das Test Anxiety Questionnaire (TAQ) benutzt hat, um die Furcht vor Mißerfolg zu messen. Birney et al. (1969) kamen zu einer anderen Interpretation dieses Aspekts der Leistungsmotivation.
Die von Atkinson berichteten Ergebnisse über das Behalten von beendeten und unbeendeten Aufgaben, die oben referiert wurden, enthielten ein anderes bedeutsames Resultat, das sich auf die zweite Komplexität bezieht, von der wir früher sprachen. Dies war die Beobachtung, daß sich die Erinnerungsleistung für beendete und unbeendete Aufgaben bei den Versuchspersonen mit hoher bzw. niedriger LM als eine Funktion der Ich-Beteiligung unterschied. Nur bei der Bedingung der Ich-Beteiligung, die das Leistungsmotiv »einschaltet« oder »aktiviert«, erinnern sich Versuchspersonen mit hohen LM-Werten an mehr unbeendete als beendete Aufgaben. Wenn eine persönliche Bewertung nicht mitspielte (unter entspannten oder aufgabenorientierten Bedingungen), gab es nur geringe Unterschiede bei der Erinnerung an beide Aufgabenklassen. Dies weist darauf hin, daß LM nicht automatisch in Kraft tritt, sondern nur, wenn die Versuchsperson mit hohen LM-Werten die Situation als Leistungssituation empfindet.
Ein anderer Befund, der sich auf die zweite Komplexität bezieht, wurde zuerst von McClelland (1958) in einer Studie über Ringewerfen bei kleinen Kindern erwähnt, bei der sich die Kinder in jeder gewünschten Entfernung vom Pflock hinstellen durften. Kinder mit hohen LM-Werten standen weder sehr nah noch sehr weit vom Pflock; sie wählten eine mittlere Entfernung, von der aus sie eine gute Erfolgschance, aber nicht die Sicherheit des Erfolgs hatten.
Atkinson (1958) ließ Versuchspersonen (Collegestudenten) Aufgaben ausführen und teilte ihnen die Wahrscheinlichkeit mit, mit der sie den Geldanreiz (1,25 oder 2,50 Dollar) erhalten würden. Man sagte ihnen, daß eine von zwanzig, eine von drei, eine von zwei oder drei von vier Versuchspersonen das Geld erhalten würden. Die Versuchspersonen mit hohen LM-Werten strengten sich bei den mittleren Wahrscheinlichkeiten

(1:3 und 1:2) stärker als bei den extremen Wahrscheinlichkeiten an. Für die Belohnung von 1,25 Dollar war der Effekt am größten; anscheinend motivierte die Belohnung von 2,50 Dollar die Arbeit auf allen Wahrscheinlichkeitsstufen fast gleich stark. Für den kleineren Anreiz weisen die Ergebnisse darauf hin, daß Personen mit hohen LM-Werten, die sich selbst an einem Standard messen, dies nicht bei extremen Wahrscheinlichkeiten tun. Die sehr günstigen Chancen (3:4) bedeuten, daß Erfolg wenig über die eigenen Fähigkeiten aussagt; die sehr ungünstigen Chancen (1:20) können das gleiche bedeuten — gewinnen könnte hier mehr als Glücksache und nicht als Ausdruck einer Fähigkeit angesehen werden.

Atkinson (1964, Kapitel 9) hat bei der Entwicklung einer theoretischen Integration der verschiedenen Aspekte, die zu leistungsorientiertem Verhalten beitragen, darauf hingewiesen, daß es zwei Tendenzen gibt, die Tendenz, Erfolg anzustreben, und die Tendenz, Mißerfolg zu vermeiden. In jedem Fall muß man drei Faktoren berücksichtigen: die Stärke der Tendenz oder des Motivs, die Erwartung oder die Wahrscheinlichkeit des Erfolgs (oder Mißerfolgs) und den Anreizwert des Erfolgs (oder den negativen Anreizwert des Mißerfolgs). Der zweite und dritte Faktor ist im wesentlichen natürlich situativ bedingt, während der erste Faktor ein individuelles Merkmal ist, das bei verschiedenen Menschen unterschiedlich stark ausgeprägt ist.

Atkinson nimmt an, daß eine Handlung in einer Leistungssituation das Gleichgewicht der Annäherungs- und Vermeidungstendenzen darstellt, wobei der Wert jeder Tendenz das Produkt der drei für sie relevanten Faktoren ist. Das Streben nach Erfolg liegt dem Auftreten von leistungsbezogenen Verhaltensweisen zugrunde, während die Tendenz, Mißerfolg zu vermeiden, leistungsbezogene Reaktionen hemmt oder unterdrückt (siehe Abb. 20).

Die Kombination der drei Faktoren im Fall des Strebens nach Leistung wird durch die Gleichung $T_e = M_e \times W_e \times A_e$ ausgedrückt. T_e ist die Tendenz, Erfolg anzustreben; M_e das Motiv für Erfolg, W_e ist die Wahrscheinlichkeit des Erfolgs und A_e ist der Anreizwert des Erfolgs für eine bestimmte Aktivität. Die drei Faktoren sind multiplikativ verknüpft. Daher ist der Nettoeffekt für das Leistungsverhalten geringer, wenn das Motiv stark, aber einer der beiden anderen Faktoren (z.B. die Wahrscheinlichkeit) sehr schwach ist, als wenn die beiden an-

Abb. 20: Stärke der Tendenz, Erfolg zu erlangen (T_e), der Tendenz, Mißerfolg zu vermeiden (T_{-m}) und der resultierenden Tendenz ($T_e + T_{-m}$) für verschiedene Ausmaße von M_e und M_{vm}. Aus Atkinson, J. W.: An introduction to motivation, 1964, S. 247, Abb. 9-1. Mit Erlaubnis der Van Nostrand Reinhold Company.

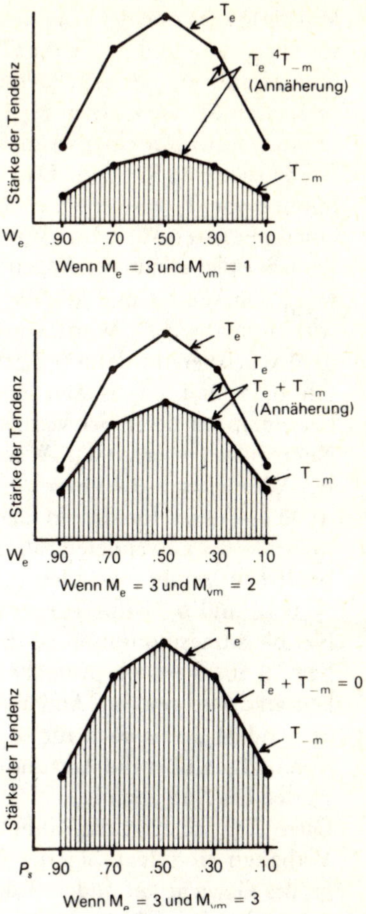

deren Faktoren mittelmäßig stark sind. Für eine Versuchsperson mit hohem M_e bestünde dann die stärkste Tendenz, bei einem mittleren Schwierigkeitsgrad der Aufgabe nach Erfolg zu streben, weil die Erfolgswahrscheinlichkeit bei den schwierigsten Aufgaben sehr niedrig ist, während der Anreizwert des Erfolgs bei einem sehr geringen Schwierigkeitsgrad niedrig wäre. (Die Stärke von A_e ist $1 - W_e$). Die Kombination der drei Faktoren im Fall des Vermeidens von Mißerfolg erhält man durch die Gleichung $T_{-m} = M_{vm} \times W_m \times A_m$, wobei m Mißerfolg, vm Vermeidung von Mißerfolg und -m ebenfalls Vermeidung von Mißerfolg bedeutet. Wieder ist die Kombination der Faktoren multiplikativ. Um den Nettowert der Tendenz,

Mißerfolg zu vermeiden, zu erhalten, setzt man passende Werte für M_{vm}, W_m und A_m in die Gleichung ein.
Man nimmt an, daß jeder Mensch zumindest ein gewisses Maß sowohl an M_e als auch an M_{vm} besitzt, so daß jeder in einer Leistungssituation einen Annäherungs-Vermeidungs-Konflikt erlebt (siehe 8. Kapitel). Das Verhalten ist das Ergebnis der Summe von T_e, die einen positiven Wert hat, und T_{-m}, die einen negativen Wert hat. Wir können diese Rechnung an einem Beispiel erläutern. Angenommen M_e hat den Wert A 3, M_{vm} den Wert 1 und W_e die Werte 0,90 und 0,50 (woraus wir automatisch A_e-Werte von 0,10 bzw. 0,50 erhalten). 3 x 0,90 x 0,10 ergibt dann 0,27 für T_e und 3 x 0,50 x 0,50 ergibt 0,75 für T_e. T_e ist also für die Ausführung der Handlung bei einem mittleren Schwierigkeitsgrad (W_e = 0,50) größer. Nehmen wir ebenso W_m-Werte von 0,10 und 0,50 an (mit A_m-Werten von -0,90 bzw. -0,50). Dann ergibt 1 × 0,10 × -0,90 = -0,09 für T_m in dem einen Fall und 1 x 0,50 x -0,50 = -0,25 im anderen Fall. Die Summe von T_e und T_m für beide Fälle ergibt folgendes: 0,27 (für T_e) + (-0,09) (für T_m) = 0,18 und 0,75 (für T_e) + (-0,25) (für T_{-m}) = 0,50. Die Nettoleistungsmotivation ist dann für die beiden Fällen 0,18 bzw. 0,50, d.h., die Aufgabe mit dem mittleren Schwierigkeitsgrad wird gewählt. Andere Wertkombinationen sowohl für M_e und M_{vm} als auch für W_e, A_e, W_m und A_m erlauben Voraussagen über die Ausführung bei anderen Schwierigkeitsgraden der Aufgaben.
Diese Analyse zeigt die Komplexität von leistungsbezogenem Verhalten und legt bei der Determination des Verhaltens großes Gewicht auf andere Faktoren als das Motiv selbst. Für die Anwendung dieser Analyse auf wirkliche Situationen sind natürlich Meßmethoden nötig, um die Werte der verschiedenen Komponenten der Gleichungen zu erhalten. Die Analyse wird teilweise durch Daten aus der experimentellen Literatur bestätigt. Die Ausgefeiltheit der theoretischen Analyse ist aber beträchtlich größer als die der experimentellen Techniken, die im allgemeinen verwendet werden, um diese Theorie zu testen. Die Gruppe um McClelland und Atkinson hat mehrere Versuche unternommen, auch andere Motive mit Hilfe von projektiven Methoden oder Fantasiemaßen zu erforschen. Dazu gehören Macht, Sexualität, Aggression, Furcht und Gesellung (Atkinson 1964, S. 227f.; Cofer & Appley 1964, S. 725 — 729). Außer dem Gesellungsmotiv (need for affiliation), das

weiter unten diskutiert wird, wurden diese Motive aber nicht sehr intensiv untersucht.

Man interessierte sich auch für den Ursprung der Leistungsmotivation. Winterbottom (1958) fand, daß die Betonung der Erziehung zur Selbständigkeit für die frühen Erfahrungen von Jungen charakteristisch sind, die hohe LM-Werte erreichen, im Gegensatz zu Jungen, deren LM-Werte niedrig sind. McClelland (1961, 1965; McClelland et al. 1958) hat viele der Gedanken, die der Arbeit über Leistungsmotivation zugrunde liegen, auf den Vergleich von Gesellschaften und die Entwicklung der Leistungsmotivation in Entwicklungsländern angewendet.

Die Arbeiten zur Leistungsmotivation stellen einen der am besten ausgearbeiteten und integrierten Zugänge zur Untersuchung der menschlichen Motivation dar. Das resultierende komplexe Erklärungsmodell mit seiner Betonung der Bedeutung situativer Faktoren für das Verhalten stellt eine gute Alternative zu einfacheren Theorien dar, die das ganze Gewicht der Erklärung auf innere Ursprünge der Motivation legen.

Gesellung, Abhängigkeit und Anerkennung

Der Gütemaßstab, der bei leistungsorientiertem Verhalten mitspielt, kann aufgrund sozialer Bedingungen entstehen; er kann auch die Basis sein, auf der andere uns belohnen. Man kann sich aber zumindest vorstellen, daß ein solcher Maßstab nicht auf sozialen Einflüssen beruht. Andererseits spielen Beziehungen mit anderen Menschen eine wesentliche Rolle im Leben der meisten Menschen, wenn sich auch die einzelnen Individuen im Umfang und in der Intensität dieser Beziehungen unterscheiden. Viele Autoren nehmen an, daß es eine motivationale Grundlage für das Interesse an anderen Menschen geben müsse. Nun gibt es mehrere Möglichkeiten, das soziale Verhalten zu erklären. Ein Ansatz wird im nächsten Kapitel kurz behandelt; später in diesem Kapitel wird die Angst als Grundlage für geselliges Verhalten erörtert. In diesem Abschnitt gilt das Interesse möglichen Motiven, die in direkten Beziehungen mit anderen zum Ausdruck kommen, d.h. Gesellungs-, Abhängigkeits- und Anerkennungsmotiven.

Mehrere projektive Methoden zur Messung des Bedürfnisses nach Gesellung wurden beschrieben (siehe Cofer & Appley 1964, S. 725f.). French (1956b) entwickelte das Maß, das am häufigsten in Beziehung zu anderen Verhaltensweisen untersucht wurde. Bei diesem Verfahren wird der Versuchsperson eine Serie von Bildern vorgelegt, von denen jedes ein Verhalten kennzeichnet, das für einen Menschen charakteristisch sein soll. Die Versuchsperson muß eine Erklärung oder die Gründe dafür angeben, warum sich der Mensch so verhält, wie es auf dem Bild gezeigt wird. Die Äußerungen der Versuchspersonen können dann im Hinblick auf Leistungs- oder Gesellungsthematik (für unterschiedliche Bilder) ausgewertet werden. Geübte Auswerter stimmen in den Werten für diese Motive gut überein.

French (1955) stellte fest, daß die Ausführung einer Zahlenaustauschaufgabe, die unter entspannten Bedingungen durchgeführt wurde, zum Bedürfnis nach Gesellung in Beziehung stand; dieses Ergebnis wurde als Anzeichen dafür interpretiert, daß der freundliche Versuchsleiter das Gesellungsmotiv in einer nicht leistungsbezogenen Situation ansprach. French (1956a) untersuchte auch die Auswahl von Arbeitspartnern als eine Funktion der Leistungs- und der Gesellungsmotivation. Versuchspersonen mit hoher Leistungsmotivation und niedriger Gesellungsmotivation wählten Partner eher nach dem Gesichtspunkt der Fähigkeit als nach dem der Freundschaft aus. Versuchspersonen mit umgekehrter Motivationsstruktur wählten eher Freunde als Arbeitspartner. French (1958) bildete Arbeitsgruppen, die in bezug auf ihre Motivation homogen waren (siehe Abb. 21). Einige Gruppen bestanden aus Versuchspersonen mit hoher Leistungsmotivation und niedriger Gesellungsmotivation, bei anderen Gruppen war dies genau umgekehrt. Dann arbeiteten die Gruppen an einer Aufgabe, in der sie durch mündliche Kommunikation eine Geschichte aus Redewendungen oder kurzen Sätzen zusammensetzen mußten. Beide Arten von Gruppen arbeiteten entweder unter einer Gruppenorientierung, d.h., sie hatten sich auf eine einzige endgültige Lösung zu einigen, oder unter individueller Orientierung (es wurde keine Übereinstimmung gefordert).

Dabei gab es auch zwei Arten der Rückmeldung. Die eine betonte die Leistung, die andere, wie gut die Gruppenmitglieder miteinander auskamen (Rückmeldung über die Gefühle). Hinsichtlich der Rückmeldung über die Leistung waren sowohl bei Gruppenorientierung als auch bei individueller Orientierung die Versuchspersonen mit starker Leistungsmotivation besser als die mit starker Gesellungsmotivation. Die Versuchspersonen

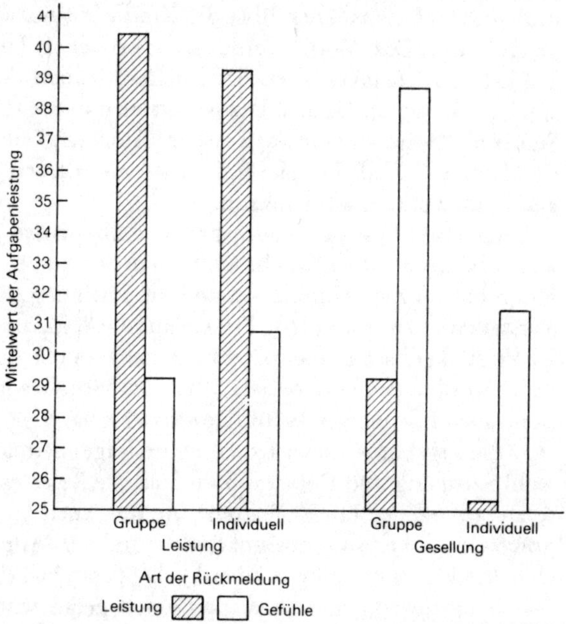

Abb. 21: Die Leistung bei Aufgaben für Versuchspersonen mit starkem Leistungsbedürfnis und starkem Gesellungsbedürfnis bei Gruppenorientierung oder individueller Orientierung und Rückmeldung der Leistung oder der Gefühle. Zeichnung nach French, E. G.: Effects of the interaction of motivation and feedback on task performance, in: J. W. Atkinson (Ed.): Motives in fantasy, action and society, 1958, S. 404, Tabelle 1. Mit Erlaubnis der Van Nostrand Reinhold Company.

mit starker Gesellungsmotivation waren bei der Rückmeldung über die Gefühle besser als bei der Rückmeldung über die Leistung; bei beiden Rückmeldungsarten waren diese bei Gruppenorientierung besser als bei individueller Orientierung. Die Gesellungsgruppe übertraf die Leistungsgruppe nur bei der Verbindung von Gefühlsrückmeldung und Gruppenorientierung. Diese Ergebnisse validieren in gewissem Umfang Frenchs Maß des Gesellungsmotivs, aber soweit mir bekannt ist, wurden ihre Arbeiten nicht fortgesetzt.

Abhängiges Verhalten, d.h. Verhalten, das durch die Hilfe, den beruhigenden Zuspruch, den Beistand, die Aufmerksamkeit, den physischen Kontakt oder den Trost anderer Personen hervorgerufen wird, wurde häufig in der klinischen Literatur und auch in Diskussionen über die Kindheit einem Motiv zugeschrieben. Das Motiv wurde als erworbener Trieb (Sears 1963, S. 29) charakterisiert, der aus dem frühen Zusammenspiel des Kindes mit seinen Bezugspersonen entsteht, aber sein Status als Motiv war nie ganz sicher. Abhängigkeit wird hier erwähnt, weil es als Beispiel für ein »Motiv« dienen kann, das auch anders erklärt werden kann.

Gewirtz (1961, 1969a, 1969b) bot eine alternative Erklärung an. Er berichtete über Experimente, in denen kurze soziale Isolation bzw. soziale Stimulation und die Sättigung mit sozialen Verstärkern bzw. ihr Entzug Effekte auf die Wirksamkeit sozialer Verstärker hatten, die später bei einer anderen Aufgabe benutzt wurden (Gewirtz & Baer 1958a, 1958b; Gewirtz 1969b; siehe auch Eisenberger 1970). Gewirtz (1969a, S. 90) interpretiert die Ergebnisse dieser Experimente folgendermaßen: »Obwohl Sättigung und Deprivation für soziale Reize entgegengesetzte zusätzliche Effekte hatten, wie dies auch für die Sättigungs- und Deprivationsfunktionen anderer Appetenzreize charakteristisch ist, wäre es überflüssig, zusätzlich den Begriff 'Trieb' anzuwenden, wie es traditionell getan wurde . . . . Die Beschreibung der funktionalen Beziehung reicht für die meisten Anforderungen aus.« Gewirtz möchte aus dem Wirken sozialer Stimulation und Deprivation nur folgern, daß sie die Wirksamkeit sozialer Verstärker vermindern bzw. steigern.

Gewirtz würde abhängige Verhaltensweisen (ebenso wie viele andere) als ein Verhalten ansehen, das durch Verstärkungen entwickelt, gestärkt und aufrechterhalten wird. Diese Verstärkungen werden durch andere Personen, besonders durch die wichtigste Bezugsperson (im allgemeinen die Mutter) gegeben. Die abhängigen Verhaltensweisen treten auf, weil sie verstärkt werden; der Effekt von sozialer Stimulation und Isolation erhöht die Wirksamkeit einiger Verstärker, die die Bezugsperson gibt. Die Mutter wird ein generalisierter Verstärker, d.h., ihre Wirksamkeit als Verstärker entsteht, weil sie eine große Anzahl von Verstärkern geben kann, die den unterschiedlichen kindlichen Wünschen entsprechen. Wenn sie abhängiges Verhalten verstärkt oder wenn ihre Verstärkungen auf abhängiges Verhalten folgen, kann man ihr Kind als abhängig bezeichnen. Abhängigkeit besteht jedoch aus einer Vielfalt von Verhaltensweisen, die verstärkt werden können. Wenn sie nicht verstärkt werden, wird das Kind wahrscheinlich keine Abhängigkeit entwickeln. Es gibt demnach kein Bedürfnis oder Motiv, das

das Auftreten oder die Entwicklung abhängigen Verhaltens notwendig macht.
Gewirtz' Analyse der Abhängigkeit, die er auch auf viele andere soziale Verhaltensweisen ausdehnen könnte, die manchmal Motiven zugeschrieben werden, zeigt ein Problem bei menschlichen Motiven auf: Viele angebliche Motive spiegeln vielleicht nur ein Verhalten wider, das beim Erreichen verschiedener Verstärkungen wirksam war. Diese Analyse läßt natürlich die Fragen offen, warum die Verstärker wirksam sind und was die Verstärker sind.
Crowne und Marlowe (1964) haben ein Anerkennungsmotiv postuliert. Ihr Ausgangspunkt waren Untersuchungen, die zeigten, daß viele Menschen beim Ausfüllen von Persönlichkeitsskalen, Fragebögen oder Tests die Tendenz haben, die Fragen so zu beantworten, daß sie sich selbst in einem günstigen Licht zeigen, d.h., sie geben sozial erwünschte Antworten. Während viele Forscher diese Tendenz als einen Fehler von Persönlichkeitstests angesehen haben, versuchten Crowne und Marlowe zu bestimmen, ob die Tendenz, sozial erwünschte Antworten zu geben, eine motivationale Disposition widerspiegeln könnte. Ihre Arbeit enthält die Entwicklung einer neuen sozialen Erwünschtheitsskala, eine Reihe von Versuchen, die zeigen, daß Menschen, die auf dieser Skala unterschiedliche Werte erhalten, sich auch in anderen sozialen Situationen unterschiedlich verhalten, sowie eine Konzeption des Anerkennungsmotivs.
Die Persönlichkeitsskalen, bei denen ursprünglich die Tendenz zu sozial erwünschten Reaktionen gefunden wurde, enthielten viele Items, die nach Symptomen fragten (z.B.: Ich werde von Übelkeits- und Brechanfällen geplagt). Die Skala von Crowne und Marlowe vermeidet solche Items und verwendet Fragen (z.B.: Bevor ich wähle, untersuche ich gründlich die Qualifikationen aller Kandidaten; manchmal bin ich ärgerlich, wenn ich nicht meinen Willen durchsetzen kann), auf die eine Antwort (richtig oder falsch) zwar den kulturellen Normen entspricht, für die meisten Menschen aber nicht zutrifft. Die Skala hat eine befriedigende Reliabilität und es gibt Belege für ihre Validität, wie die folgende Zusammenfassung zeigt: Menschen, »die auf der M-C (Marlowe-Crowne)-Skala sozial erwünschte Reaktionen zeigen, sind konformistischer, vorsichtiger und leichter zu überreden; ihr Verhalten ist stärker normativ verankert als das von Personen, die sich selbst weniger

euphemistisch beschreiben« (Crowne & Marlowe 1964, S. 189). Sie zeigen größeres Interesse an einer langweiligen Aufgabe, leichtere Konditionierbarkeit bei verbaler Konditionierung, mehr soziale Konformität, eine vorsichtigere Zielsetzung in einer Risikosituation und sind empfänglicher für Überredungen als Menschen, die weniger sozial erwünschte Reaktionen zeigen (Crowne & Marlowe 1964, S. 190). Ihre Wortassoziationen sind wenig originell. Eine Aufgabe, die die Wahrnehmung »schmutziger« Wörter enthält, sehen sie häufig als beunruhigend an, wenn diese Aufgabe eine Bewertung ihres Verhaltens zu beinhalten scheint. Sie vermeiden Bedrohungen der Selbstachtung und suchen Anschluß an andere.
Menschen mit einem großen Bedürfnis nach Zustimmung sind »von den günstigen Bewertungen anderer« abhängig und vermeiden Selbstkritik. Das Anerkennungsmotiv selbst ist »der Wunsch nach sozialer Unterstützung, Selbstschutz und Vermeidung von Mißerfolg . . .«. Seine Ziele »beinhalten soziale Anerkennung und sozialen Status, Schutz und Abhängigkeit, Liebe und Zuneigung«. (Crowne & Marlow 1964, S. 202).
Das Anerkennungsmotiv wurde ausführlicher untersucht als das Gesellungsmotiv. Die durchgeführten Untersuchungen scheinen eine motivationale Tendenz eher für die Anerkennung als für die Abhängigkeit zu unterstützen. Es muß bei diesen Motiven jedoch einige Überschneidungen geben, wie manche Zitate bei Crowne und Marlowe anzudeuten scheinen. Vielleicht könnte eine Analyse von Gesellung und Anerkennung im Sinne von Gewirtz dazu führen, daß sich eine Diskussion in Begriffen von Motiven erübrigt und auf die Bedeutung bestimmter Klassen von Verstärkern hinweist. Leider wurde bisher noch nicht versucht, diese drei Motive gleichzeitig zu analysieren oder Gesellung und Anerkennung in Begriffen der Verstärkungstheorie zu analysieren.

Aggression

Das Postulat eines Aggressionstriebs oder sogar -instinkts kennzeichnete viele Vorstellungen über die menschliche Motivation, insbesondere psychoanalytische Konzepte. Dieses Postulat erhält natürlich gelegentlich Unterstützung durch die vielen Berichte über aggressive und feindselige Handlungen, z.B. Mord, Überfall oder Vergewaltigung, wie man sie — vor allem in den USA — häufig in der Tagespresse findet. Auch den

Krieg hat man manchmal als Beleg für einen motivationalen Ursprung von Feindseligkeit und Aggression angeführt. Doch viele Sozialwissenschaftler und Forscher, die sich mit tierischem Verhalten beschäftigen, sehen wenig Grund dafür, die Existenz eines Aggressionsinstinkts oder eines Aggressionstriebes nach dem hydraulischen Modell anzunehmen. Sie weisen deutlich darauf hin (vgl. Berkowitz 1969a), daß sich solche einfachen Vorstellungen von Aggression, obgleich sie einleuchtend zu sein scheinen, als verfehlt herausstellen, wenn man versucht, ein umfassendes Verständnis der Aggression zu erhalten.

Aggression bei niederen Tieren ist etwas Alltägliches, aber interessanterweise führt sie unter Angehörigen der gleichen Art selten zum Tod, außer bei ungewöhnlichen Situationen wie Gefangenschaft und Überbevölkerung (Harrison Matthews 1964; Barnett 1967). Unterschiedliche Arten von Tieren können im gleichen Gebiet friedlich miteinander leben, außer wenn es zwischen den Arten eine Beziehung Räuber — Beute gibt. Ein großer Teil des aggressiven Verhaltens zwischen Tieren gehört eher zu den Drohungen als zu den tatsächlichen Kämpfen; das Drohverhalten wurde oft als ritualisiert bezeichnet. Aggressives Verhalten scheint hauptsächlich unter bestimmten Bedingungen zu entstehen, z.B. bei der Verteidigung des Territoriums oder dem Kampf um Nahrung oder Sexualobjekte oder beim Fangen von Beute. Berichte von Kämpfen zwischen Tieren, die zum Tode führen, sind anscheinend eher die Ausnahme als die Regel und haben oft mehr mit romantischen Vorstellungen als mit der Beschreibung des wirklichen Sachverhalts zu tun. In bezug auf Kämpfe, die zum Tode führen, sagt Harrison Matthews (1964, S. 22), ». . . je intensiver ich nach Beispielen für solche innerartlichen offenen Kämpfe bei Säugetieren gesucht habe, desto weniger erfolgreich war ich; ich bezweifle, daß sie normalerweise in der Natur auftreten«.

Dies heißt nicht, daß es bei Tieren keine angeborenen aggressiven Verhaltensmuster gibt. Die elektrische Reizung von Zonen des Gehirns bei Küken und Katzen (siehe Berkowitz 1965, S. 320) kann aggressive Handlungen oder Komponenten davon hervorrufen, aber wie Flynn (1967) gezeigt hat, hängt bei Katzen die Manifestation von aggressiven Handlungen von dem Vorhandensein geeigneter Objekte ab, auf die die Aggression gerichtet werden kann (Abb. 22). Elektrisch gereizte Katzen

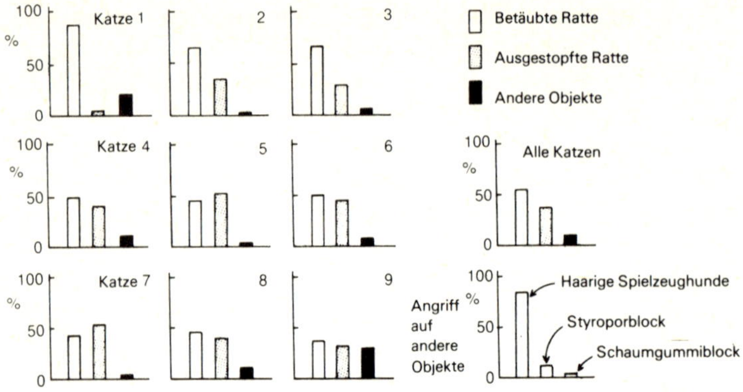

Abb. 22: Daten für die Angriffshäufigkeit von neun Katzen auf drei Objekte. Von Flynn, J. P.: The neural basis of aggression in cats, in: D. C. Glass (Ed.): Neurophysiology and emotion, 1967, S. 47, Abb. 3. Mit Erlaubnis der Rockefeller University Press.

greifen z.B. keine Styropor- oder Schaumgummiblöcke an, aber ausgestopfte oder betäubte Ratten. Betäubte Ratten werden durchschnittlich etwas häufiger als ausgestopfte angegriffen (Flynn 1967, S. 47). Die elektrische Reizung des Hypothalamus ist zwar beim Auslösen von Aggressionen wirksam, aber die Wirksamkeit dieser Reizung kann durch die gleichzeitige Reizung anderer Zonen entweder gefördert oder vermindert werden. Zusätzlich ist auch periphere Stimulation notwendig, denn die Wirksamkeit der Reizung des Hypothalamus beim Auslösen aggressiver Handlungen wird sehr vermindert, wenn man den Katzen die Augen verdeckt oder wenn man ihnen sowohl die Augen verdeckt als auch die beiden sensorischen Äste des Nervus trigeminus durchtrennt, die für das Beißen wichtig sind (Flynn 1967). Obwohl es klar ist, daß zumindest bei manchen Tieren Gehirnstrukturen (siehe Kaada 1967) das Auftreten von aggressiven Handlungen vermitteln, ist die äußere Reizung ebenfalls notwendig.

Beim Menschen kann Aggression gewohnheitsmäßig auftreten, weil aggressives Verhalten oft wirksam ist, um verschiedene Verstärker zu erhalten. Es kann daher als ein allgemeines Verhaltensmuster gelernt werden und braucht nicht spezifisch motiviert zu sein, womit natürlich noch nicht die Frage beantwortet ist, ob Aggression aus einem Trieb oder vielleicht einer Emotion entstehen könnte.

Bei der Diskussion motivationaler Aspekte der Aggression werden wir der Darstellung von Berkowitz (1962, 1965) folgen. Er nimmt an, daß aggressives Verhalten durch Ärger und durch »die Gegenwart eines als Auslöser dienenden Hinweises . . .« (1965, S. 313) hervorgerufen wird. Ein Ursprung des Ärgers ist die Frustration; Berkowitz vertritt eine modifizierte Form der Frustrations-Aggressions-Hypothese, die zuerst von Dollard et al. (1939) in ziemlich formaler Form aufgestellt wurde. Diese Hypothese behauptet, daß Frustration durch die Verhinderung des Auftretens einer Zielreaktion verursacht wird. Die Störung tritt während einer Handlungssequenz auf, die normalerweise durch die Zielreaktion vervollständigt würde, für die das Individuum motiviert ist. Das Ziel des aggressiven Verhaltens ist es, jemanden oder etwas zu verletzen. Da es jedoch gewohnheitsmäßige Aggressionen gibt, kann man nicht Frustration als Ursache für jedes aggressive Verhalten annehmen; außer Aggression gibt es auch viele andere Reaktionen, die auf Frustration erfolgen können.

Berkowitz behauptet, daß der Ärger eine Bereitschaft für aggressives Verhalten schafft. Das Auftreten von Aggressionen hängt aber vom Vorhandensein ». . . geeigneter Hinweise von Reizen, die mit dem augenblicklichen oder früheren Auslöser des Ärgers assoziiert sind« ab (Berkowitz 1965, S. 308). Außerdem hängt das Auftreten aggressiver Handlungen vom Fehlen wirksamer Reize ab, die Aggressionsäußerungen hemmen können. Es ist klar, daß Berkowitz die Vorstellung einer »Energie«, die einem aggressiven Trieb zugrunde liegt, und jedes hydraulische Konzept der Aggression ablehnt. Hieraus folgt, daß man nicht erwarten sollte, daß der Ausdruck von Aggressionen die Aggressivität vermindert, d.h. einen »kathartischen« Effekt hat. Der Ausdruck von Aggresionen oder das Beobachten aggressiver Episoden, z.B. im Film, beim Boxkampf oder im Fernsehen, erhöhen wahrscheinlich eher die Aggressivität als sie zu vermindern (siehe Berkowitz 1970; Holt 1970).

Es wird zum Verständnis dieser Erklärung der Aggression beitragen, wenn wir einige Experimente beschreiben, die das Zusammenwirken von Hinweisen und den emotionalen Zustand (Ärger) beim Auslösen aggressiven Verhaltens ziemlich gut illustrieren (siehe Berkowitz 1965, S. 313 — 318). In diesen Experimenten (siehe Abb. 23) wurde den Versuchspersonen ein Film mit einem Boxkampf gezeigt, nach dem ein Komplize des Versuchsleiters sie geärgert hatte. (Der Versuch wurde auch un-

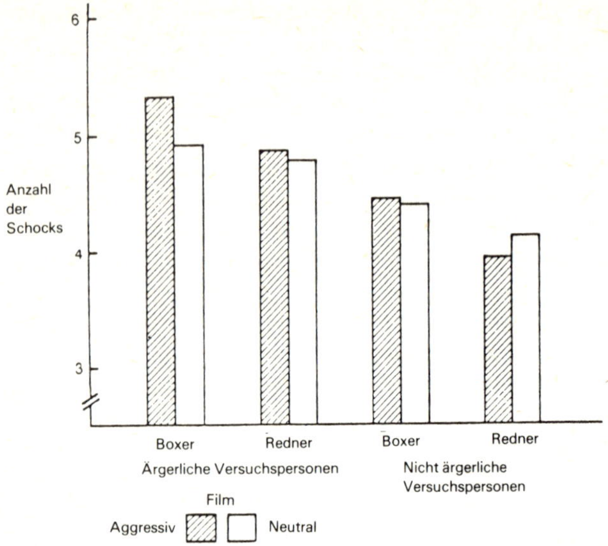

Abb. 23: Anzahl der Schocks, die von ärgerlichen und nicht ärgerlichen Versuchspersonen dem »Boxer« und dem »Redner« verabreicht wurden, nachdem sie entweder einen aggressiven oder einen neutralen Film gesehen hatten. Zeichnung nach Berkowitz, L.: The concept of aggressive drive: Some additional considerations, in: Advances in experimental social psychology, Bd. 2, S. 315, Tabelle 1. Copyright Academic Press, Inc.

ter Kontrollbedingungen für den Inhalt des Film und für das Verhalten des Gehilfen gegenüber der Versuchsperson durchgeführt).

Bei einer experimentellen Bedingung wurde der Komplize des Versuchsleiters als ein Boxer, bei einer anderen als Redner vorgestellt. Nach dem Film hatten die Versuchspersonen die Möglichkeit, dem Gehilfen, der in einem anderen Zimmer war, Elektroschocks zu verabreichen. Diese Gelegenheit war als Bewertung der Leistungen des Gehilfen bei einer anderen Aufgabe getarnt. Die verärgerten Versuchspersonen, die den Boxkampffilm gesehen hatten und die dachten, der Gehilfe sei ein Boxer, teilten mehr Schocks aus als die verärgerten Versuchspersonen, die dachten, der Gehilfe sei ein Redner. Die nicht verärgerten Versuchspersonen gaben weniger Schocks, gleichgültig welchen Film sie gesehen hatten und unabhängig davon, wie ihnen der Gehilfe vorgestellt worden war. Wenn das Verabreichen von Elektroschocks eine aggressive Verhaltensweise ist, dann zeigen die Ergebnisse, daß der Film aggressive Gewohnheiten aktiviert hatte, sofern die Versuchspersonen ärgerlich waren, und daß stärkere Aggression auf den Hinweisreiz folgte, der stark mit Aggressionen assoziiert war (der Boxer) als auf den anderen Hinweisreiz (den Redner).

Die wichtigste Verfahrensweise bei einem anderen Experiment bestand darin, bei einer experimentellen Bedingung eine Assoziation zwischen dem Gehilfen des Versuchsleiters und Aggressionen hervorzurufen, indem man ihn mit einem Namen vorstellte, der sich mit dem Namen einer Person im Film überschnitt, die eine schreckliche Tracht Prügel bezog. Diese Rolle wurde von Kirk Douglas gespielt, und daher nannte man den Gehilfen Kirk Anderson (oder Bob Anderson in der Kontrollbedingung). Die Versuchspersonen, die der Gehilfe als Kirk Anderson beleidigt und kritisiert und dadurch verärgert hatte, gaben ihm mehr Schocks als Bob Anderson. Auch die Versuchspersonen, die den Boxfilm gesehen hatten, gaben im Vergleich zu denen, die einen »neutralen« Film über ein aufregendes Pferderennen gesehen hatten, mehr Schocks.

Ein anderes Experiment bestätigte diese Ergebnisse. Die Assoziation zwischen dem Gehilfen und Aggressionen stellte man durch die Überschneidung seines Namens mit dem Namen von Personen im Film her. Die Person, die Kirk Douglas spielte, trug den Namen Midge Kelly, und die Person, die gegen ihn kämpfte, wurde Dunne genannt. Daher stellte man unterschiedlichen Versuchspersonen den Gehilfen als Bob Kelly, Bob Dunne oder Bob Riley vor.

Die dabei erzielten Ergebnisse weisen sowohl auf die Bedeutung von Hinweisreizen (der Name des Gehilfen) als auch auf die Rolle von Ärger und beobachteten Aggressionen (im Film) bei der Auslösung von Aggressionen hin. Berkowitz stellt diese Experimente mehr oder weniger als Modelle für das Auftreten von Aggressionen dar. Aber wie ist es mit der »chronischen Aggression« oder den aggressiven und brutalen Handlungen, die nach den Berichten der Tageszeitungen in den Vereinigten Staaten so häufig begangen werden?

Berkowitz (1967, S. 258) behauptet, daß sich »die Aggressivität im Individuum aufstaut«, wenn es die Absicht hat, eine aggressive Handlung auszuführen, aber keine Möglichkeit dazu besteht, d.h., die Zielreaktion muß ausgeführt werden, damit der Antrieb nachläßt. Es gibt hier eine Parallele zum Zeigarnik-Effekt (siehe 8. Kapitel). Vielleicht gibt es auch bei manchen Menschen eine größere Anzahl von Hinweisreizen, die Aggressionen auslösen können, als bei anderen, sofern sie sich in einem erregten Zustand befinden. Berkowitz drückt dies so aus: ». . . Wenn ein emotional erregter Mensch die Straße hinuntergeht und jemandem begegnet, der aus diesem oder jenem Grund in seinem Gedächtnis eine Assoziation mit Frustration auslöst, reagiert er aggressiv« (1967, S. 259). Man muß natürlich auch berücksichtigen, daß viele aggressive Verhaltensweisen anderen Zwecken als dem Ausdruck von Aggressionen dienen, z.B. dem Status, dem Prestige oder dem Zweck, Geld zu bekommen. Die Aggression ist ein komplexer Sachverhalt, und einfache Analysen dieses Phänomens tragen wenig zu seinem Verständnis bei.

Furcht und Angst

Furcht (fear) und Angst (anxiety) spielen in zweierlei Hinsicht für die Motivation eine Rolle. Einerseits betrachtet man sie als Triebe oder Motive, deren Effekte man bei vielen Verhaltensweisen sehen kann. Diese Form von Angst und Furcht wird im allgemeinen mit Fragebögen gemessen. Andererseits glaubt man, daß sie die zugrundeliegende Kraft oder Energie für Verhaltensweisen liefern, die oft als Ausdruck eines anderen Motivs angesehen werden. Am Beispiel des Gesellungsverhaltens soll gezeigt werden, daß es eine Möglichkeit darstellt, mit Furcht oder Angst fertig zu werden, und nicht so sehr der Ausdruck eines Gesellungsmotivs ist.
Furcht wird im allgemeinen als eine Reaktion auf eine gegenwärtige reale Gefahr definiert, während Angst durch die Erwartung einer realen oder eingebildeten Gefahr oder Bedrohung entsteht. Die Fragebögen messen normalerweise Angst. Die Manipulationen, die bei dem Versuch, das Gesellungsverhalten zu untersuchen, angewendet wurden, hatten dagegen den Zweck, Furcht zu erregen.

Angstfragebogen: Die bei der Angstmessung hauptsächlich benutzten Meßinstrumente waren zwei Fragebögen. Einer davon, die Manifest Anxiety Scale (MAS) wurde von Taylor (1953) entwickelt. Er besteht aus einem Satz von Fragen, die ursprünglich von klinischen Psychologen als Indikator für chronische Angst beurteilt und in späteren Studien verfeinert wurden. Zwei Musterbeispiele, die beide Angst anzeigen, wenn sie mit »richtig«

beantwortet worden sind: »Ich habe nachts häufig Alpträume«, und:»Ich werde leicht verlegen«.

Diese Skala wurde zur Messung eines menschlichen Motivs (Angst oder Emotionalität) entwickelt (Taylor 1956; Spence 1958), um die Auswirkungen dieses Motivs auf die Ausführung von Handlungen zu untersuchen. Man nahm an, daß Gewohnheiten zu ihrer Ausführung Energie aus einer Triebquelle benötigen. Man stellte sich die Angst als eine solche Triebkraft vor. Daher müßten Verhaltensweisen bei Menschen mit großer Angst in einer bestimmten Situation stärker intensiviert werden als bei Menschen mit geringer Angst. Die Hypothese wurde durch Vergleiche der Lernleistungen von Menschen mit hohen oder niedrigen Angstwerten beim MAS getestet. Die Lernsituationen reichten von relativ einfachen, wie Lidschlagkonditionierung, bis zu komplexeren, wie paarweises serielles verbales Lernen und Labyrinthlernen. Wenn die dominanten Gewohnheiten, die die Versuchspersonen besaßen oder entwickelten, zu einer erfolgreichen Ausführung der Lernaufgabe führten, erwartete man von den Versuchspersonen mit starker Ängstlichkeit eine bessere Leistung als von schwach ängstlichen Versuchspersonen. Man erwartete das umgekehrte Ergebnis für Aufgaben, bei denen es Gewohnheiten gab, die mit den richtigen Reaktionen unvereinbar waren. Viele Untersuchungen wurden durch diese Hypothese angeregt. Man kann mit Sicherheit sagen, daß Personen mit starker Angst schneller eine Lidschlagkonditionierung entwickeln als Personen mit geringer Angst (Spence 1958). Die Ergebnisse für andere Lernsituationen unterstützen diese Erwartungen allerdings nicht eindeutig.

Ein anderer Fragebogen ist das Test Anxiety Questionnaire (TAQ); er wurde von Mandler und Sarason (1952) entwickelt. Diese Autoren betrachten die Angst als einen Reiz, mit dem Reaktionen verbunden sind. Die Testangst vermindert in dem Ausmaß, in dem Angstreaktionen mit den in einer Testsituation erforderlichen Reaktionen unvereinbar sind, die Leistungen in dieser Situation.

Die Fragen im TAQ beziehen sich auf die Reaktionen der Versuchsperson vor und während Prüfungen wie ». . . Unbehagen, beschleunigter Herzschlag, Schwitzen, emotionale Verwirrung und Sorgen . . .« (Mandler & Sarason 1952, S. 167) und auf Einstellungen gegenüber Tests. Man überprüfte den Test, indem man Personen verglich, die hohe oder niedrige Werte im TAQ erreicht hatten und zwar in einer Situation, in der man der Versuchsperson mitgeteilt hatte, daß ihre Intelligenz gemessen würde und daß sie im ersten Test versagt oder erfolgreich abgeschnitten habe (oder ihr wurde nichts über ihre Leistungen gesagt) und daß sie nun in einem zusätzlichen Test in der gleichen Art getestet würde. Das interessanteste Ergebnis bei diesem Versuch war, daß eine Bewertung (Erfolg oder Mißerfolg) bei den hochgradig ängstlichen Versuchspersonen zu schlechteren Leistungen führte, während sich die Leistungen der wenig ängstlichen Versuchspersonen verbesserten (siehe Abb. 24). Dies weist darauf hin, daß die hochgradig ängstlichen Versuchspersonen Reaktionen ausführten, die die richtige

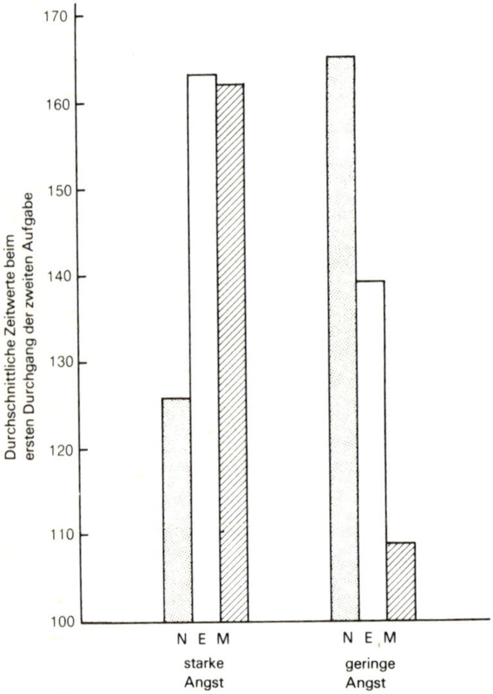

Abb. 24: Durchschnittliche Zeitwerte für den ersten Durchgang der zweiten Aufgabe bei Versuchspersonen mit starker und geringer Angst nach einer Bewertung der Leistungen bei der ersten Aufgabe als neutral (N), Erfolg (E) oder Mißerfolg (M). Niedrige Zeitwerte bedeuten gute Leistungen. Zeichnung nach Mandler, G., und Sarason, S. B.: A study of anxiety and learning, in: Journal of Abnormal and Social Psychology, 1952, Bd. 47, S. 170. Tabelle 2 B. Mit Erlaubnis der American Psychological Association.

Ausführung beeinträchtigten, während die wenig ängstlichen Versuchspersonen durch die Bewertung dazu aktiviert wurden, eine gute Leistung zu bringen. Die Interpretation dieser Ergebnisse ist leider nicht ganz gesichert, da bei beiden Klassen von Versuchspersonen Beziehungen zu der Tendenz, Erfolg zu erreichen, und der Tendenz, Mißerfolg zu vermeiden, vorhanden gewesen sein können. Wie früher erwähnt wurde, hat Atkinson (1964) den TAQ bei seinen Untersuchungen benutzt, um die Furcht vor Mißerfolg in leistungsbezogenen Situationen einzuschätzen.

Die Arbeit mit Angstskalen weist deutlich darauf hin, daß diese Verfahren bedeutsame individuelle Unterschiede messen, es ist aber nicht völlig klar, ob sich diese Unterschiede nur auf Angst beziehen oder auf eine Kombination von Faktoren, wie das Bedürfnis nach Gesellung und Furcht vor Mißerfolg.

Furcht und Gesellung: Brown (1961) hat behauptet, daß es unnötig ist, von Motiven zu sprechen, deren Ziele Lob, Prestige, Zuneigung, Ruhm oder Geld sind. Verhaltensweisen, die auf das Vorhandensein solcher Motive hinweisen, könnten in Wirklichkeit dazu dienen, Angst zu verhindern oder zu reduzieren. Schachter (1959) berichtete über Experimente, die darauf hinwiesen, daß Gesellungsverhalten zumindest teilweise eine Möglichkeit sein kann, um mit Furcht fertig zu werden. Obwohl Schachters Arbeiten nicht durch Browns Argumente angeregt wurden, unterstützen seine Ergebnisse und ihre Interpretation Browns Annahmen.

Schachter täuschte seine Versuchspersonen, um Furcht zu erregen (er bezeichnete den experimentell erzeugten Zustand allerdings als Angst); die Täuschung bestand in der Drohung mit Elektroschocks. Bei einem typischen Experiment nahmen Collegestudentinnen freiwillig teil. Eine kleine Gruppe von Studentinnen (die sich nicht kannten) wurde gebeten, sich zur gleichen Zeit beim Laboratorium zu melden, wo sie einen Mann trafen, der sich als Dr. Gregor Zilstein vorstellte. Er trug einen weißen Kittel mit einem Stethoskop in der Tasche und sagte, er sei Physiker in der Abteilung für Neurologie und Psychiatrie. Es gab elektrische Apparaturen im Zimmer, und Zilstein hielt eine Rede über die Bedeutung der Erforschung der Effekte von Elektroschocks. Er erzählte den Studentinnen, daß einige von ihnen in dem Experiment, für das sie sich freiwillig gemeldet hatten, schmerzhafte und starke, aber ungefährliche Schocks erhalten würden, während die anderen sehr schwache Schocks bekämen. Hiernach füllten die Mädchen Fragebögen oder Beurteilungsskalen aus, die ihre Angst messen sollten. Sie wurden dann gebeten, noch etwas bis zu Beginn des Experiments zu warten. Sie konnten es sich aussuchen, ob sie allein in einem Zimmer mit gemütlichen Stühlen und Illustrierten warten wollten oder mit anderen in einem Klassenzimmer. (Es war ihnen ebenfalls freigestellt, ihre Teilnahme abzubrechen, wobei man aber durchblicken ließ, daß sie damit das in sie gesetzte Vertrauen verletzen würden.) Damit war das Experiment beendet; anschließend wurden sie über die Täuschung aufgeklärt.

Die Beurteilungsskalen zeigen, daß den Versuchspersonen durch die Manipulation Furcht eingeflößt worden war. Bei der Bedingung starke Furcht (schwere Schocks) zogen es mehr Mädchen vor, mit anderen zu warten, als bei der Bedingung schwache Furcht. In weiteren Experimenten entdeckte Schachter jedoch, daß das Gesellungsverhalten (Warten mit anderen) bei Furcht hauptsächlich bei Versuchspersonen auftrat, die als erstes Kind geboren oder das einzige Kind in der Familie waren, während die später geborenen Kinder nicht lieber mit anderen warteten.

Schachter interpretierte dieses Ergebnis als Zeichen einer dauerhaften Wirkung der Familiensituation. Er nahm an, daß das erstgeborene Kind mit größerer Wahrscheinlichkeit als das später geborene die Besorgnis und Pflege der Mutter erfährt, wenn es Anzeichen von Furcht oder Ängstlichkeit äußert. (Die Mutter ist mit einer größeren Familie vielleicht zu beschäftigt, um für solche Reaktionen des später Geborenen so empfänglich zu sein. Außerdem ist sie wahrscheinlich aufgrund ihrer Erfahrung weniger besorgt.) Das erstgeborene Kind erlebt daher eine stärkere Beachtung durch soziale Interaktionen als das später geborene Kind. Folglich führt das Auftreten von Furcht im College-Alter dazu, daß die erstgeborenen Versuchspersonen in der Gegenwart anderer ein größeres Maß an Sicherheit finden als die später Geborenen. Eine Reihe anderer Experimente hat weitere Daten geliefert, die Schachters ursprüngliche Thesen bestätigen, aber es scheint keine direkten Tests zu dieser theoretischen Formulierung zu geben.

Wir haben im Zusammenhang mit Schachters Experimenten von Furcht gesprochen, weil die Drohung des Schocks vom Standpunkt der Versuchspersonen aus echt war. Sarnoff und

Zimbardo (1961) haben gezeigt, daß Angst nicht notwendigerweise Gesellungsverhalten hervorruft, wenn die Aktivitäten, die Angst hervorrufen sollen, als peinlich erlebt werden können. Sarnoff und Zimbardo riefen Angst hervor, indem sie ihren Versuchspersonen sagten, daß sie orale Aktivitäten (z.B. Daumenlutschen oder Saugen an einer Babyflasche) ausführen sollten. Sie glaubten, daß diese Aktivitäten Angst hervorrufen würden, weil sie mit dem in der Psychoanalyse postulierten oralen Trieb zusammenhängen. Es ist nicht möglich zu entscheiden, ob in diesem Experiment Angst hervorgerufen wurde, die Versuchspersonen warteten jedoch bei der Forderung, orales Verhalten zeigen zu müssen, lieber allein als mit anderen zusammen.
Nach den in diesem Abschnitt referierten Arbeiten können Furcht und vielleicht auch Angst anscheinend Gesellungsverhalten motivieren. Nach dem gegenwärtigen Forschungsstand ist es aber noch nicht möglich festzustellen, in welchem Ausmaß Gesellungsverhalten auf diese Art motiviert wird und in welchem Ausmaß es aus dem allgemeinen Bedürfnis nach Gesellung, das schon früher in diesem Kapitel erörtert wurde, entsteht. Die Ergebnisse zeigen jedenfalls, daß nicht jedes einheitliche Verhaltensmuster notwendigerweise auf einem spezifischen Motiv basiert. Auch andere Motive könnten dem Verhalten zugrunde liegen.

Allgemeine Überlegungen

Die Motivationssysteme, über die wir in diesem Kapitel einen kurzen Überblick gegeben haben, sind für viele andere, die in der Literatur erwähnt werden, repräsentativ. Unsere Darstellung hat auf viele Probleme hingewiesen, die mit dem Postulieren des einen oder andern Motivs verbunden sind. Nach meiner Ansicht liegt noch keine befriedigende Darstellung oder Erklärung für irgendeines dieser Motivsysteme vor. Auf jeden Fall sollte deutlich geworden sein, daß diese Motivsysteme komplex sind; sowohl die Disposition zu einer bestimmten typischen Weise der Wahrnehmung und des Verhaltens als auch hinweis- oder anreizähnliche Faktoren spielen eine bedeutsame Rolle. Es ist schwierig, sich Energiequellen für diese Systeme auf der Grundlage des Trieb- oder Bedürfnismodells vorzustellen.

Unsere Darstellung in diesem Kapitel implizierte, daß es eine Reihe von Motivsystemen gibt, die relativ unabhängig voneinander sind. Dieses Konzept wurde von Allport (1937) und Maslow (1954, Kapitel 5) in Frage gestellt. Maslow hat z. B. behauptet, daß es eine Hierarchie von Motiven (oder Bedürfnissen) gibt und daß das Wirken der in der Hierarchie oben stehenden Motive nur dann oder vorwiegend dann möglich ist, wenn die niedrigeren Bedürfnisse befriedigt sind oder wenn die Befriedigung der niedrigeren Bedürfnisse ohne Belang ist. Am unteren Ende der Hierarchie befinden sich die physiologischen Bedürfnisse, wie Hunger und Durst. Darüber liegen die Sicherheitsbedürfnisse, d. h. die Suche nach Sicherheit und die Vermeidung von Angst. Als nächstes kommen die Zugehörigkeitsbedürfnisse, der Wunsch nach positiven Beziehungen; dann die Bedürfnisse nach Selbstachtung, die bei der positiven Bewertung der eigenen Person mitwirken. Wenn ein gewisses Ausmaß an Befriedigung all dieser Bedürfnisse erreicht ist, können die Bedürfnisse an der Spitze der Hierarchie auftreten — allgemein gesagt, das Bedürfnis nach Selbstverwirklichung. Dieses Bedürfnis kann man nicht sehr gut spezifizieren, weil es gewissermaßen einzigartig ist, »der Wunsch, mehr und mehr zu werden, was man ist, alles das zu werden, was man werden kann« (Maslow 1954, S. 92).
Es gibt einige Belege dafür (siehe Cofer & Appley 1964, S. 684 f), daß das Verhalten durch starken Hunger, Kälte, Hitze, Durst oder Furcht beherrscht werden kann, wobei andere Bedürfnisse nicht berücksichtigt werden. Aber davon abgesehen kann wirklich nur wenig zur Unterstützung der Hierarchie angeführt werden. Maslow sagte, daß das Motiv der Selbstverwirklichung das Verhalten mancher Menschen bestimmt. Beispiele dafür sind Thomas Jefferson, Albert Einstein, Eleanor Roosevelt, Spinoza und wahrscheinlich auch andere Menschen, die nicht so berühmt oder intellektuell begabt sind. Aber Selbstverwirklichung bleibt ein unklar definiertes und kaum belegtes Konzept, das trotz seines Reizes keinem der Kriterien für ein gut ausgearbeitetes Motivationsmodell entspricht.

8. Kapitel
Konflikt und Gleichgewichts- oder Konsistenztheorien

In diesem Kapitel betrachten wir die motivationalen Effekte von Konflikten zwischen Reaktionstendenzen und von inneren Widersprüchen zwischen oder in unseren Kognitionen. Konflikte wurden schon seit längerer Zeit untersucht; diese Studien wurden durch Betrachtungen über abnormes und fehlangepaßtes Verhalten, wie bei Neurosen und Psychosen, angeregt. Das Interesse an Konsistenz oder Inkonsistenz entwickelte sich viel später und trat zuerst in der Sozialpsychologie in den Vordergrund. Die Literatur über Konflikt und Inkonsistenz überschneidet sich kaum; sie wird oft getrennt behandelt. Da aber Konflikt und Inkonsistenz verschiedene Wirkungen gemeinsam haben, die aus der Unvereinbarkeit von Reaktion bzw. Kognition entstehen, werden sie in diesem Kapitel gemeinsam besprochen.

Konflikt

Konflikte entstehen, wenn es gleichzeitig zwei oder mehr Reaktionstendenzen gibt, die miteinander unvereinbar sind. Der Ursprung des Konflikts kann in miteinander unvereinbaren Zielen liegen, d. h. in der Gegenwart zweier Anreize, von denen nur einer erreicht werden kann. Es kann auch sein, daß ein Ziel erreichbar ist, aber der Versuch, das Ziel zu erreichen, mit dem Risiko der Strafe verbunden ist, so daß der positive Wert des Zielerreichens mit dem negativen Wert (vielleicht Furcht) dieser Handlung in Konflikt gerät. Im ersten Fall ist die Reaktion der Annäherung an das erste Ziel mit der Annäherung an das zweite Ziel unvereinbar; im zweiten Fall ist die Annäherung mit der Vermeidung unvereinbar. Wir werden diese Musterbeispiele für Konflikte noch näher erläutern.

Der Effekt eines ungelösten Konflikts besteht darin, daß keiner der Anreize erlangt wird oder daß man sich dem Anreiz wegen der Furcht nicht nähern kann. Dies bedeutet, daß Konflikte Spannungen hervorrufen, die unangenehm sein können. Sie führen zu einem unschlüssigen und zögernden Verhalten, das oft von Zuständen der Erschöpfung begleitet wird. Oft flieht man eher vor seinen Konflikten, als daß man sie löst.

Konfliktforscher wie Lewin (1931) und Miller (1944) haben vier grundlegende Paradigmen von Konfliktsituationen beschrieben. Abb. 25 zeigt sie in schematischer Form.

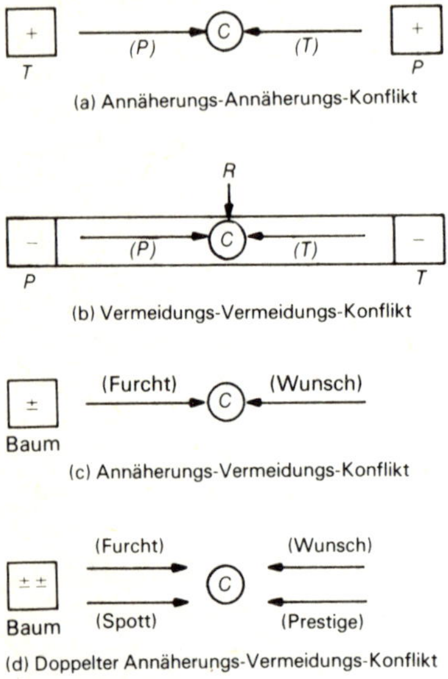

Abb. 25: Vier Konfliktarten. Die Zeichen + und — stellen die positive oder negative Valenz der Zielobjekte dar und die Pfeile die Richtung der Kräfte, die auf das Kind (C) wirken. Ganz oben im Bild besteht die Wahl zwischen Spielen mit einem neuen Spielzeug (T) oder Besuchen einer Parade (P). Im zweiten Beispiel ist eine Aufgabe (T) unangenehm, aber die Alternative ist eine Bestrafung (P). Im dritten Beispiel steht der Wunsch, auf einen Baum zu klettern, der Furcht, sich zu verletzen, gegenüber. Im vierten Beispiel steht zusätzlich die soziale Anerkennung für das Erklettern des Baums dem Spott bei einem Versagen gegenüber.

Nach Cofer, C. N., und Appley, M. H.: Motivation: Theory and research, 1964, S. 434, Abb. 9-13. Mit Erlaubnis von John Wiley & Sons, Inc.

Die erste Konfliktart ist der Annäherungs-Annäherungs-Konflikt; er tritt auf, wenn man zwischen zwei gleichattraktiven und wünschenswerten Alternativen wählen muß. Wenn dieser Konflikt auftritt, ist dies anscheinend nicht so sehr problematisch, es sei denn, daß es sich in Wirklichkeit um einen doppelten Annäherungs-Vermeidungs-Konflikt (siehe unten) handelt. Einfache Annäherungs-Annäherungs-Konflikte werden im allgemeinen durch die Entscheidung für eine Alternative gelöst.

Die zweite Konfliktart, der Vermeidungs-Vermeidungs-Konflikt, tritt bei der Wahl zwischen zwei gleich unerwünschten Alternativen auf. Meistens werden diese Konflikte durch eine

Flucht aus der Situation oder durch »Aus-dem-Felde-Gehen«, wie Lewin sagte, gelöst. Wenn eine Flucht jedoch nicht möglich ist, können Unschlüssigkeit und die Blockierung der Reaktionen, die zu Spannung und Unbehagen führen, andauern.

Annäherungs-Vermeidungs-Konflikte, die dritte Art von Konflikten, sind durch den Wunsch, ein Ziel zu erreichen, zusammen mit Furcht vor der Annäherung an das Ziel gekennzeichnet. Lewin nannte als Beispiel ein kleines Kind am Strand, das Angst vor dem Wasser hatte, aber einen Ball holen wollte, der auf den Wellen schwamm. Es würde sich dem Ball nähern und in der Nähe des Wassers stehenbleiben; eine Welle, die den Strand überschwemmt, würde das Kind zurücktreiben. Sein unschlüssiges Verhalten wäre durch Annäherungen an den Ball und Zurückweichen vor dem Wasser sowie durch das Entlanglaufen parallel zum Wasser gekennzeichnet. Wahrscheinlich würde dieser Konflikt eine unbestimmte Zeit lang andauern, es sei denn, jemand kommt dem Kind zu Hilfe und holt den Ball aus dem Wasser.

Die letzte Konfliktart ist der doppelte Annäherungs-Vermeidungs-Konflikt. Dieser Konflikt kann entstehen, wenn die Annäherung an das eine Ziel den Verlust des anderen impliziert, so daß die Annäherung an eines dieser Ziele aufgrund des Verlusts des anderen eine Vermeidungstendenz erzeugt. Oder dieser Konflikt könnte in der Weise, wie im Beispiel in der Abbildung auftreten, wo die Handlung, auf den Baum zu klettern, intrinsische Annäherungs- und Vermeidungstendenzen enthält und die soziale Situation die Annäherung belohnen, die Vermeidung aber durch Verspotten bestrafen würde.

Theorie des Annäherungs-Vermeidungs-Konflikts

Miller (1944) hat gezeigt, daß eine Reihe von Phänomenen des Annäherungs-Vermeidungs-Konflikts aus einem Modell abgeleitet werden kann, das er ausgearbeitet hat. Er verwendet eine räumliche Situation, in der sich das erwünschte, aber gleichzeitig gefürchtete Ziel an einem Ende eines Ganges befindet, und berichtet von folgenden Phänomenen: Das Tier läuft auf das Ziel zu, bleibt aber in einiger Entfernung davon stehen. Es zieht sich zurück, kommt dann ein Stückchen näher heran und bewegt sich unschlüssig vorwärts und wieder zurück.

Dieses Verhalten kann aus fünf Annahmen abgeleitet werden. Es gibt (1) einen Gradienten der Annäherungstendenz und (2) einen Gradienten der Vermeidungstendenz. Das bedeutet, daß die Stärke der Tendenzen am Ziel oder in dessen Nähe am größten und weiter vom Ziel entfernt geringer ist. (3) Der Vermeidungsgradient ist steiler als der Annäherungsgradient. Das bedeutet, daß die Stärke der Vermeidungstendenz mit der Entfernung vom Ziel schneller abnimmt als die Stärke der Annäherungstendenz. (4) Annäherungs- und Vermeidungstendenzen variieren in der Stärke mit der Intensität der zugrundeliegenden Motivation. (5) Die stärkere von zwei unvereinbaren Reaktionstendenzen tritt auf.

Abb. 26 wurde auf der Grundlage dieser Annahmen entworfen. Die Stellen, an denen Konflikte auftreten, sind die Punkte, wo sich die Annäherungs- und Vermeidungsgradienten kreuzen. Diese Punkte sind je nach der relativen Stärke der beiden Tendenzen nahe am Ziel oder weiter von ihm entfernt. Es ist offensichtlich, daß die Annahme einer stärkeren Steigung eines Gradienten für das Kreuzen der Gradienten notwendig ist. Wenn die Gradienten parallel zueinander verliefen, wäre entweder die Vermeidung oder die Annäherung eindeutig stärker, und vielleicht würde dann kein Konflikt entstehen.

Man hat diese fünf Annahmen empirisch untersucht, und sie konnten verifiziert werden. Dollard und Miller (1950) haben die Konflikttheorie auf einige Probleme der Psychopathologie und der Psychotherapie angewendet; diese Anwendungen schienen vielen Klinikern plausibel zu sein. Wir können sie an dieser Stelle jedoch nicht erörtern.

Ein ungelöster Konflikt stellt einen unangenehmen Spannungszustand dar; das damit verbundene Verhalten ist durch Unschlüssigkeit und Blockierung gekennzeichnet. Verhaltensweisen, die eine Flucht vor dem Konflikt ermöglichen und daher die Spannung vermindern, werden gelernt. Das Individuum wird danach oft versuchen, Konfliktsituationen, sofern es möglich ist, zu vermeiden. Ob eine solche Vermeidung wünschenswert ist, kann man nur zusammen mit den Fragen beurteilen, welche Ziele aufgrund des Konflikts nicht erreicht werden können und ob die Furcht, die bei einem Annäherungs-Vermeidungs-Konflikt auftritt, unrealistisch ist. Wenn die Furcht unrealistisch ist, was oft bei Neurosen der Fall ist, kann der Konflikt vermindert werden, indem die Furcht durch eine Behandlung reduziert wird. Die Alternative, eine Steigerung der Annäherungstendenz, ist oft nicht wünschenswert, weil eine Annäherung an das Ziel bei noch vorhandener Furcht zu einem hohen Wert auf dem Vermeidungsgradienten führt, wie Abb. 26 zeigt; die Folge davon ist ein verstärktes Unbehagen. Therapeutische Bemühungen konzentrieren sich daher bei Konfliktfällen meistens auf die Verminderung von Vermeidungstendenzen.

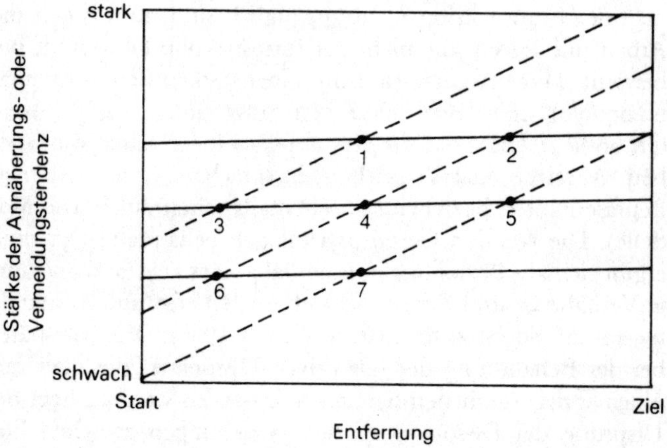

Abb. 26: Schematische Darstellung der Konfliktpunkte an den Kreuzungen von Annäherungs- und Vermeidungsgradienten unterschiedlicher Stärke. Die Steigung des Vermeidungsgradienten ist steiler als die des Annäherungsgradienten. Nach Cofer, C. N., und Appley, M. H.: Motivation: Theory and research, 1964, S. 437, Abb. 9-4. Auf der Grundlage von Diagrammen von Miller (1951c) und Brown (1957). Mit Erlaubnis von John Wiley & Sons, Inc.

Gleichgewichts- oder Konsistenztheorien

Historischer Hintergrund

Seltsamerweise wurde einem der dynamischsten Ansätze in der Geschichte der Psychologie, der Gestaltpsychologie, bei der Behandlung des Themas Motivation kaum, und sei es auch nur eine geringe, Aufmerksamkeit geschenkt. Kurt Lewin bildet hier eine Ausnahme; seine Motivationskonzepte unterscheiden sich ziemlich stark von anderen Theorien, die in diesem Buch erörtert wurden.

Die Gründe dafür, daß die Gestaltpsychologie nicht als eine motivationale Psychologie angesehen wird, braucht man nicht lange zu suchen. Wir wollen zwei Gründe erwähnen. Ein Grund ist das Gewicht, das die Gestaltpsychologen auf die Phänomenologie (»naive Introspektion«) legen. Das Gebiet der Motivation wurde durch die Freudsche Psychoanalyse, die die Bedeutung unbewußter Motive betonte, die definitionsgemäß der Introspektion nicht zugänglich sind, und durch die Arbeit mit Tieren, die nicht zur Introspektion fähig sind, beherrscht. Diese Ansätze sind mit einer starken Betonung phänomenologischer Beobachtungen unvereinbar. Der zweite Grund liegt darin, daß die Gestaltpsychologen selten von Trieben, Anreizen oder Verstärkungen sprachen. (Ihre modernen Repräsentanten beziehen sich ebenfalls selten auf solche Modelle). Die von den Gestaltpsychologen behandelte Dynamik ergibt sich aus Beziehungen innerhalb eines Feldes; man führte Verhaltens- und Erfahrungsänderungen eher auf »Feldkräfte« als auf Triebe zurück (siehe Heider 1960). Wie wir später bei der Behandlung der kognitiven Dissonanz, die man mit einem Trieb verglichen hat, noch feststellen werden, liegt der Ursprung der Dissonanz in den Beziehungen zwischen Elementen einer Struktur oder eines Feldes; sie entsteht nicht durch Deprivation von Trieben oder durch den Wert von Anreizen.

Die ersten Gestaltpsychologen interessierten sich sehr für die visuelle Wahrnehmung; ihre dynamischen Gesetze wurden anfangs für den Umgang mit Problemen der visuellen Organisation und ihrer Änderungen entworfen. Eine verzerrte Figur enthält z.B. Kräfte, die aus dem fehlenden Gleichgewicht oder der Asymmetrie entstehen und die dazu führen, daß diese Figur als ausgewogener oder symmetrischer wahrgenommen und erinnert wird als sie in Wirklichkeit ist. Diese Kräfte stellen einen dynamischen Faktor in der Wahrnehmung dar; sie entstehen aus der Figur und dem Feld, zu dem die Figur gehört, und nicht aus Trieben oder Anreizen.

Lewin war einer der Gestaltpsychologen, die das Thema Motivation behandelten (siehe Deutsch 1968). Er sprach jedoch selten von biologischen Trieben oder dauerhaften erworbenen Motiven. Größeres Gewicht legte er auf Spannungen in dem Feld, die aus Absichten oder psychologischen Bedürfnissen entstehen, wobei die Spannungen in einer Region des Feldes Kräfte hervorrufen, um die Spannung zu lösen, d. h. um einen Gleichgewichtszustand wiederherzustellen. Wir können den Charakter von Lewins motivationalen Vorstellungen besser verstehen, wenn wir einige der Experimente zusammenfassend referieren, die seine Schüler durchgeführt haben.

In einem Experiment sollte die Versuchsperson eine Reihe von Aufgaben ausführen, aber man hinderte sie unter einem Vorwand daran, die Hälfte davon zu beenden. Später bat man die Versuchspersonen, sich an die Namen der Aufgaben zu erinnern. Die Versuchspersonen erinnerten sich an die unterbrochenen Aufgaben besser als an die beendeten Aufgaben (Zeigarnik 1927).

Diese Beobachtung, der sogenannte Zeigarnik-Effekt, wurde so interpretiert, daß die Bereitschaft, eine Aufgabe auszuführen, eine Spannung erzeugt; wenn die Aufgabe beendet ist, läßt diese Spannung nach, aber bei einer Unterbrechung bleibt die Spannung erhalten. Nach Lewin ist das Fortdauern der Spannung der Grund für die bessere Erinnerung an die unbeendeten Aufgaben. In einer Studie von Maria Ovsiankina (1928) wurden ebenfalls die Wirkungen von Unterbrechungen demonstriert. Die Versuchspersonen glaubten, daß sie bei der Ausführung der Aufgaben zufällig unterbrochen worden waren. Als man es ihnen später freistellte, was sie im Laboratorium tun wollten, nahmen sie die Bearbeitung der Aufgaben wieder auf und verminderten so die nach der Unterbrechung übriggebliebene Spannung. Ersatzhandlungen konnten jedoch die Wiederaufnahme der ursprünglichen Aufgabe verhindern, wenn sie den unterbrochenen Handlungen ähnlich genug waren (Lissner 1933), und die fortgesetzte Wiederholung der gleichen Aufgabe führte zur Sättigung (Karsten 1928). Diese Untersuchungen illustrieren die Art der Motivationsfaktoren, mit denen Lewin sich beschäftigte; sein theoretisches System kann hier nicht im Detail behandelt werden.

Es muß betont werden, daß die Versuchsperson Manipulationen wie eine Unterbrechung in der Weise wahrnehmen muß, daß die Aufgabe dadurch unbeendet bleibt; wenn sie glaubt, daß sie das von ihr Erwartete erfüllt hat, würde sie die experimentelle Manipulation nicht als Unterbrechung wahrnehmen. Lewin nahm an, daß das Verhalten durch die psychologische und nicht durch die physikalische Umwelt bestimmt wird, wenn auch beide in engem Zusammenhang stehen. Wir können die Bedeutung der Situationsbewertung der Versuchsperson darstellen, indem wir die Technik zur Untersuchung des Anspruchsniveaus besprechen.

Man kann dies am Beispiel eines Wurfspiels erläutern, bei dem die Wurfgeschosse auf eine Zielscheibe gerichtet werden, die ein schwarzes Zentrum und konzentrisch darum angeordnete Ringe enthält. Die Leistung der Versuchsperson kann beispielsweise mit fünf Punkten bewertet werden, wenn sie ins Schwarze trifft, mit vier Punkten, wenn ihr Geschoß im nächsten konzentrischen Ring liegt, usw. bis null, wenn das Geschoß ganz außerhalb der Ringe bleibt. In der Situation, in der das Anspruchsniveau erfaßt werden soll, würde die Versuchsperson das Geschoß werfen, das Ergebnis sehen und voraussagen, wieviel Punkte sie im nächsten Versuch machen wird. Dieses vorausgesagte Ergebnis ist das Anspruchsniveau.

Obwohl die Versuchspersonen in gewissem Sinn wahrscheinlich bei jedem Versuch hoffen, ins Schwarze zu treffen, verstehen die meisten Versuchspersonen diese Hoffnung oder Erwartung nicht als ihr Anspruchsniveau. Warum tun sie es nicht? Lewin et al. (1944) wiesen darauf hin, daß das Schwarze zwar die am meisten gewünschte Position des Geschosses darstellt, d.h. eine starke positive Valenz besitzt. Die Versuchsperson weiß aber, daß ihre Chancen, ins Schwarze zu treffen, gering sind, d.h., ihre subjektive Erfolgswahrscheinlichkeit ist gering. So zieht die Versuchsperson bei ihrer Zielsetzung (beim Mitteilen ihres Anspruchsniveaus) den positiven Wert eines bestimmten Ergebnisses (und den negativen Wert des Mißlingens) sowie die subjektive Wahrscheinlichkeit, dieses Ziel zu erreichen, in Betracht. Das resultierende Anspruchsniveau stellt einen Kompromiß dar; daher wird zumeist nicht der höchste Punktwert als Anspruchsniveau genannt. In dieser Situation gibt es eine Reihe von Manipulationsmöglichkeiten, die eingesetzt werden können, um den positiven oder negativen Wert eines bestimmten Leistungsniveaus und die subjektiven Wahrscheinlichkeiten zu verändern. Im allgemeinen können durch diese Manipulationen die angegebenen Anspruchsniveaus erfolgreich beeinflußt werden, sofern die subjektiven Bewertungen der Situation durch die Versuchsperson mit den experimentellen Manipulationen übereinstimmen.

Lewins feldtheoretisches Motivationsmodell war auf zweierlei Weise einflußreich. Ein Einfluß liegt in der Betonung von subjektiven Bewertungen der Versuchsperson. Der andere Einfluß besteht in dem Hinweis auf die Bedeutung der Beziehungen zwischen den Teilen eines Feldes. Die Gleichgewichtstheorien, die wir als nächstes besprechen, beruhen nicht alle auf Lewins Theorie, aber einige stellen eine Erweiterung seiner Ansätze dar. Deutsch (1968, S. 445) weist darauf hin, daß Festingers Theorie der kognitiven Dissonanz »Lewins Ansicht, daß sich die Situation vor der Entscheidung von der nach der Entscheidung unterscheidet, genauer ausarbeitet«. Festingers Theorie wird im folgenden Abschnitt diskutiert.

Kognitive Dissonanz

Nach Zajonc (1968, S.338) stellten kognitiver Konflikt und Wandel das wichtigste sozialpsychologische Problem der sechziger Jahre dar. Er nennt drei theoretische Ansätze: Heiders Gleichgewichtstheorie (1946, 1958), Osgoods und Tannenbaums Kongruenzprinzip (1955) und Festingers Theorie der kognitiven Dissonanz (1957). Diese Theorien werden als Gleichgewichts- oder Konsistenztheorien bezeichnet, weil Gleichgewicht oder Konsistenz der Kognitionen der End- oder Zielzustand ist, den die Theorien postulieren. Die eigentliche Basis der kognitiven Veränderungen, der Kräfte, die bei der kognitiven Dynamik eine Rolle spielen, ist fehlendes Gleichgewicht oder Inkonsistenz der Kognitionen. Wenn die Kognitionen sozusagen »aus den Fugen« sind, finden Veränderungen statt, um das Gleichgewicht wiederherzustellen.

Die meisten Autoren (z.B. Singer 1966, S.52—54), die sich mit Konsistenztheorien befassen, weisen darauf hin, daß weder die Gleichgewichts-, noch die Kongruenztheorien viel über die motivationalen Grundlagen der Theorien sagen. Die Dissonanztheorie enthält jedoch eine explizite motivationale Basis für die Theorie; kognitive Dissonanz wird als ein Trieb ähnlich wie Hunger angesehen (Festinger 1958, S.70); wir werden daher die Diskussion von Gleichgewichtstheorien auf die Behandlung der Theorie der kognitiven Dissonanz beschränken.

Die Ansicht, daß Diskrepanzen zu Aktivitäten ausgleichender Art führen könnten, die für die Dissonanztheorie zentral ist, hatte ihre Vorläufer in Festingers Arbeiten. Er wies z.B. 1950 darauf hin, daß entgegengesetzte Einstellungen, Überzeugungen oder Meinungen unter den Mitgliedern einer Gruppe für das Erlangen eines Gruppenziels ungünstig sein könnten; solche Diskrepanzen sollten daher zur Kommunikation zwischen

den Gruppenmitgliedern führen. Die Einheitlichkeit der Gruppenmitglieder würde vergrößert, wenn manche von ihnen ihre Meinung als Folge der Kommunikation ändern würden.
Später scheint Festinger (1954a, 1954b) sich stärker dem Standpunkt des Individuums zuzuwenden und postuliert einen »Trieb zur Selbsteinschätzung«. Dies ist der Wunsch »zu wissen, daß die eigenen Meinungen richtig sind und genau zu wissen, wozu man fähig ist und wozu nicht« (1954b, S. 217). Festinger nahm an, daß dieser Trieb oft zum sozialen Verhalten führt, da der Mensch nur durch den Vergleich mit anderen eine Bewertung von nicht-objektiven Phänomenen wie Meinungen, Fähigkeiten, Einstellungen und Überzeugungen erreichen kann. Dieser soziale Vergleich wäre nicht nötig, wenn man seine Ideen und Kenntnisse mit seinen Sinneserfahrungen vergleichen könnte. Wenn man z.B. glaubt, daß die Sonne immer an der gleichen Stelle des Himmels aufgeht, kann diese Überzeugung dadurch nachgeprüft werden, daß man über einen Zeitraum von mehreren Monaten von einem festen Punkt aus beobachtet, wo sie aufgeht. Die Richtigkeit der eigenen Meinung über die Ehrenhaftigkeit eines Beamten ist aber sehr viel schwieriger zu überprüfen. Wenn man jedoch mit anderen Menschen spricht, kann man einen gewissen Eindruck über den Ruf des Beamten gewinnen und seine eigene Meinung gegen die vorherrschende Meinung anderer abwägen. Es kann natürlich sein, daß man nicht die Meinungen irgendwelcher Personen akzeptiert, sondern nur die Meinungen von Freunden oder von Personen berücksichtigt, bei denen man annimmt, daß sie etwas von dem betreffenden Thema verstehen.
Die Theorie des sozialen Vergleichs führte zu einigen Untersuchungen (siehe das von Latané 1966 herausgegebene Symposium), aber wie Singer (1966) bemerkt hat, waren die wichtigsten Auswirkungen der Theorie ihre Einflüsse auf Schachters Studien über Emotionen (siehe 4. Kapitel) und Gesellung (siehe 7. Kapitel). Der Grund dafür, daß diese Theorie nicht so einflußreich war, wie sie hätte sein können, liegt vielleicht in der Tatsache, daß die Theorie der kognitiven Dissonanz so schnell (1957) auf sie folgte. Singer (1966, S. 104) weist drauf hin, daß die gleichen Untersuchungen, die zur Unterstützung der Theorie des sozialen Vergleichs benutzt wurden, auch als Beleg für die Dissonanztheorie verwendet wurden.
Auf jeden Fall regte die Dissonanztheorie (Festinger 1957) eine große Anzahl von Untersuchungen an. Nach Zajonc

(1968, S. 359) hatte sie einen größeren Einfluß als jede andere sozialpsychologische Theorie.

Um diese Theorie zu erläutern, muß man zuerst von Kognitionen sprechen. Dies sind Elemente der Information oder des Wissens. Und da es keine wirklich überzeugende Definition des Begriffs Kognition gibt, müssen wir uns zunächst mit dieser knappen Formel begnügen. Weitere Aspekte ergeben sich dann allerdings im Zusammenhang mit den Experimenten und Beispielen, die weiter unten folgen.

Kognitionen können aufeinander bezogen oder unabhängig voneinander sein; sie können weiterhin für uns wichtig oder unwichtig sein. Wenn eine Dissonanz entstehen soll, müssen die Elemente in Beziehung zueinander stehen und bedeutsam sein. Sofern diese Bedingungen gegeben sind, entstehen Dissonanzen, wenn die Kognitionen inkonsistent oder miteinander unvereinbar sind, d.h., wenn die Implikationen der Kognitionen einander widersprechen. Sofern Kognitionen vereinbar sind, bezeichnet man diesen Zustand als Konsonanz. Der Zustand der Dissonanz ist unangenehm; man kann versuchen, diesen Zustand aufzulösen oder abzuschwächen oder, sofern dies möglich ist, ihn zu vermeiden. Es gibt verschiedene Möglichkeiten, um Dissonanzen zu vermindern. Man kann z. B. einige Kognitionen ändern, so daß sie nicht mehr mit den übrigen, zu denen sie in Beziehung stehen, inkonsistent sind. Man kann neue Kognitionen hinzufügen, die eine Alternative bei einem Konflikt begünstigen, so daß der Anteil der dissonanten Elemente vermindert wird. Man kann also neue Information suchen, um Dissonanzen zu vermindern (siehe Zajonc 1968, S. 360 f.).

Ein Beispiel soll dabei helfen, die Bedingungen für das Auftreten von Dissonanzen und Methoden zu ihrer Auflösung zu definieren. Angenommen ein Schüler in der letzten Klasse der höheren Schule hat sich bei fünf Colleges um die Aufnahme zum nächsten Termin beworben und wurde von allen angenommen. Er muß sich entscheiden, welches College er besucht; er entscheidet sich für College C und teilt diesem und den anderen Colleges seine Entscheidung mit. Er befindet sich dann in der Phase nach der Entscheidung. Wir können annehmen, daß die Entscheidung für ihn wichtig und zentral war. Wird er Dissonanz erleben?

Unser zukünftiger Student hat natürlich die Vor- und Nachteile jeder Hochschule untersucht. Wahrscheinlich hat er sich für die Hochschule entschieden, die für ihn die meisten Vorteile und die wenigsten Nachteile hat. Aber die abgelehnten Hochschulen haben alle ihre Vorteile, während die, die er gewählt hat, ohne Zweifel auch einige Nachteile hat. Nach der Entscheidung gibt es also eine Dissonanz; seine Kognitionen enthalten die Vorteile der abgelehnten Universitäten und die Nachteile der gewählten sowie die Tatsache, daß er eine Wahl getroffen hat. Er kann nicht sicher sein, daß seine Wahl richtig war; er wird von den Gedanken an die Vorteile, die er zurückgewiesen hat, und an die Nachteile, die er auf sich zu nehmen hat, gequält. Das ist ein Zustand der Dissonanz. Wie kann er ihn auflösen oder vermindern?

Eine Möglichkeit wäre, mehr Informationen über das College, das er ausgewählt hat, zu suchen, vielleicht durch ehemalige Studenten, die diesem College positiv gegenüberstehen. Er kann selektiv Zeitungsberichte über Ereignisse auf dem Campus des von ihm gewählten Colleges lesen und in jedem positiven Bericht, den er über das College liest, Unterstützung für seine Entscheidung finden. Er könnte mit Klassenkameraden reden, die die gleiche Wahl getroffen haben, und vielleicht andere Mitschüler vermeiden, von denen er weiß, daß sie sein College auch in Betracht gezogen haben, sich aber entschieden haben, auf ein anderes zu gehen. Die neue Information über sein College und die Unterstützung, die er von ehemaligen Studenten und von denen, die auch dorthin gehen, erhält, trägt dazu bei, die Dissonanz zu verringern. Alle unvorteilhaften Informationen oder Gerüchte, die er über die anderen Colleges erfahren kann, vermindern ebenfalls seine Dissonanz über die von ihm getroffene Entscheidung.

Es ist aufschlußreich, einige Experimente zu betrachten, die man in Verbindung mit der Dissonanztheorie durchgeführt hat. Brehm und Cohen (1962, S. 302-309) gelang es, eine Liste von Bedingungen aufzustellen, die das Auftreten von Dissonanz bewirken und die auch alle von einer weiteren Studie oder mehreren unterstützt werden. Bevor wir uns Experimenten zur Veranschaulichung zuwenden, fassen wir die Liste dieser Bedingungen zusammen. Die Dissonanz nimmt zu, je attraktiver die abgewiesene Alternative für das Individuum ist, wenn es zwischen attraktiven Alternativen wählen muß; die Dissonanz nimmt auch zu, je mehr negative Merkmale die gewählte Alternative besitzt. Größere Dissonanz entsteht eher, wenn es viele abgewiesene Alternativen gibt, als wenn es nur einige wenige gibt, und wenn sich attraktive Alternativen kognitiv nicht zu sehr überschneiden, obwohl sie verwandt sind. Je kürzer die Entscheidung zurückliegt, desto stärker ist die Dissonanz; die Bedeutung der Kognitionen hängt positiv mit zunehmender Dissonanz zusammen. Wenn das Individuum ein Verhalten zeigt, das seinen Einstellungen, Meinungen und Überzeugungen widerspricht, wie es oft in Experimenten der Fall ist, die die Dissonanztheorie überprüfen sollen, erleidet es um so mehr Dissonanz, je weniger Anreize oder Belohnungen es für die Ausführung der diskrepanten Handlungen gibt und je größer sein Einsatz bei der Ausführung dieser Handlungen ist. Auch verschiedene andere Merkmale der Bedingungen für diskrepantes Verhalten tragen zur Stärke der Dissonanz bei: Je weniger Zwang auf das Individuum ausgeübt wird, damit es die diskrepante Handlung ausführt; je weniger das Verhalten mit seiner Selbsteinschätzung übereinstimmt; je mehr Verhaltensweisen es ausführt, und je mehr negative Informationen es über die diskrepanten Umstände gibt, denen es sich ausgeliefert hat, desto stärker ist die auftretende Dissonanz.

Eine Dissonanzreduktion kann auf unterschiedliche Art erreicht werden. Cofer und Appley (1964, S. 792) faßten die Möglichkeiten zusammen, die in der experimentellen Literatur (Brehm & Cohen 1962) am häufigsten erwähnt werden:

Änderungen in der Bewertung von Menschen, Gruppen, Objekten, Nahrung usw.; selektive Wahrnehmung von Informationen; selektive Erinnerungsleistungen; Verzerrung der Wahrnehmung; Verhaltensänderungen beim Bestellen von Essen; bei der getrunkenen Wassermenge; bei der Produktivität im Beruf; Modifikationen der Ausführung von Handlungen, die anscheinend Mißerfolg hervorrufen sollen; konformes Verhalten in Bezug auf eine Gruppennorm. Wie man aus dieser Liste ersehen kann, wurde der Anwendungsbereich der Dissonanztheorie auch auf andere Situationen als die Phase nach Entscheidungen erweitert.

Experimentelle Untersuchungen zur Dissonanztheorie

Brehm (1956) ließ seine Versuchspersonen acht Produkte einschätzen, die alle etwa 20 Dollar wert waren. Die Versuchspersonen wußten, daß sie nachher eines davon erhalten würden. Nach der Einschätzung wurden die Versuchspersonen gebeten, zwischen zwei Alternativen zu wählen, von denen keine besonders hoch oder besonders niedrig eingeschätzt worden war. Die Versuchspersonen mit starker Dissonanz mußten sich zwischen Objekten entscheiden, die sehr ähnliche Bewertungen erhalten hatten, während die Bewertungen der beiden Objekte bei den Versuchspersonen mit geringer Dissonanz unterschiedlich waren. Nachdem die Wahl getroffen worden war, ließ Brehm erneut die Attraktivität der Alternativen einschätzen. Bei beiden Gruppen wurden Veränderungen festgestellt, die jedoch bei der Gruppe mit starker Dissonanz größer waren. Die gewählte Alternative war attraktiver, die abgewiesene weniger attraktiv geworden. In einer Kontrollgruppe konnte keine Veränderung der Bewertungen festgestellt werden. Diese Ergebnisse stimmen mit den Erwartungen der Dissonanztheorie überein.

An einem Experiment von Aronson und Mills (1959) nahmen College-Studentinnen teil, um bei einer Gruppe, die über die Psychologie der Sexualität diskutieren sollte, mitmachen zu dürfen. Den Studentinnen, die sich anmeldeten, teilte man mit, daß sie sich einem Auswahlverfahren unterziehen müßten, um an der Gruppe teilnehmen zu dürfen. Bei der Hälfte der Mädchen war das »Auswahl-Verfahren« sehr mild. Sie mußten unter anderem einige nicht obszöne sexuelle Wörter lesen. Die andere Hälfte wurde einem Verfahren unterworfen, das Verlegenheit hervorrufen sollte. Sie mußten in Gegenwart eines männlichen Versuchsleiters obszöne Worte und einige lebhafte Beschreibungen sexueller Handlungen vorlesen. Die Versuchspersonen dachten, ihre Reaktionen auf die Auswahlverfahren würden klinisch ausgewertet; sie glaubten, nach diesen Reaktionen würde entschieden, ob sie an der Gruppe teilnehmen dürfen oder nicht. Nach dieser angeblichen Auswahlprozedur wurde den Mädchen mitgeteilt, sie dürften an der Gruppe teilnehmen. Sie wurden dazu veranlaßt, einer angeblichen Diskussion dieser Gruppe zuzuhören. Tatsächlich hörten sie ein Band mit einer langweiligen Diskussion über das Sexualverhalten von Tieren. Danach sollten sie die Diskussion bewerten. Die Mädchen, die man dem »Verlegenheitsverfahren« ausgesetzt hatte, bewerteten die Diskussion und deren Teilnehmer positiver als die Mädchen mit dem milden Auswahlverfahren. Wahrscheinlich entstand Dissonanz zwischen der Kognition, daß das Auswahlverfahren für die Gruppe sehr unangenehm war, und der Kognition, daß die Diskussion der Gruppe, an der sie nun teilnehmen durften, langweilig war;

die Lösung bestand darin, die Diskussion als interessanter anzusehen, als sie wirklich war.
Mehrere Studien haben die Rolle der Dissonanz bei der Modifikation körperlicher Motivationszustände untersucht (siehe Zimbardo 1968). Brehm (1962) arbeitete mit Versuchspersonen, die sich bereit erklärten, von der Zeit des Zubettgehens bis zum nächsten Nachmittag, wenn sie sich im Laboratorium melden würden, keine Flüssigkeit zu sich zu nehmen. Bei der Ankunft schätzten die Versuchspersonen ihren Durst ein und führten verschiedene Aufgaben aus. Dann wurden sie aufgefordert, weitere 24 Stunden kein Wasser zu sich zu nehmen, wobei man der einen Hälfte fünf Dollar (geringe Dissonanz) und der anderen einen Dollar (starke Dissonanz) dafür anbot. Nachdem die Versuchspersonen zugestimmt hatten, weiterhin teilzunehmen, führten sie einige weitere Aufgaben aus und schätzten ihren Durst erneut ein. Die Einschätzungen der Versuchspersonen mit starker Dissonanz zeigten eine Abnahme des Durstes, dies war aber bei den Versuchspersonen mit geringer Dissonanz nicht der Fall. Es gab ebenso einen Unterschied in der Menge des getrunkenen Wassers, wobei die Versuchspersonen mit starker Dissonanz weniger tranken, wenn der Unterschied auch nicht groß war. Wahrscheinlich war bei Versuchspersonen mit starker Dissonanz die Verpflichtung, ohne Wasser für nur einen Dollar weiter an dem Experiment teilzunehmen, mit dem Ausmaß des Durstes dissonant. Daher gaben sie bei der zweiten Einschätzung an, weniger Durst zu haben. Ein ähnliches Experiment über Hunger (Brehm & Cohen 1962, Kapitel 8) von Brehm und Crocker führte zu ähnlichen Ergebnissen; die Versuchspersonen mit starker Dissonanz schätzten ihren Hunger als geringer ein und bestellten weniger Essen als die Versuchspersonen mit geringer Dissonanz.
Der Schmerz durch Elektroschocks wurde ebenfalls von Versuchspersonen, die nur eine geringe Rechtfertigung für ihre freiwillige Teilnahme an einer zweiten Serie schmerzhafter Schocks hatten, als weniger stark bewertet (Zimbardo et al. 1966). Außerdem fanden Cohen und Zimbardo (nach Brehm & Cohen 1962, Kapitel 8), daß Versuchspersonen häufiger zustimmten, eine sehr schwere Aufgabe noch einmal auszuführen, wenn man ihnen sagte, daß sie nur eine sehr schwache Leistung zeigen würden. Mehr Versuchspersonen, denen man voraussagte, sie würden die Aufgabe durchschnittlich gut lö-

sen, entschieden sich für einen geringeren Schwierigkeitsgrad der Aufgabe oder für eine alternative Aufgabe. Die Dissonanz, trotz der vorausgesagten schwachen Leistung die schwierige Aufgabe gewählt zu haben, wurde anscheinend durch die Verminderung der Furcht vor Mißerfolg reduziert.

Als letztes Beispiel von Dissonanzexperimenten sollen die Untersuchungen mit Tieren von Lawrence und Festinger (1962) erwähnt werden. Sie interessierten sich für die Löschungsresistenz gelernter Reaktionen; sie nahmen an, daß die Löschungsresistenz bei unvollständigen Belohnungen größer als bei angemessenen Belohnungen sein würde.

Hilgard und Bower (1966, S. 491) haben diese Untersuchungen folgendermaßen zusammengefaßt: Man bestimme zuerst den relativen Wert von zwei Belohnungen in einer Wahlsituation und nehme an, daß die Belohnung A der Belohnung B vorgezogen wird. »Dann sagt die Hypothese voraus, daß in einer Situation ohne Wahlmöglichkeit (z. B. in einem Laufweg) die Reaktion von Tieren, die unter Bedingung B trainiert wurden, langsamer gelöscht wird als die Reaktion von Tieren, die unter Bedingung A trainiert wurden.« Nach Hilgard und Bower konnte die Voraussage bei einer Reihe von Bedingungen verifiziert werden, z. B. wenn die Bedingung B in der relativen Verzögerung der Belohnung, einer relativ kleineren Belohnung, mehr Nichtbelohnungen, einigen Strafen zusätzlich zur Belohnung oder einer stärkeren Anstrengung im Vergleich zur Bedingung A bestand. Diese Tatsachen entsprechen den Voraussagen der Dissonanztheorie; die Theorie stimmt auch mit den Ergebnissen neuer Experimente überein, die Lawrence und Festinger planten und durchführten. Hilgard und Bower (S. 493) weisen darauf hin, daß die Konzepte über das Lernen bei Ratten, sofern sich dissonanztheoretische Interpretationen weiterhin als valide erweisen, »einige seltsame Elemente« aufnehmen müßten, »wie die Annahme, daß Ratten Kognitionen vergleichen, Dissonanzen fühlen und versuchen, ihre Handlungen zu rechtfertigen, um die Dissonanz zu vermindern«.

Bewertung der Dissonanztheorie

Die Dissonanztheorie besitzt eine gewisse Plausibilität; viele der von ihr angeregten Experimente haben Ableitungen aus der Theorie bestätigt, die aufgrund des gesunden Menschenverstandes oder anderer psychologischer Theorien wahrscheinlich nicht entwickelt worden wären. Doch es gibt noch eine Anzahl von Problemen in bezug auf diese Theorie und die aus der Theorie abgeleiteten Forschungen.

Man nimmt an, daß Dissonanz ein unangenehmer motivationaler Zustand ist, aber bisher wurde er noch nie direkt gemessen. Und es gibt auch keine Verfahren, wie etwa Deprivation, die Dissonanz außerhalb von spezifischen Situationen verursachen können. Viele der experimentellen Situationen, die Dissonanz hervorrufen sollen, »benötigen die Hilfsmittel einer kleinen Theateraufführung«, wie Zajonc (1968, S. 390 f.) sagte. Man ist versucht hinzuzufügen, daß die Sozialpsychologen, die diese Experimente durchgeführt haben, vielleicht davon profitiert hätten, wenn sie sich vor ihren Forschungen im Labor mit der Schauspielkunst befaßt hätten.

Die Komplexität der Experimente, die man zur Überprüfung der Theorie durchführte, hat zwei ungünstige Konsequenzen. Die eine ist die Tatsache, daß es schwierig ist, eines der Experimente genau zu wiederholen. Die andere Folge ist die Möglichkeit, daß zusätzlich zur Dissonanz oder anstelle von Dissonanz andere Variablen beim Zustandekommen der Ergebnisse mitwirken könnten. Jedenfalls ist es unwahrscheinlich (Berkowitz 1968), daß die verschiedenen Verfahren, die man anwendete, um Dissonanz zu erzeugen, die »gleiche Dissonanz« hervorgerufen haben. Dissonanz wird oft als ein einheitlicher Triebzustand angesehen, eine Konzeption, die Wissenschaftler, die sich mit Motivationspsychologie beschäftigen, inzwischen weitgehend aufgegeben haben.

Man kann darüber spekulieren, warum Inkonsistenz Dissonanz hervorruft. Es kann viele Gründe geben, obwohl keiner in der Theorie spezifiziert wird. Vielleicht hat uns die Erfahrung in der Vergangenheit für Konsistenz belohnt und für Inkonsistenz bestraft. Möglicherweise entsteht auf diesem Hintergrund angesichts von Inkonsistenz eine Art Angst, oder vielleicht wird die Selbsteinschätzung oder das Selbstkonzept durch die Erkenntnis von Inkonsistenz in Unordnung gebracht. In der Dissonanztheorie wurde den Folgen von Verhaltensweisen, die mit den eigenen Einstellungen inkonsistent sind, wenig Aufmerksamkeit geschenkt (Pepitone 1966, 1968). Wenn man z. B. jemandem mitteilt, daß ein Erlebnis, das man gehabt hat, interessant und erfreulich war, obwohl es in Wirklichkeit langweilig war (dies wurde bei verschiedenen Experimenten von den Versuchspersonen verlangt), sind die Reaktionen unterschiedlich, wenn die Kommunikation direkt oder indirekt erfolgt. Der Gedanke, der Person, die man belogen hat, nicht nur während der Kommunikation, sondern auch später auf dem Campus und in der Klasse zu begegnen, könnte der Grund für die Dissonanz sein, nicht die inkonsistenten Kognitionen (Pepitone 1966). Nachdem die andere Person eine falsche Mitteilung von einem erhalten hat, könnte man eine negative Bewertung durch sie befürchten, z. B. daß man nicht ehrlich ist.

Situative Folgen und das mögliche Vorhandensein anderer Motive könnten zumindest für einige Ergebnisse von Untersuchungen zur Dissonanztheorie alternative Erklärungen liefern. Es ist ebenso möglich, daß nicht-motivationale Faktoren mitwirken (Singer 1968). Man weiß, daß die Fähigkeit des Menschen, Informationen zu verarbeiten, begrenzt ist (Miller 1956). Eine Möglichkeit, um diese Begrenzung zu überwinden, besteht darin, die kognitiven Prozesse so zu organisieren, daß Informationen in bereits bestehende kognitive Strukturen oder Schemata eingeordnet werden. Es ist zumindest möglich, daß einige der Veränderungen, die bei kognitiver Inkonsistenz auftreten, entstehen, weil eine Kognition nicht adäquat für die Aufbewahrung oder die Integration in existierende Strukturen verarbeitet wird, wenn sie nicht in ein schon vorhandenes Schema eingeordnet werden kann.

Als letztes sei bemerkt, daß das Ziel der Konsistenz zumindest oberflächlich mit dem Bedürfnis nach Reizänderungen (Maddi 1968), das im 5. Kapitel besprochen wurde, unvereinbar ist. Konsistenz kann zur Langeweile führen; wir stellten früher bereits fest, daß Abweichungen vom Adaptationsniveau (das vielleicht einem Zustand wie Langeweile entspricht) Neugier und Explorationsverhalten hervorrufen. Es kann natürlich gut sein, daß es getrennte Tendenzen zur Konsistenz und zur Abwechslung oder Komplexität gibt und daß jede unter unterschiedlichen Bedingungen dominierend ist. Die Forschung, die die Dissonanztheorie hervorgebracht hat, unterscheidet sich von der, die in Bezug auf Neugier betrieben wurde, so sehr, daß zur Zeit kein bedeutungsvoller Vergleich und keine Integration möglich zu sein scheint.

9. Kapitel
Schlußfolgerungen

Wir haben den Aufstieg von Motivationskonzepten in diesem Jahrhundert zu einer sehr bedeutsamen Position in der Analyse des Verhaltens beschrieben; die grundlegenden Begriffe der Motivationspsychologie — Instinkt, Trieb, Anreiz, Verstärkung, Emotion und Erregung — wurden behandelt; verschiedene Themen sind im Laufe der Diskussion aufgetaucht; es ist die Aufgabe dieses letzten Kapitels, sie zusammenzubringen und den Status des Motivationskonzepts und der darauf bezogenen theoretischen Vorstellungen zu bestimmen.

Die Motivation scheint ein wichtiges Mittel gewesen zu sein, durch das der Determinismus einen festen Standort in der Analyse des Verhaltens erreichte. Es schien notwendig zu sein, die intentionalen und strebenden Aspekte des Verhaltens adäquat erklären zu können, was der Assoziationismus, eine in ähnlicher Weise deterministische Lehre, anscheinend nicht konnte. Die Motivation wurde in der Umgangssprache mit den Gründen des Verhaltens gleichgesetzt, sie wurde als das wichtigste Erklärungsprinzip angesehen.

Ein großer Teil des Anklangs, den Motivationskonzepte fanden, ist auf funktionalistische Darstellungen zurückzuführen, ob sie nun an der Psychoanalyse oder an anderen Theorien orientiert waren. Es war biologisch sinnvoll, das Verhalten in der Weise zu betrachten, daß es die Bedürfnisse des Organismus erfüllt und automatisch von Kräften angetrieben wird, über die das Individuum wenig oder keine Kontrolle hat. Motivation war in gewissem Sinne die Antithese für rationalistische Darstellungen des Verhaltens, die so lange Zeit einen großen Einfluß gehabt hatten. Nun sah man den Organismus gewissermaßen als einen Sklaven, der von Energien beherrscht wird, die von innen entstehen und Befreiung von ihren Spannungen suchen: ein Bild, das — mag es auch etwas überzeichnet sein — durchaus der grundlegenden Konzeption einiger Motivationskonzepte entsprechen dürfte.

In der Zeit seit etwa 1950 kann man dann eine Abwendung von dieser Position beobachten. Man hält nicht länger an der Vorstellung fest, daß innere »Kräfte« den Organismus sozusagen zur Aktivität zwingen oder ohne die Wirkung äußerer Reize wirksam sind. Organismen suchen zumindest manchmal

Steigerungen der Reizung; Wahrnehmungen und Bewertungen von Situationen, die ihrem Wesen nach kognitiv (wenn auch nicht völlig rational) sind, haben einen bedeutsamen Einfluß auf die Wirkungsweise motivationaler Variablen. Nicht-motivationale Faktoren, z. B. Fähigkeiten und Gewohnheiten, kontrollieren, welche Verhaltensweisen in einer Situation auftreten. Monolithische motivationale Interpretationen sind viel zu einfach, auch wenn sie komplex und zwingend erscheinen, um angemessen zu erklären, warum ein Verhalten wann und wo auftritt.

Die Abwendung von den ursprünglichen Motivationskonzepten brachte aber neue Probleme mit sich. Dazu gehören die Fragen, welche Funktion Motivationskonzepte haben und ob sie überhaupt notwendig sind. Sofern sie aber in gewisser Hinsicht notwendig sind und eine Funktion haben, ist die Frage, wie man die Wirkungsweise der Motivation theoretisch erklären soll.

Lange Zeit schrieb man der Motivation drei Funktionen zu. Eine davon ist die Auswahl von Reaktionen, die man oft als die Richtungskomponente des Verhaltens bezeichnet. Die Motivation determiniert nach dieser Vorstellung also, welche Reaktion oder Reaktionssequenz in einer Situation auftritt. Eine zweite Funktion besteht darin, daß man annimmt, die Motivation energetisiere Reaktionen oder intensiviere das Verhalten unspezifisch; die Funktion der Steuerung des Verhaltens wird Gewohnheiten und kontrollierenden Reizen zugeschrieben. Die dritte Funktion besteht darin, daß die Motivation die Bedingungen bietet, unter denen Verstärkungen wirksam sind. Bindra (1969) arbeitete eine neue Konzeption dieser Themen im Kontext der Motivation bei Tieren aus. Er hebt die wichtige Rolle von Anreizen hervor, die auch von anderen Autoren betont wurde (Cofer & Appley 1964; Bolles 1967). Seine Sichtweise soll als der neueste mir bekannte Versuch, das Problem der Funktionen der Motivation zu lösen, referiert werden. Er diskutiert, ob der Begriff der Motivation durch den der Verstärkung ersetzt werden kann und wie eine theoretische Erklärung der Motivation aussehen sollte.

Bindra behauptet, daß Verstärkung und Motivation identisch sind (S. 2); der Haupteffekt eines verstärkenden Ereignisses sei nicht, eine Reaktion zu verstärken, sondern vielmehr »die Schaffung eines motivationalen Zustands, der einen großen Bereich späterer Verhaltensweisen des Tieres beeinflußt« (S. 7).

Wir wollen zuerst besprechen, wie Bindra zu dieser Schlußfolgerung über die Verstärkung kommt.

Erstens kann Verstärkung die Auftretenswahrscheinlichkeit von Reaktionen beeinflussen, auch wenn die betreffende Reaktion nicht in Verbindung mit der Verstärkung aufgetreten ist. Wie Solomon und Turner (1962) bei curarisierten Tieren (Curare ist ein Gift, das die Motorik lähmt) gezeigt haben, können Lernprozesse ablaufen, auch wenn das Tier nicht reagieren kann. Die Verstärkung einer Reaktion (z. B. Laufen) kann anscheinend das Auftreten einer anderen Reaktion (z. B. Schwimmen) verstärken, die selbst nicht verstärkt wurde (MacFarlane 1930). Eine mögliche Interpretation dieser Ergebnisse ist, daß die Verstärkung einen motivationalen Effekt hat, der sowohl nichtverstärkte als auch verstärkte Reaktionen beeinflußt; die Annahme, daß Verstärkung nur zuvor aufgetretene Reaktionen verstärkt, kann zurückgewiesen werden. Zweitens weist er darauf hin, daß Reaktionen, die motivationale Erregung anzeigen, nicht die gleichen sind, die in der Gegenwart von Anreizen verstärkt werden. Futter ruft z. B. bei der Ratte Schnüffeln, Beißen und Schlucken hervor, während die Reaktionen, die bei Erregung auftreten, in explorativem Verhalten und Suchen bestehen (S. 4). Das Experiment von Bindra und Palfai (1967), das im 5. Kapitel beschrieben wurde, bestätigt diese Unterscheidung. Daher ist die Stärkung von Reaktionen durch Verstärkungen nicht der Mechanismus, der der motivationalen Erregung zugrunde liegt. Drittens gibt es Belege dafür, daß verstärkende Ereignisse (oder die Manipulation von Anreizen) motivationale Effekte haben (S. 5 - 7). Diese drei Argumente unterstützen die allgemeine Aussage, daß Verstärkungen motivationale Zustände hervorrufen.

Bindra (S. 9-11) verwirft das Triebkonzept und postuliert, daß die Motivation »durch die Kombination von physiologischen Zuständen und Anreizen erzeugt wird«. Er schlägt den Begriff »zentraler Motivationszustand« (central motive state) (vgl. 2. Kapitel) als Bezeichnung für die neuralen Prozesse vor, die der Interaktion von physiologischen Variablen und Anreizen zugrunde liegen (S. 11-12). Der physiologische oder organismische Zustand »kann ein allgemeiner Zustand (z. B. Wachzustand, Schlaf, Krankheit) oder ein spezifischerer Zustand in der Art sein, die man traditionellerweise als Trieb bezeichnet . . .« (S. 12). Anreize sind die Reize, die man auch Verstärker oder emotionale Reize nennt. Wenn ein zentraler Motivationszustand einmal erzeugt wurde, bleibt er eine bestimmte Zeit lang bestehen.

Der zentrale Motivationszustand stellt die Grundlage für ,,explorative, instrumentelle und anreiz-bezogene« Reaktionen dar (S. 12). Er kann zur Erklärung von emotionalen und von motivationalen Phänomenen herangezogen werden. Reize, die mit einem primären Anreiz assoziiert werden, können in Verbindung mit einem passenden physiologischen Zustand als sekundäre Anreize einen zentralen Motivationszustand hervorrufen. Wie schon im 7. Kapitel bemerkt wurde, beruht die sekundäre Motivation nicht auf erworbenen Trieben, sondern auf Prozessen, die durch Anreize hervorgerufen werden.

Bindra schreibt sowohl die Auswahl von bestimmten Reaktionen als auch die Tatsache ihres Auftretens den von ihm postulierten motivationalen Prozessen zu, d. h., sowohl die Selektion als auch die Energetisierung von Reaktionen beruhen auf diesen Mechanismen. Er akzeptiert das Prinzip, daß Tiere (vielleicht angeborenermaßen) sich positiven Anreizen annähern und negative vermeiden. Wenn ein Tier in einer bestimmten Umgebung etwas gefressen hat, wurden verschiedene Hinweisreize mit dem zentralen Motivationszustand assoziiert. Sie können diesen Zustand daher als sekundäre Anreize aktivieren, sofern sich der Organismus in einem adäquaten physiologischen Zustand befindet. Diese Anreize rufen zusammen mit dem zentralen Motivationszustand Reaktionen hervor, die das Tier bei einer späteren Gelegenheit zu der Nahrung führen. Die Erhöhung der Stärke des zentralen Motivationszustandes und der Tendenz der Anreize, diesen Zustand hervorzurufen, würde bei wiederholten Versuchsdurchgängen auftreten und die Verhaltensänderungen bewirken, die man z. B. bei einem Tier beobachten kann, das durch ein Labyrinth zu kleinen Futterstückchen läuft; zu diesen Veränderungen gehört eine verminderte Latenzzeit bis zum Beginn des Laufens, eine erhöhte Laufgeschwindigkeit und eine erhöhte Wahrscheinlichkeit des Laufens zum Futter. Die Auswahl von Reaktionen beruht in Wirklichkeit auf den spezifischen Reizen der Situation, aber da diese Reize Anreize darstellen, tragen sie zusammen mit dem physiologischen Zustand zu dem zentralen Motivationszustand bei; sie führen daher zu einer Intensivierung des Verhaltens, die sich in erhöhter Geschwindigkeit, erhöhter Auftretenswahrscheinlichkeit der Reaktion und verminderter Latenzzeit zeigt. Bindras Analyse berücksichtigte in erster Linie den Fall, daß ein Verhalten auf einen positiven Anreiz wie Nahrung gerichtet ist, sie kann aber wahrscheinlich auch auf den Fall der Vermeidung negativer Anreize erweitert werden. Ebenso orientierte sich die Analyse in erster Linie an den klassischen Triebzuständen Hunger und Durst. Es scheint mir, daß Bindras Formulierung dem Ansatz von Cofer und Appley (1964, Kapitel 16, vgl. 6. Kapitel in diesem Buch) sehr ähnlich ist. Sein Ansatz ist allerdings etwas detaillierter ausgeführt; er führt den Begriff eines zentralen Motivationszustandes ein, während Cofer und Appley nur von Erregung sprachen. Bindras Betonung des Zusammenwirkens von Anreizen und physiologischen Zuständen war in der Diskussion des Sensibilisierungs-Intensivierungs-Mechanismus (SIM) von Cofer und Appley explizit enthalten, aber nur implizit in der Darstellung des Antizipations-Intensivierungs-Mechanismus (AIM). Wahrscheinlich kann Bindras Analyse wie die von Cofer und Appley auch auf andere Motivationen als Hunger und Durst angewendet werden, z. B. auf die Sexualität, die Neugier oder mütterliches Verhalten.

Es muß nun noch einiges über die menschliche Motivation gesagt werden. Können wir z. B. bei Angst, Aggression, Leistungsverhalten oder Streben nach Anerkennung so etwas wie einen zentralen Motivationszustand und Anreize finden? Ist kognitive Dissonanz ebenfalls ein zentraler Motivationszustand?

Unsere Diskussion dieser verschiedenen Motivsysteme zeigte ganz klar einen Prozeß der Wechselwirkung, sofern das empirische Material eine solche Aussage erlaubte, wie z. B. bei Leistungsverhalten, Gesellung, Aggression und in einem gewissen Ausmaß auch bei der Angst. Dies bedeutet z. B., daß das Bedürfnis nach Leistung durch Situationen aktiviert werden muß, in denen die Versuchsperson glaubt, bewertet zu werden, und daß Ärger keine hinreichende Bedingung für das Auftreten von Aggressionen ist, sofern auslösende Reize fehlen. Bindras Betonung der Wichtigkeit von Hinweisreizen wird daher durch unsere Diskussion menschlicher Motivsysteme unterstützt. Was vielleicht fehlt, ist eine Entsprechung zu dem physiologischen Zustand. Obwohl die Existenz eines solchen Zustands plausibel erscheint und in den Fällen von Angst und Aggression (sowie bei anderen Emotionen) berichtet wurde, gibt es beim Leistungs- und Gesellungsverhalten meines Wissens keine Untersuchungen über physiologische Korrelate dieser Motivsysteme. Dies bedeutet natürlich nicht, daß diese Motivsysteme nicht von physiologischer Erregung begleitet werden. Es handelt sich aber wahrscheinlich um eine allgemeine, unspezifische Erregung, die im Licht der jeweiligen situativen Umstände unterschiedlich interpretiert werden kann, wie Schachters Arbeiten über Emotionen zeigen. Die menschliche Motivation könnte daher gut auf undifferenzierter Erregung beruhen, die im Licht situativer Anreize und des resultierenden Verhaltens interpretiert wird.

Dieses Argument impliziert, daß man nur dann von menschlichen Motiven sprechen sollte, wenn der Erregungsaspekt der Wechselwirkung gezeigt oder in plausibler Weise erschlossen werden kann. Diese Beschränkung im Gebrauch des Wortes Motivation erscheint mir wünschenswert und könnte positive Wirkungen haben. Es würde den unterschiedslosen Gebrauch des Wortes *Motiv* in Diskussionen über das menschliche Verhalten begrenzen mitsamt der Aura der Erklärungskraft, die der Gebrauch dieses Begriffs zu besitzen scheint, unabhängig davon, was er wirklich wert ist. Viele Probleme des Verhaltens werden dadurch »gelöst« oder fallengelassen, daß man sagt, es handele sich um motivationale Probleme. Durch die Einführung des Wortes Motivation wird aber wenig erreicht, wie der Überblick über menschliche Motivsysteme im 7. Kapitel zeigen sollte. In der Psychologie ist eine eingehende Untersuchung der Bedingungen nötig, unter denen ein interessierendes Verhaltensmuster entwickelt und aufrechterhalten wird. In vielen Fällen wird es sich wahrscheinlich herausstellen, daß eine Betonung motivationaler Konzepte für die Analyse nicht sehr hilfreich ist.

Damit ist unser Überblick über das Gebiet der Motivation beendet. Wir haben das Entstehen des Problembereichs der Motivation gesehen, die unterschiedlichen Konzepte, die entwickelt wurden, und die Veränderungen der Ansätze im Bereich der Motivation während eines halben Jahrhunderts. Vielleicht hat der Leser bestimmtere Antworten und klarer umrissene Konzepte erwartet, als sie hier gegeben wurden. Leider können solche Erwartungen aber beim gegenwärtigen Stand der Motivationsforschung nicht erfüllt werden.

Literaturverzeichnis

ALLPORT, G.W.: Personality: A psychological interpretation, New York 1937.

AMSEL, A.: Frustrative nonreward in partial reinforcement and discrimination learning: Some recent history and a theoretical extension, in: Psychol. Rev., 1962, 69, S. 306-328.

AMSEL, A. und ROUSSEL, J.: Motivational properties of frustration: I. Effect on a running response of the addition of frustration to the motivational complex, in: J. exp. Psychol., 1952, 43, S. 363-368.

ANDERSSON, B.: The effect of injections of hypertonic NaCL-solutions into different parts of the hypothalamus in goats, in: Acta physiol. Scand., 1953, 28, S. 188-201.

ANDERSSON, B. und McCANN, S. M.: A further study of polydipsia evoked by hypothalamic stimulation in the goat, in: Acta physiol. Scand., 1955a, 33, S. 333-346.

ANDERSSON, B. und McCANN, S. M.: Drinking, antidiuresis and milk ejection from electrical stimulation within the hypothalamus of the goat, in: Acta physiol. Scand., 1955b, 35, S. 191-201.

APPLEY, M. H.: Derived motives, in: Annual rev. Psychol., 1970, 21, S. 485-518.

ARDREY, R.: The territorial imperative: A personal inquiry into the animal origins of property and nations, New York 1966.

ARONSON, E. und MILLS, J.: The effect of severity of initiation on liking for a group, in: J. abnorm. soc. Psychol., 1959, 59, S. 177-181.

ATKINSON, J.W.: The achievement motive and recall of interrupted and completed tasks, in: J. exp. Psychol., 1953, 46, S. 381-390.

ATKINSON, J.W.: Towards experimental analysis of motives, expectations, and incentives, in: Atkinson, J. W. (Hg.): Motives in fantasy, action, and society, New York 1958, S. 288-305.

ATKINSON, J. W.: An introduction to motivation, Princeton, N. J. 1964.

ATKINSON, J.W. und McCLELLAND, D.C.: The projective expression of needs: II. The effect of different intensities of the hunger drive on thematic apperception, in: J. exp. Psychol., 1948, 38, S. 643-658.

AYRES, C. E.: Instinct and capacity: I. The instinct of belief-in-instincts, in: J. Philos., 1921, 18, S. 561-566.

BAKER, R.A.: Aperiodic feeding in the albino rat, in: J. comp. physiol. Psychol., 1953, 46, S. 422-426.

BAKER, R.A.: The effects of repeated deprivation experience in feeding behavior, in: J. comp. physiol. Psychol., 1955, 48, S. 37-42.

BALDWIN, J. M. (Hg.): Dictionary of philosophy and psychology, New York 1911.

BARD, P.: On emotional experience after decortication with some remarks on theoretical views, in: Psychol. Rev., 1934, 41, S. 309-329, S. 424-449.

BARNES, G.W. und KISH, G.B.: Reinforcing properties of the termination of intense auditory stimulation, in: J. comp. physiol. Psychol., 1957, 50, S. 40-43.

BARNES, G.W. und KISH, G.B.: Reinforcing properties of the onset of auditory stimulation, in: J. exp. Psychol., 1961, 62, S. 164-170.
BARNETT, S.A.: Attack and defense in animal societies, in: Clemente, C. D. und Lindsley, D. B. (Hg.): Aggression and defense: Neural mechanisms and social patterns (Brain Function, Vol. V), Los Angeles 1967, S. 35-56.
BEACH, F.A.: Analysis of the stimuli adequate to elicit mating behavior in the sexually inexperienced male rat, in: J. comp. Psychol., 1942, 33, S. 163-207.
BEACH, F.A.: The snark was a boojum, in: Amer. Psychologist, 1950, 5, S. 115-124.
BEACH, F.A.: Instinctive behavior: Reproductive activities, in: Stevens, S.S. (Hg.): Handbook of experimental psychology, New York 1951, S. 387-434.
BEACH, F.A.: The descent of instinct, in: Psychol. Rev., 1955, 62, S. 401-410.
BEACH, F.A.: Characteristics of masculine sex drive, in: Jones, M.R. (Hg.): Nebraska symposium on motivation, 1956, S. 1-32.
BELANGER, D. und FELDMAN, S.M.: Effects of water deprivation upon heart rate and instrumental activity in the rat, in: J. comp. physiol. Psychol., 1962, 55, S. 220-225.
BERKOWITZ, L.: Aggression: A social psychological analysis, New York 1962.
BERKOWITZ, L.: The concept of aggressive drive: Some additional considerations, in: Advances exp. soc. Psychol., 1965, 2, S. 301-329.
BERKOWITZ, L.: Experiments on automatism and intent in human aggression, in: Clemente, C.D. und Lindsley, D.B. (Hg.): Aggression and defense: Neural mechanisms and social patterns, Los Angeles 1967, S. 243-266.
BERKOWITZ, L.: The motivational status of cognitive consistency theorizing, in: Abelson, R.P. et al. (Hg.): Theories of cognitive consistency: A sourcebook, Chicago 1968, S. 301-310.
BERKOWITZ, L.: Simple views of aggression: An essay review, in: American Scientist, 1969a, 57, S. 372-383.
BERKOWITZ, L.: Social motivation, in: Lindzey, G. und Aronson, E. (Hg.): The handbook of social psychology (2. Aufl.), Bd. 3, Reading, Mass. 1969b, S. 50-135.
BERKOWITZ, L.: Experimental investigations of hostility catharsis, in: J. consult. clin. Psychol., 1970, 35, S. 1-7.
BERLYNE, D.E.: Conflict and information-theory variables as determinants of human perceptual curiosity, in: J. exp. Psychol., 1957, 53, S. 399-404.
BERLYNE, D.E.: The influence of the albedo and complexity of stimulation on visual fixation in the human infant, in: Brit. J. Psychol. 1958a, 49, S. 315-318.
BERLYNE, D.E.: The influence of complexity and novelty in visual figures on orienting responses, in: J. exp. Psychol., 1958b, 55, S. 289-296.
BERLYNE, D.E.: Arousal and reinforcement, in: Levine, D. (Hg.): Nebraska symposium on motivation, 1967, S. 1-110.
BERLYNE, D.E. und SLATER, J.: Perceptual curiosity, exploratory

behavior, and maze learning, in: J. comp. physiol. Psychol., 1957, 50, S. 228-232.
BERNARD, L.L.: Instinct: A study in social psychology, New York 1924.
BEXTON, W.H., HERON, W. und SCOTT, T.H.: Effects of decreased variation in the sensory environment, in: Canad. J. Psychol., 1954, 8, S. 70-76.
BINDRA, D.: The interrelated mechanisms of reinforcement and motivation, and the nature of their influence on response, in: Arnold, W.J. und Levine, D. (Hg.): Nebraska symposium on motivation, 1969, S. 1-33.
BINDRA, D. und PALFAI, T.: Nature of positive and negative incentive-motivational effects on general activity, in: J. comp. physiol. Psychol., 1967, 63, S. 288-297.
BIRNEY, R.C., BURDICK, H. und TEEVAN, R.C.: Fear of failure, New York 1969.
BOLLES, R.C.: Grooming behavior in the rat, in: J. comp. physiol. Psychol., 1960, 53, S. 306-310.
BOLLES, R.C.: Theory of motivation, New York 1967.
BOLLES, R.C.: Species-specific defense reactions and avoidance learning, in: Psychol. Rev., 1970, 77, S. 32-48.
BORING, E.G.: Sensation and perception in the history of experimental psychology, New York 1942.
BRADY, J.V., BOREN, J.J., CONRAD, D.G. und SIDMAN, M.: The effect of food and water deprivation upon intra-cranial self-stimulation, in: J. comp. physiol. Psychol., 1957, 50, S. 134-137.
BREHM, J.W.: Post-decision changes in the desirability of alternatives, in: J. abn. soc. Psychol., 1956, 52, S. 384-389.
BREHM, J. W.: Motivational effects of cognitive dissonance, in: Jones, M.R. (Hg.): Nebraska symposium on motivation, 1962, S. 51-77.
BREHM, J. und COHEN, A.R.: Explorations in cognitive dissonance, New York 1962.
BRELAND, K. und BRELAND, J.: The misbehavior of organisms, in: American Psychologist, 1961, 16, S. 681-684.
BROBECK, J.R.: Neural control of hunger, appetite and satiety, in: Yale J. biol. med., 1957, 29, S. 565-574.
BROWN, J.S.: The motivation of behavior, New York 1961.
BROWN, J.S. und FARBER, I.E.: Secondary motivational systems, in: Ann. rev. Psychol., 1968, 19, S. 99-134.
BUTLER, R.A.: Discrimination learning by Rhesus monkeys to visual-exploration motivation, in: J. comp. physiol. Psychol., 1953, 46, S. 95-98.
BUTLER, R.A.: Discrimination learning by Rhesus monkeys to auditory incentives, in: J. comp. physiol. Psychol., 1957, 50, Seite 239-241.
CAMPBELL, B.A. und MISANIN, J.R.: Basic drives, in: Mussen, P.H. und Rosenzweig, M.R. (Hg.): Ann. rev. of Psychol., 1969, 20, S. 57-84.
CAMPBELL, B.A. und SHEFFIELD, F.D.: Relation of random activity to food deprivation, in: J. comp. physiol. Psychol., 1953, 46, S. 320-322.

CANNON, W.B.: The physiological basis of thirst, in: Proc. roy. soc. London. B 1918, 90, S. 283-301.
CANNON, W.B.: The James-Lange theory of emotions: A critical examination and an alternative, in: Amer. J. Psychol., 1927, 39, S. 106-124.
CANNON, W.B.: Bodily changes in pain, hunger, fear, and rage (2. Aufl.), New York 1929.
CANNON, W.B.: The wisdom of the body (2. Aufl.), New York 1939.
CANNON, W.B. und WASHBURN, A.L.: An explanation of hunger, in: Amer. J. Physiol., 1912, 29, S. 441-454.
CARLSON, A.J.: The control of hunger in health and disease, Chicago 1916.
COFER, C.N. und APPLEY, M.H.: Motivation: Theory and research, New York 1964.
CRESPI, L.P.: Quantitative variation of incentive and performance in the white rat, in: Amer. J. Psychol., 1942, 55, S. 467-517.
CROWNE, D.P. und MARLOWE, D.: The approval motive: Studies in evaluative dependence, New York 1964.
DANA, C.L.: The anatomic seat of the emotions: A discussion of the James-Lange theory, in: Arch. Neurol. Psychiat. (Chicago), 1921, 6, S. 634-669.
DASHIELL, J. F.: Fundamentals of objective psychology, Boston 1928.
DAVIS, D.M.: Self-selection of diet by newly weaned infants, in: Amer. J. Dis. Child., 1928, 36, S. 651-679.
DAVIS, R.C., Garafalo, L. und KVEIM, K.: Conditions associated with gastrointestinal activity, in: J. comp. physiol. Psychol., 1959, 52, S. 466-475.
DAVITZ, J.R.: The language of emotion, New York 1969.
DELGADO, J.M.R. und ANAND, B.K.: Increased food intake induced by electrical stimulation of the lateral hypothalamus, in: Amer. J. Physiol., 1953, 172, S. 162-168.
DELGADO, J.M.R., ROBERTS, W.W. und MILLER, N.E.: Learning motivated by electrical stimulation of the brain, in: Amer. J. Physiol., 1954, 179, S. 587-593.
DEUTSCH, M.: Field theory in social psychology, in: Lindzey, G. und Aronson, E. (Hg.): The handbook of social psychology (2. Aufl.), Reading, Mass. 1968, S. 412-487.
DOLLARD, J., DOOB, L.W., MILLER, N.E.,MOWRER, O.H. und SEARS, R.R.: Frustration and aggression (Frustration und Aggression, Weinheim 1971), New Haven 1939.
DOLLARD, J. und MILLER, N.E.: Personality and psychotherapy: An analysis in terms of learning, thinking and culture, New York 1950.
DUCHARME, R. und BELANGER, D.: Influence d'une stimulation électrique sur le niveau d'activation et la performance, in: Canad. J. Psychol., 1961, 15, S. 61-68.
DUFFY, E.: An explanation of »emotional« phenomena without the use of the concept »émotion«, in: J. gen. Psychol., 1941, 25, S. 283-293.

DUFFY,E.: Leeper's »motivational theory of emotion . . .«, in: Psychol. Rev., 1948, 55, S. 324-328.
DUFFY, E.: Activation and behavior, New York 1962.
DUFRESNE, C.: Influence de la privation de nourriture sur le rythme cardiaque et l'activité instrumentale, unveröffentlichte These, Montreal 1961.
DUNLAP, K.: Elements of scientific psychology, St. Louis 1922.
EISENBERGER, R.: Is there a deprivation-satiation function for social approval?, in: Psychol. Bull., 1970, 74, S. 255-275.
ELLIOTT, M.H.: The effect of change of reward on the maze performance of rats, in: Univ. Calif. Publ. Psychol., 1928, 4, S. 19-30.
FANTZ, R.L.: Pattern vision in young infants, in: Psychol. Rec., 1958, 8, S. 43-48.
FESTINGER, L.: Informal social communication, in: Psychol. Rev., 1950, 57, S. 271-282.
FESTINGER, L.: A theory of social comparison processes, in: Hum. relations, 1954a. 7, S. 117-140.
FESTINGER, L.: Motivations leading to social behavior, in: Jones, M.R. (Hg.): Nebraska symposium on motivation, 1954b, S. 191-219.
FESTINGER, L.: A theory of cognitive dissonance, Evanston 1957.
FESTINGER, L.: The motivating effect of cognitive dissonance, in: Lindzey, G. (Hg.): Assessment of human motives, New York 1958, S. 65-86.
FLYNN, J.P.: The neural basis of aggression in cats, in: Glass, D.C. (Hg.): Neurophysiology and emotion, New York 1967, S. 40 - 60.
FORD, C.S. und BEACH, F.A.: Patterns of sexual behavior, New York 1951 (Formen der Sexualität — Das Sexualverhalten bei Mensch und Tier, Reinbek bei Hamburg 1968).
FREEMAN, G.L.: The relationship between performance level and bodily activity level, in: J. exp. Psychol., 1940, 26, S. 602-608.
FRENCH, E.G.: Some characteristics of achievement motivation, in: J. exp. Psychol., 1955, 50, S. 232-236.
FRENCH, E.G.: Motivation as a variable in work-partner selection, in: J. abn. soc. Psychol., 1956a, 53, S. 96-99.
FRENCH, E.G.: Development of a measure of complex motivation, Texas 1956b.
FRENCH, E.G.: Effects of the interaction of motivation and feedback on task performance, in: Atkinson, J.W. (Hg.): Motives in fantasy, action, and society, New York 1958, S. 400-408.
FREUD, S.: Triebe und Triebschicksale. Gesammelte Werke, Bd. X. London: Imago, 1946, S. 210-216. Auch in Thomae, H. (Hg.): Die Motivation menschlichen Handelns, Köln, 1965, S. 108-112.
FUSTER, J.M.: Effects of stimulation of brain stem on tachistoscopic perception, in: Science, 1958, 127, S. 150.
GEWIRTZ, J.L.: A learning analysis of the effects of normal stimulation, privation, and deprivation on the acquisition of social motivation and attachment, in: Foss, B.M. (Hg.): Determinants of infant behavior, London 1961, S. 213-290.
GEWIRTZ, J.L.: Mechanisms of social learning: Some roles of stimulation and behavior in early development, in: Goslin, D.A. (Hg.): Handb. of socialization theory and research, Chicago 1969a, S.57-212.

GEWIRTZ, J.L.: Potency of a social reinforcer as a function of satiation and recovery, in: Developmental Psychology, 1969b, 1, S. 2-13.
GEWIRTZ, J.L. und BAER, D.M.: The effect of brief social deprivation on behaviors for a social reinforcer, in: J. abn. soc. Psychol., 1958 a, 56, S. 49 - 56.
GEWIRTZ, J.L. und BAER, D.M.: Deprivation and satiation of social reinforcers as drive conditions, in: J. abn. soc. Psychol., 1958 b, 57, S. 165 - 172.
GHENT, L.: The relation of experience to the development of hunger,in: Canad. J. Psychol, 1951, 5, S. 77 - 81.
GHENT, L.: Some effects of deprivation on eating and drinking behavior, in: J. comp. physiol.Psychol., 1957, 50, S. 172 - 176.
GLANZER, M.: The role of stimulus satiation in spontaneous alternation, in: J. exp. Psychol., 1953, 45, S. 387 - 393.
GROSSMAN, M.I. und STEIN, I.F.: Jr. Vagotomy and the hunger-producing action of insulin in man, in: J. appl. Physiol., 1948, 1, S. 263 - 269.
GROSSMAN, S.P.: Eating or drinking elicited by direct adrenergic or cholinergic stimulation of hypothalamus, in: Science, 1960, 132, S. 301 - 302.
GROSSMAN, S.P.: A textbook of physiological psychology, New York 1967.
HABER, R.N.: Discrepancy from adaptation level as a source of affect, in: J. exp. Psychol., 1958, 56, S. 370 - 375.
HARLOW, H.F.: Learning and satiation of response in intrinsically motivated complex puzzle performance by monkeys, in: J. comp. physiol. Psychol., 1950, 43, S. 289 - 294.
HARLOW, H.F.: The nature of love, in: Amer. Psychologist, 1958, 13, S. 673 - 685.
HARLOW, H.F.: The heterosexual affectional system in monkeys, in: Amer. Psychologist, 1962, 17, S. 1 - 9.
HARLOW, H.F., BLAZEK, N.C. und McCLEARN, G.E.: Manipulatory motivation in the infant Rhesus monkey, in: J. comp. physiol. Psychol., 1956, 49, S. 444 - 448.
HARLOW, H.F., HARLOW, M.K. und MEYER, D.R.: Learning motivated by a manipulation drive, in: J. exp. Psychol., 1950, 40, S. 228 - 234.
HARRIMAN, A.E.: The effect of a preoperative preference for sugar over salt upon compensatory salt selection by adrenalectomized rats, in: J. Nutrit., 1955, 57, S. 271 - 276.
HARRISON MATTHEWS, L.: Overt fighting in mammals, in: Carthy, J.D. & Ebling, F.J. (Hg.): The natural history of aggression, New York 1964, S. 23 - 32.
HEBB, D.O.: Drives and the C.N.S. (conceptual nervous system), in: Psychol. Rev., 1955, 62, S. 243 - 254. (Die Triebe und das C.N.S., in: Thomae, H. (Hg.): Die Motivation menschlichen Handelns, Köln 1965, S. 431 - 447)
HEIDER, F.: Attitudes and cognitive organization, in: J. Psychol., 1946, 21, S. 107 - 112.
HEIDER, F.: The psychology of interpersonal relations, New York 1958.

HEIDER, F.: The Gestalt theory of motivation, in: Jones, M.R. (Hg.): Nebraska symposium on motivation, 1960, S. 145 - 172.
HELSON, H.: Adaptation-level theory, New York 1964.
HILGARD, E.R. und BOWER, G.H.: Theories of learning (3. Aufl.), New York 1966. (Theorien des Lernens. Bd. I und II, Stuttgart 1970, 1971.)
HILL, W.F.: The effect of long confinement on voluntary wheel-running by rats, in: J. comp. physiol. Psychol., 1958, 51, S. 770-773.
HINDE, R.A.: Animal behavior: A synthesis of ethology and comparative psychology (2. Aufl.), New York 1970.
HOLT, R.R.: On the interpersonal and intrapersonal consequences of expressing or not expressing anger, in: J. consult. clin. Psychol., 1970, 35, S. 8 - 12.
HULL, C.L.: Principles of behavior, New York 1943.
HULL, C.L.: A behavior system: An introduction to behavior theory concerning the individual organisms, New Haven 1952.
HUNT, J.McV.: Intrinsic motivation and its role in psychological development, in: Levine, D. (Hg.): Nebraska symposium on motivation, 1965, S. 189 - 282.
HUTT, C.: Exploration and play in children, in: Jewell, P.A. & Loizos, C. (Hg.): Play, exploration and territory in mammals. Symposium of the Zoological Society of London, No. 18, New York 1966, S. 61 - 81.
JAMES, W.: What is an emotion? in: Mind, 1884, 9, S. 188 - 205.
KAADA, B.: Brain mechanisms related to aggressive behavior, in: Clemente, C.D. & Lindsley, P.B. (Hg.): Aggression and defense: Neural mechanisms and social patterns, Los Angeles 1967, S. 95 - 133.
KARSTEN, A.: Psychische Sättigung, in: Psychol. Forsch., 1928, 10, S. 142 - 254.
KETY, S.S.: Psychoendocrine systems and emotion: Biological aspects, in: Glass, D.C. (Hg.): Neurophysiology and emotion, New York 1967 a, S. 103 - 108.
KETY, S.S.: The central physiological and pharmacological effects of the biogenic amines and their correlations with behavior, in: Quaton, G.C., Melnechuk, T. & Schmitt, F.O. (Hg.): The neurosciences, New York 1967 b, S. 444 - 451.
KISH, G.B.: Learning when the onset of illumination is used as reinforcing stimulus, in: J. comp. physiol. Psychol., 1955, 48, S. 261-264.
LACEY, J.I.: Individual differences in somatic response patterns, in: J. comp. physiol. Psychol., 1950, 43, S. 338 - 350.
LACEY, J.I.: Somatic response patterning and stress: Some revisions of activation theory, in: Appley, M.H & Trumbull, R. (Hg.): Psychological stress: Issues in research, New York 1967.
LATANE, B. (Hg.): Studies in social comparison, in: J. exp. soc. Psychol., 1966, 2, Supplement 1, S. 115.
LAWRENCE, D.H. und FESTINGER, L.: Deterrents and reinforcement, Stanford 1962.
LEWIN, K.: Environmental forces in child behavior and development, in: Murchison, C. (Hg.): A handbook of child psychology, Worcester, Mass. 1931, S. 94 - 127.

LEWIN, K., DEMBO, T., FESTINGER, L. und SEARS, P.S.: Level of aspiration, in: Hunt, J. McV. (Hg.): Personality and the behavior disorders, Bd. 1, New York 1944, S. 333 - 378.
LINDSLEY, D.B.: Emotion in: Stevens, S.S. (Hg.): Handbook of experimental psychology, New York 1951, S. 473 - 516.
LINDSLEY, D.B., BOWDEN, J. und MAGOUN, H.W.: Effect upon the EEG of acute injury to the brain stem activating system, in: EEG clin. Neurophysiol., 1949, 1, S. 475 - 487.
LISSNER, K.: Die Entspannung von Bedürfnissen durch Ersatzhandlungen, in: Psychol. Forsch., 1933, 18, S. 218 - 250.
LORENZ, K.: Das sogenannte Böse, Wien 1963. (On aggression, New York 1966)
LOWELL, E.L.: The effect of need for achievement on learning and speed of performance, in: J. Psychol, 1952, 33, S. 31 - 40.
McFARLANE, D.W.: The role of Kinaesthesis in maze learning, in: Univ. Calif. Publ. Psychol., 1930, 4, S. 277 - 305.
MADDI, S.R.: The pursuit of consistency and variety, in: Abelson, R.P. et al. (Hg.): Theories of cognitive consistency: A sourcebook, Chicago 1968, S. 267 - 274.
MALMO, R.B.: Activation: A neuropsychological dimension, in: Psychol. Rev., 1959, 66, S. 367-386.
MALMO, R.B. und BELANGER, D.: Related physiological and behavioral changes: What are their determinants?, in: Kety, S.S. et al. (Hg.): Sleep and altered states of consciousness, Baltimore 1967, S. 288 - 318.
MANDLER, G.: Emotion,in: Brown, R., Galanter, E., Hess, E.H. & Mandler, G.: New directions in psychology, New York 1962, S. 267 - 343.
MANDLER, G. und SARASON, S.B.: A study of anxiety and learning, in: J. abn. soc. Psychol., 1952, 47, S. 166-173.
MARGULES, D.L. und OLDS, J.: Identical »feeding« and »rewarding« systems in the lateral hypothalamus of rats, in: Science, 1962, 135, S. 374 - 375.
MASLOW, A.H.: Motivation and personality, New York 1954.
MASON, W.A.: Early social deprivation in the nonhuman primates: Implications for human behavior, in: Glass, D.C. (Hg.): Environmental influences, New York 1968, S. 70 - 101.
MASON, W.A. und HARLOW, H.F.: Initial responses of infant Rhesus monkeys to solid foods, in: Psychol. Reps., 1959, 5 S. 193 ff.
MAYER, J.: Glucostatic mechanisms of regulation of food intake, in: New England J. med., 1953, 249, S. 13 - 16.
MAYER, J.: Regulation of energy intake and the body weight: The glucostatic theory and the lipostatic hypothesis, in: Annals N.Y. Acad. Sci., 1955, 63, Art. 1, S. 15 - 43.
McCLELLAND, D.C.: Risk-taking in children with high and low need for achievement, in: Atkinson, J.W. (Hg.): Motives in fantasy, action, and society, Princeton, N.J. 1958, S. 306 - 321.
McCLELLAND, D.C.: The achieving society, Princeton, N.J. 1961. (Die Leistungsgesellschaft, Stuttgart 1966)
McCLELLAND, D.C.: Toward a theory of motive acquisition, in: Amer. psychologist, 1965, 20, S. 321 - 333.

McCLELLAND, D.C., ATKINSON, J.W., CLARK, R.A. und LOWELL, E.L.: The achievement motive, New York 1953.
McCLELLAND, D.C., BALDWIN, A.L., BRONFENBRENNER, J. und STRODTBECK, F.L.: Talent and society, Princeton, N.J. 1958.
McCLELLAND, D.C., CLARK, R.A.,ROBY, T.B. und ATKINSON, J.W.: The projective expression of needs: IV. The effect of the need for achievement on thematic apperception, in: J. exp. Psychol., 1949, 39, S. 242 - 255.
McCLELLAND, D.C. und LIBERMAN, A.M.: The effect of need for achievement on recognition of need-related words, in: J. Personal., 1949, 18, S. 236 - 251.
McDOUGALL, W.: An introduction to social psychology (30. Aufl. 1950), London 1908.
McGUIRE, W.J.: Résumé and response from consistency theory viewpoint, in: Abelson, R.P. et al. (Hg.): Theories of cognitive consistency: A sourcebook, Chicago 1968, S. 275 - 297.
McNIVEN, M.A.: »Social-releaser mechanisms« in birds — a controlled replication of Tinbergen's study, in: Psychol. Rec., 1960, 10, S. 259 - 265.
MELZACK, R.: Brain mechanisms and emotion, in: Glass, D.C. (Hg.): Neurophysiology and emotion, New York 1967, S. 60 - 69.
MELZACK, R. und WALL, P.D.: Pain mechanisms: A new theory, in: Science, 1965, 150, S. 971 - 979.
MILLER, G.A.: The magical number seven plus or minus two: Some limits on our capacity for processing information, in: Psychol. Rev., 1956, 63, S. 81 - 97.
MILLER, N.E.: Experimental studies of conflict, in: Hunt, J. McV. (Hg.): Personality and the behavior disorders, Bd. 1, New York 1944, S. 431 - 465.
MILLER, N.E.: Sudies of fear as an acquirable drive: I. Fear as motivation and fear-reduction as reinforcement in the learning of new responses, in: J. exp. Psychol., 1948, 38, S. 89 - 101.
MILLER, N.E.: Learnable drives and rewards, in: Stevens, S.S. (Hg.): Handbook of experimental psychology, New York 1951, S. 435 - 472.
MONTGOMERY, K.C.: The relation between exploratory behavior and spontaneous alternation in the white rat, in: J. comp. physiol. Psychol., 1951, 44, S. 582 - 589.
MONTGOMERY, K.C.: Exploratory behavior as a function of »similarity« of stimulus situations, in: J. comp. physiol. Psychol., 1953, 46, S. 129-133.
MONTGOMERY, K.C.: The role of the exploratory drive in learning, in: J. comp. physiol. Psychol., 1954, 47, S. 60 - 64.
MORGAN, C.T.: Physiological Psychology, New York 1943.
MORGAN, C.D. and MURRAY, H.A.: Method for investigating fantasies — The thematic apperception test, in: Arch. Neurol. Psychiat., 1935, 34, S. 289-306.
MORRIS, D.: The naked ape: A zoologist's study of the human animal, New York 1968. (Der nackte Affe, München 1968)
MORUZZI, G. und MAGOUN, H.W.: Brain stem reticular formation and activation of the EEG, in: EEG and clin. Neurophysiol., 1949, 1, S. 455 - 473.

MURRAY, H.A.: Explorations in personality, New York 1938.
MYERS, A.K. und MILLER, N.E.: Failure to find a learned drive based on hunger: Evidence for learning motivated by »exploration«, in: J. comp. physiol. Psychol., 1954, 47, S. 428 - 436.
OLDS, J.: Self-stimulation of the brain, in: Science, 1958 a, 127, S. 315 - 324.
OLDS, J.: Effects of hunger and male sex hormones on self-stimulation of the brain, in: J. comp. physiol. Psychol., 1958 b, 51, S. 320 - 324.
OLDS, J. und MILNER, P.: Positive reinforcement produced by electrical stimulation of septal area and other regions of rat brain, in: J. comp. physiol. Psychol., 1954, 47, S. 419 - 427.
OSGOOD, C.E. und TANNENBAUM, P.H.: The principle of congruity in the prediction of attitude change, in: Psychol. Rev., 1955, 62, S. 42 - 55.
OVSIANKINA, M.: Die Wiederaufnahme von unterbrochenen Handlungen, in: Psychol. Forsch., 1928, 11, S. 302-379.
PAINTAL, A.S.: A study of gastric stretch receptors: Their role in the peripheral mechanisms of satiation of hunger and thirst, in: J. Physiol., 1954, 126, S. 255 - 270.
PEPITONE, A.: Some conceptual and empirical problems of consistency models, in: Feldman, S. (Hg.): Cognitive consistency: Motivational antecedents and behavioral consequents, New York 1966, S. 258 - 297.
PEPITONE, A.: The problem of motivation in consistency models, in: Abelson, R.P. et al. (Hg.): Theories of cognitive consistency: A sourcebook, Chicago 1968, S. 319 - 326.
PETERS, R.S. (Hg.): Brett's history of psychology, New York 1953.
PETERS, R.S.: The concept of motivation, New York 1958.
PREMACK, D.: Toward empirical behavior laws: I. Positive reinforcement, in: Psychol. Rev., 1959, 66, S. 219 - 233.
PREMACK, D.: Reversibility of the reinforcement relation, in: Science, 1962, 136, S. 255 - 257.
PREMACK, D.: Reinforcement theory, in: Jones, M.R. (Hg.): Nebraska symposium on motivation, 1965, S. 123 - 180.
QUIGLEY, J.P.: The role of the digestive tract in regulating the ingestion of food, in: Annals N.Y. Acad. Sci., 1955, Art. 1, S. 6 - 14.
RICHTER, C.P.: Animal behavior and internal drives, in: Quart. rev. Biol., 1927, 2, S. 307 - 343.
RICHTER, C.P.: Total self-regulatory functions in animals and human beings, in: Harvey Lectures, 1942 - 1943, 38, S. 63 - 103.
ROBERTS, C.L., MARX, M.H. und COLLIER, G.: Light onset and light offset as reinforcers for the albino rat, in: J. comp. physiol. Psychol., 1958, 51, S. 575 - 579.
ROSIN, P. and RODGERS, W.: Novel-diet preferences in vitamin-deficient rats and rats recovered from vitamin deficiency, in: J. comp. physiol Psychol., 1967, 63, S. 421 - 428.
ROWELL, C.H.F.: Displacement grooming in the chaffinch, in: Animal Behavior, 1961, 9, S. 38 - 63.
SARNOFF, I. und ZIMBARDO, P.G.: Anxiety, fear and social affiliation, in: J. abn. soc. Psychol., 1961, 62, S. 356-363.

SCHACHTER, S.: The psychology of affiliation; Experimental studies of the sources of gregariousness, Stanford, Calif. 1959.
SCHACHTER, S.: The interaction of cognitive and physiological determinants of emotional state, in: Berkowitz, L. (Hg.): Advances in experimental social psychology, Bd. 1 New York 1964, S. 49 - 80.
SCHACHTER, S. und SINGER, J.E.: Cognitive social and physiological determinants of emotional state, in: Psychol. Rev., 1962, 69, S. 379 - 399.
SCHILDKRAUT, J.J. und KETY, S.S.: Biogenic amines and emotion, in: Science, 1967, 156, S. 21-30.
SCHLOSBERG, H.: Three dimensions of emotion, in: Psychol. Rev., 1954, 61, S. 81 - 88.
SCHULTZ, D.P.: Sensory restriction: Effects on behavior, New York 1965.
SEARS, R.R.: Dependency motivation, in: Jones, M.R. (Hg.): Nebraska symposium on motivation, 1963, S. 25 - 64.
SELIGMAN, M.E.P.: On the generality of the laws of learning, in: Psychol. Rev., 1970, 77, S. 406 - 418.
SEM-JACOBSON, C.W. und TORKILDSEN, A.: in: Ramsey, E.R. und O'Doherty, D.S. (Hg.): Electrical studies on the unanesthetized brain, New York 1960.
SHEFFIELD, F.D. und CAMPBELL, B.A.: The role of experience in the »spontaneous« activity of hungry rats, in: J. comp. physiol. Psychol., 1954, 47, S. 97 - 100.
SHEFFIELD, F.D. und ROBY, T.B.: Reward value of a non-nutritive sweet taste, in: J. comp. physiol. Psychol, 1950, 43, S. 471 - 481.
SHEFFIELD, F.D., WULFF, J.J. und BACKER, R.: Reward value of copulation without sex drive reduction, in: J. comp. physiol. Psychol., 1951, 44, S. 3 - 8.
SIMMONS, R.: The relative effectiveness of certain incentives in animal learning, in: Comp. psychol. Monog., 2, No. 7, 1924.
SINGER, J.E.: Motivation for consistency, in: Feldman, S. (Hg.): Cognitive consistency; Motivational antecedents and behavioral consequents, New York 1966, S. 48 - 73.
SINGER, J.E.: The bothersomeness of inconsistency, in: Abelson, R.P. et al. (Hg.): Theories of cognitive consistency: A sourcebook, Chicago 1968, S. 393 - 399.
SKINNER, B.F.: The behavior of organisms: An experimental approach, New York 1938.
SOLOMON, R.L. und TURNER, L.H.: Discriminative classical conditioning in dogs paralyzed by Curare can later control discriminative avoidance responses in the normal state, in: Psychol. Rev., 1962, 69, S. 202 - 219.
SPENCE, K.W.: A theory of emotionally based drive (D) and its relation to performance in simple learning situations, in: Amer. Psych., 1958, 13, S. 131 - 141.
STELLAR, E. und HILL, J.H.: The rat's rate of drinking as a function of water deprivation, in: J. comp. physiol. Psychol., 1952, 45, S. 96-102.
STENNETT, R.G.: The relationship of performance level to level of arousal, in: J. exp. Psychol, 1957, 54, S. 54 - 61.

STORR, A.: Human aggression, New York 1968.
TAYLOR, J.A.: A personality scale of manifest anxiety, in: J. abn. soc. Psychol., 1953, 48, S. 285 - 290.
TAYLOR, J.A.: Drive theory and manifest anxiety, in: Psychol. Bull., 1956, 53, S. 303 - 320.
THORNDIKE, E.L.: Animal intelligence: Experimental studies, New York, 1911.
TINBERGEN, N.: The study of instinct, Oxford 1951.
TROWILL, J.A., PANKSEPP, J. und GANDELMAN, R.: An incentive model of rewarding brain stimulation, in: Psychol. Rev., 1969, 76, S. 264 - 281.
VERINIS, J.S., BRANDSMA, J.M. und COFER, C.N.: Discrepancy from expectation in relation to affect and motivation: Tests of McClelland's hypothesis, in: J. Pers. soc. Psychol., 1968, 9, S. 47 - 58.
VERNEY, E.B.: The antidiuretic hormone and the factors which determine its release, in: Proc. Royal Soc. (London), B, 1947, 135, S. 25 - 106.
WANG, G.H.: The relation between »spontaneous« activity and oestrus cycle in the white rat, in: Comp. psychol. Monog., 2, No. 6, 1923.
WARDEN, C.J.: Animal motivation: Experimental studies on the albino rat, New York 1931.
WARREN, J.M.: Learning: Vertebrates, in: Dewsbury, D.A. (Hg.): Comparative psychology: A modern survey, New York 1971.
WATSON, J.B.: Behaviorism, New York 1924. (Behaviorismus, Köln 1968).
WATSON, J.B. und MORGAN, J.J.B.: Emotional reactions and psychological experimentation, in: Amer. J. Psychol., 1917, 28, S. 163 - 174.
WATSON, J.B. und RAYNER, R.: Conditioned emotional reactions, in: J. exp. Psychol., 1920, 3, S. 1-14.
WELKER, W.I.: Variability of play and exploratory behavior in chimpanzees, in: J. comp. physiol. Psychol. 1956, 49, S. 181 - 185.
WELKER, W.I.: An analysis of exploratory and play behavior in animals, in: Fiske, D.W. & Maddi, S.R. (Hg.): Functions of varied experience, Homewood, Ill., 1961, S. 175-226.
WILM, E.C.: The theories of instinct: A study in the history of psychology, New Haven 1925.
WINTERBOTTOM, M.R.: The relation of need for achievement to learning experiences in independence and mastery, in: Atkinson, J.W. (Hg.): Motives in fantasy, action, and society, New York 1958, S. 453 - 478.
WOODWORTH, R.S.: Dynamic psychology, New York 1918.
WYNNE, L. und SOLOMON, R.L.: Traumatic avoidance learning: Acquisition and extinction in dogs deprived of normal peripheral autonomic function, in: Genet. psychol. Monog. 1955, 52, S. 241-284.
YOUNG, P.T.: Food-seeking drive, affective process and learning, in: Psychol. Rev., 1959, 56, S. 98 - 121.
YOUNG, P.T. und CHAPLIN, J.P.: Studies of food preference, appetite and dietary habit: III. Palatability and appetite in relation to bodily need, in: Comp. psychol. Monog., 1945, 18, No. 3, S. 1-45.

ZAJONC, R.B.: Cognitive theories in social psychology, in: Lindzey, G. & Aronson, E. (Hg.): The Handbook of social psychology (2. Aufl.), Reading, Mass. 1968, S. 320 - 411.
ZEAMAN, D.: Response latency as a function of the amount of reinforcement, in: J. exp. Psychol., 1949, 39, S. 466 - 483.
ZEIGARNIK, B.: Das Behalten erledigter und unerledigter Handlungen, in: Psychol. Forsch., 1927, 9, S. 1 - 85.
ZEIGLER, H.P.: Displacement activity and motivational theory: A case history in the study of ethology, in: Psychol. Bull., 1964, 61, S. 362 - 376.
ZILBOORG, G. und HENRY, G.W.: A history of medical psychology, New York 1941.
ZIMBARDO, P.G.: Cognitive dissonance and the control of human motivation, in: Abelson, R.P. et al. (Hg.): Theories of cognitive consistency: A sourcebook, Chicago 1968, S. 439 - 447.
ZIMBARDO, P.G., COHEN, A.R., WEISENBERG, M., DWORKIN, K. und FIRESTONE, I.: Control of pain motivation by cognitive dissonance, in: Science, 1966, 151, S. 217 - 219.
ZUBEK, J.P. (Hg.): Sensory deprivation: Fifteen years of research, New York 1969.

Weiterführende Literatur

Die in diesem Band angeschnittenen Themen und Gegenstände werden in ausführlicherer (nahezu tausend Seiten) umfassender Form dargestellt in:

COFER, N.C. und APPLEY, M.H.: Motivation Theory and Research, New York 1964.

Dieser Band referiert und integriert die meisten vorliegenden theoretischen Diskussionen und experimentellen Befunde zum Thema Motivation.

Der Band von Cofer und Appley ist nicht übersetzt. Dagegen liegt die — von der Themenstellung ähnlich breit gefaßte — Einführung von Atkinson in übersetzter Form vor:

ATKINSON, J.W.: Einführung in die Motivationsforschung, 3 Bände, Stuttgart 1975 ff.

Das gründlichste und umfassendste Einführungswerk stellt der Handbuch-Band von Thomae dar:

THOMAE, H. (Hg.): Handbuch der Psychologie, Bd. 2 (Allgemeine Psychologie), II. Halbband Motivation, Göttingen 1965/1970.

Die einzelnen Beiträge in diesem Band sind wahrscheinlich für den Anfänger zu komprimiert, aber als kognitive Strukturierungshilfe des Gesamtfeldes der Motivations- und Emotionspsychologie und als Fundstelle für deutsche und anglo-amerikanische Literatur ist er gleichermaßen unerläßlich.

Weniger komprimiert sind die experimentellen und theoretischen Beiträge in dem Band von
THOMAE, H. (Hg.): Die Motivation menschlichen Handelns, Köln 1965,
der zugleich den Vorteil bietet, daß hier einzelne Ansätze, Theorien und Experimente auch für den Anfänger rezipierbar dargestellt werden.
Für den Teilbereich der Emotionspsychologie gibt es auch die deutschsprachige Monographie von Bottenberg:
BOTTENBERG, E.H.: Emotionspsychologie, München 1972.
Dem Leser, der sich weiter und näher für die physiologischen Grundlagen der Motivations- und Emotionsprozesse interessiert, sei zur ersten Lektüre empfohlen:
BIRBAUMER, N.: Physiologische Psychologie, Berlin 1975.
Über spezielle Motivationssysteme und über Anwendungen von Motivationstheorien liegen eine Reihe von deutschsprachigen Bänden vor.
Zum Thema kognitive Aspekte der Motivation:
BERLYNE, D.E.: Konflikt, Erregung, Neugier. Stuttgart 1974, und
OERTER, R.: Struktur und Wandlung von Werthaltungen, München 1970.
Zum Thema Leistungsmotivation:
McCLELLAND, D.C.: Die Leistungsgesellschaft, Stuttgart 1965,
ein Band, der nicht nur in unterhaltender Form in die McClellandsche Theorie einführt, sondern auch — in Abhebung von den bisherigen Bänden — die Beziehung zwischen Motivation, Gesellschaft und Kultur diskutiert.
Zum Thema Aggression ist in den letzten Jahren eine Reihe von Beiträgen erschienen. Einen guten Überblick liefern die Bände von:
SCHMIDT-MUMMENDEY, A. und SCHMIDT H.D. (Hg.): Aggressives Verhalten, München 1974
und
SELG, H.: Menschliche Aggressivität, Göttingen 1974.
Für die Übertragung von Paradigmen und Ergebnissen der Motivationsforschung auf den Bereich der pädagogischen Psychologie sind vor allem neuere Einzelaufsätze von Heckhausen zu nennen, die in den Bänden des Funk-Kollegs Pädagogische Psychologie zu finden sind:
WEINERT, F.E., u. a. (Hg.): Pädagogische Psychologie, 2 Bände, Frankfurt 1974.

Namenregister

Allport, G. W. 156, 188
Amsel, A. 133, 139
Anand, B. K. 71
Andersson, B. 75
Appley, M. H. 36ff., 43, 48, 70f., 79, 110, 114, 122, 135, 139, 140ff., 151ff., 158, 164, 170f., 188, 193, 208, 211
Ardrey, R. 67
Aronson, E. 202
Atkinson, J. W. 160ff., 170, 185
Ayres, C. E. 31

Backer, R. 52
Baer, D. M. 174
Baker, R. A. 49
Baldwin, A. L. 11
Bard, P. 90f., 93
Barnes, G. W. 52, 144
Barnett, S. A. 177
Beach, F. A. 51f., 61, 76ff., 81, 141
Bélanger, D. 98f.
Berkowitz, L. 67, 159, 177, 179ff., 205
Berlyne, D. E. 116ff., 144, 146
Bernard, L. L. 19, 31
Bexton, W. H. 53, 120
Bindra, D. 111f., 154, 208ff.
Birney, R. C. 167
Blazek, N. C. 115
Bolles, R. C. 13, 18, 51, 61f., 64, 129, 151ff., 208
Boring, E. G. 34
Bowden, J. 97
Bower, G. H. 145, 204
Brady, J. V. 148
Brandsma, J. M. 137
Brehm, J. W. 200f., 203
Breland, J. 61
Breland, K. 61
Brobeck, J. R. 73
Brown, J. S. 102, 158f., 185
Brücke, E. W. 19
Burdick, H. 167
Butler, R. A. 122f., 144

Campbell, B. A. 33, 46ff., 55, 67, 133
Cannon, W. B. 34ff., 81, 88ff., 100ff.
Carlson, A. J. 34f.
Chaplin, J. P. 50
Cofer, C. N. 36ff., 43, 48, 70f., 79, 110, 114, 122, 135, 139, 140ff., 151ff., 158, 164, 170f., 188, 193, 208, 211
Cohen, A. R. 200f., 203
Collier, G. 144
Crespi, L. P. 130
Crocker, G. 203
Crowne, D. P. 175f.

Dana, C. L. 91
Darwin, C. 19f., 30
Dashiell, J. F. 33
Davis, D. M. 37, 42
Davitz, J. R. 104ff.
Delgado, J. M. R. 71
Descartes, R. 16
Deutsch, M. 194, 197
Dollard, J. 46, 179
Ducharme, R. 98
Duffy, E. 87, 94f.
Dufresne, C. 98
Dunlap, K. 33

Eisenberger, R. 174
Elliott, M. H. 131

Fantz, R. L. 116
Farber, I. E. 158
Festinger, L. 197f.
Flynn, J. P. 177f.
Ford, C. S. 78, 81
Freeman, G. L. 98
French, E. G. 171ff.
Freud, S. 19, 21ff., 27, 36, 63, 79, 153, 194
Fuster, J. M. 98

Garafalo, L. 37
Gewirtz, J. L. 174f.
Ghent, L. 49
Glanzer, M. 133
Grossman, M. I. 37
Grossman, S. P. 69ff., 75, 77ff., 92f., 98, 147ff.

Haber, R. N. 137f.
Harlow, H. F. 52f., 81, 115, 123
Harlow, M. K. 115
Harriman, A. E. 50
Hebb, D. O. 94, 96, 122
Heider, F. 194, 197
Helson, H. 125
Henry, G. W. 15
Heron, W. 53, 120
Hilgard, E. R. 145, 204
Hill, J. H. 40
Hill, W. F. 111
Hinde, R. A. 66
Hobbes, T. 16
Holt, R. R. 36
Hull, C. L. 45, 143
Hume, D. 16ff.
Hunt, J. McV. 125

James, W. 26f., 30f., 88ff., 100

Kaada, B. 178
Karsten, A. 195
Kety, S. S. 100
Kimble, G. 130
Kish, G. B. 52, 144
Kveim, K. 37

Lacey, J. I. 92, 98
Lange, C. 88ff., 100
Lantané, B. 198
Lawrence, D. H. 204
Lewin, K. 190f., 193ff.
Liberman, A. M. 165
Lindsley, D. B. 89, 94ff.
Lissner, K. 195
Locke, J. 17
Lorenz, K. 67
Lowell, E. L. 165

Maddi, S. R. 206
Magoun, H. W. 97f.
Malmo, R. B. 94, 99
Mandler, G. 102, 183f.
Margules, D. L. 149
Marlowe, D. 175f.
Marx, M. H. 144
Maslow, A. H. 188
Mason, W. A. 115, 123f.
Matthews, H. 177
Mayer, J. 72f.
McCann, S. M. 75
McClearn, G. E. 115
McClelland, D. C. 135f., 138f., 162ff.
McDougall, W. 27f., 30f., 33, 57, 67, 91
McFarlane, D. W. 209
McNiven, M. A. 66
Melzack, R. 82ff.
Meyer, D. R. 115
Mill, J. 16
Miller, G. A. 200
Miller, N. E. 46, 146, 157ff., 190ff.
Misanin, J. R. 33, 46, 67
Montgomery, K. C. 52f., 114, 144
Morgan, C. D. 162
Morgan, C. T. 44
Morgan, J. J. B. 32
Morris, D. 67
Moruzzi, G. 97f.
Murray, H. A. 160, 162
Myers, A. K. 158

Olds, J. 52, 146ff.
Osgood, C. E. 197

Palfai, T. 111f., 209
Panksepp, J. 149
Pepitone, A. 205f.
Peters, R. S. 18f., 32
Premack, D. 145

Quigley, J. P. 72

Rayner, R. 91, 126
Reid, T. 18
Richter, D. P. 39ff., 49
Roberts, C. L. 144
Roberts, W. W. 146
Roby, T. B. 52, 144
Rodgers, W. 74
Rosin, P. 74
Roussel, J. 133

Sarason, S. B. 183f.
Sarnoff, I. 186
Schachter, S. 100ff., 185f., 198
Schildkraut, J. J. 100
Schlosberg, H. 94, 96, 104ff.
Schultz, D. P. 121
Scott, T. H. 53, 120
Sears, R. R. 174
Seligman, M. E. P. 61f.
Sem-Jacobson, C. W. 146
Sheffield, F. D. 47f., 52, 55, 133, 139, 144
Sherrington, S. C. 33
Simmons, R. 131
Singer, J. E. 100f., 197f., 206
Skinner, B. F. 40
Slater, J. 144
Solomon, R. L. 92, 120, 209
Spence, K. W. 183
Stein, I. F. 37
Stellar, E. 40
Stennett, R. G. 98
Stevens, S. S. 89, 97
Storr, A. 67

Tannenbaum, P. H. 197
Taylor, J. A. 182f.
Teevan, R. C. 167
Thorndike, E. L. 143
Tinbergen, N. 66
Titchener, E. B. 25
Torkildsen, A. 146
Trowill, J. A. 149
Turner, L. H. 209

Verinis, J. S. 137
Verney, E. B. 75

Wall, P. D. 82f.
Wang, G. H. 39
Warden, C. J. 40, 42
Warren, J. M. 61f.
Washburn, A. L. 34ff.
Watson, J. B. 32, 91, 126
Welker, W. I. 115, 119
Wilm, E. C. 15
Winterbottom, M. R. 171
Wolf, J. J. 52
Woodworth, R. S. 33, 156
Wulff, J. J. 52
Wundt, W. 25f.
Wynne, L. 92

Young, P. T. 50, 134, 136, 139

Zajonc, R. B. 197ff., 205
Zeaman, D. 129f.
Zeigarnik, B. 195
Zeigler, H. P. 65
Zilboorg, G. 14f., 21
Zimbardo, P. G. 187, 203
Zubek, J. P. 121

Sachregister

Abhängigkeit 171ff.
Adaptationsniveau 125, 146, 206
Affektive Reaktion 99
Affekt 137f.
Aggression 86, 176ff.
Aggressionstrieb 177
Aktivität 39, 41, 47, 49, 55f., 59, 62, 109ff., 145
— allgemeine 39f., 44, 47, 55f.
— sexuelle 76
— spontane 39
Aktivierungs- und Meßmethoden 161f.
Alarmreaktion 66
Anerkennung 170ff.
Anerkennungsmotiv 175f.
Angst 23f., 159, 182ff.
Angstfragebogen 182ff.
Annäherung 55
Annäherungs-Annäherungs-Konflikt 190
Annäherungsgradient 193
Annäherungs-Vermeidungs-Konflikt 170, 190ff.
Anreiz 30, 42, 44, 49ff., 54ff., 84, 129, 131, 150, 210
— äußerer 55
— innerer 55
— negativer 54
— objektiver 54f.
— positiver 54
— theorie 56ff.
— wert 54f.
Anreiztheorie 129ff., 133f.
Anreizwert des Erfolgs 168f.
Antizipation 135
Antizipations-Intensivierungs-Mechanismus 139ff., 152, 211
Appetit 35f., 52
Assoziation 17, 46
Assoziationsgesetze 17, 25
Auswahl von Reaktionen 208

Bedürfnis 18f.
— nach Reizänderungen 206
Belohnung 43f., 52, 97
Bestrafung 56, 81
Biologische Aspekte der Motivation 59ff.

Cortex 72, 80, 90, 93f., 97f.

Deprivation(s) 39ff., 44f., 48f., 73, 76, 99
— bedingungen 98
— erfahrungen 49
— intervalle 42, 99
— von Nahrung 40, 76, 85
— von Wasser 40, 45, 76, 85
— zeit 42, 47, 55, 81
Dimensionen der Gefühle 104ff.
Dissonanzreduktion 201
Dissonanztheorie 201ff., 204ff.
Doppelter Annäherungs-Vermeidungs-Konflikt 190
Durst 34ff., 46, 49, 51, 53, 74ff., 84ff.

Elektrische Reizung 146ff.
Energetisierung 152
Erfahrung 16, 80f., 83
Erleben, emotionales 88ff., 94
Erregung(s) 94f.
— niveau 96, 98
— physiologische 212
— zustand 99
Erregungs-Aktivierungs-Theorie 125
Erziehung zur Selbständigkeit 171
Exploration(s) 52f.
— verhalten 112

Fähigkeitspsychologie 18
Filtertheorie 82f.
Fluchtreaktion 66
Frustrations-Aggressions-Hypothese 179
funktionaler Ansatz 20f.
Furcht 32, 46, 53, 86, 91, 159, 162ff., 182ff., 185

Gefühl 86, 88
Gesellung 171ff., 185
Gesetz des Effekts 143
Gestaltpsychologie 193ff.
Gewebebedürfnisse 34, 49
Gleichgewichtstheorie 193ff., 197

Handlung
— diskrepante 201
— in einer Leistungssituation 169
— unterbrochene 166
Hierarchie von Motiven 188
Hinweisreiz 54f., 135f., 181
Homöostase 47, 51f.
Hormone 43, 51f., 77
Hunger 34ff., 42ff., 46, 49, 51, 53, 68ff., 84ff.
— krampf 35f., 72

Ich 23f.
Ich-Beteiligung 167
Information 199ff.
Instinkt 15, 18, 22, 27f., 30ff., 50f., 60ff., 91
Instinktmodell 15, 18, 27f., 30ff.
Introspektion 25f.
Isolation, sensorische und soziale 119ff.

Karthartischer Effekt 179
Kognition 11, 19, 199
Kognitive Dissonanz 197ff.
Konflikt 189ff.
Konfliktarten 190ff.
Kongruenzprinzip 197
Konsistenz 197, 205
Konsistenztheorie 193ff.
Konsumatorisches Verhalten 40, 44f., 49, 51, 55f., 85

Langeweile-Trieb 125
Latenz 130
Latenzphase 23
Leerlaufhandlung 63f.
Leistungsmotivation 162ff.
Lernen 11, 43, 46f., 52, 57, 62, 81, 91f.
Libido 22f.
Liebe 32, 86, 91
LM-Werte 164ff.
Löschungsresistenz 204
Lokale Motivationstheorie 34, 36

Manifest Anxiety Scale (MAS) 182f.
Manipulation von Gegenständen 114ff.
M-C (Marlowe-Crowne) -Skala 175
Motivationsmodell 13f., 25ff.
Motivationssysteme 155ff., 160ff.

Nervensystem, autonomes 93
nicht-homöostatische Faktoren 51ff.

Obstruktionsmethode 50f., 55

Periodizität 40, 49, 55
physiologische Reaktionsmuster 91f.

Rationalismus 15ff., 24, 28
Realitätsprinzip 23
Reize 39
— periphere 65
Richtungsaspekt des Verhaltens 140
Rückmeldung 172f.

Sättigung 195
— mit sozialen Verstärkern 174
Schmerz 81ff.
— rezeptoren 82
Schwierigkeitsgrad 170
Selbststimulation 148f.
Selbstverwirklichung, Motiv der 188
Sensibilisierungs-Intensivierungs-Mechanismus 139ff., 151, 211
Sexualität 34, 46, 51, 84ff.
Sexualverhalten 77ff.

sexuelle(s)
— Befriedigung 81
— Erleben 38
— Erregung 38, 51, 80f.
Signal 72
Situation 100ff.
Soziale Isolation 174
Soziale Stimulation 174
Spiel 109ff.
Steuerung des Verhaltens 208
Stimulation 48, 51ff., 65, 77ff.
— aversive 83, 99

Tendenz, Erfolg anzustreben 168f.
Test Anxiety Questionnaire (TAQ) 167, 183
Thematischer Apperzeptions-Test (TAT) 162
Trieb 18f., 22, 28, 30, 32ff., 156ff.
— energie 64f.
— Grund- 19
— nicht-homöostatischer 124
— primärer- 45f.
— reduktion 51ff., 143ff.
— reiner- 50
— reiz 95
— sekundärer- 45, 47
— zur Selbsteinschätzung 196
— Sexual- 36ff., 79
— als innerer Reiz 34ff.
— theorie 56, 63, 67f., 85

Überraschung 117
Übersprungshandlung 63ff.
Unsicherheit 118
Unstimmigkeit 117

Verhalten, funktional autonom motiviertes 157f.
Vermeidung(s) 45f., 55f., 158, 193
— lernen 45, 61
— reaktion 54, 61, 81, 92
— training 45
— verhalten 46, 61, 92
Vermeidungs-Vermeidungs-Konflikt 190
Verstärkung(s) 30, 43f., 52, 54ff., 142, 203
— negative 56
— positive 56
— theorie 56ff., 142ff.

Wahl und Erkundungsdauer 116ff.
Wahrscheinlichkeit des Erfolgs 168f.
Weisheit des Organismus 50
Werbeverhalten 65f.
Wollen 18
Wut 32, 91, 93f.

Zeigarnik-Effekt 166, 181, 195
Zentraler Motivationszustand 210f.
Zentraler Triebzustand 40, 47, 49
Zyklisches Verhaltensmuster 39